Abhandlungen des kriminalistischen Instituts
an der Universität Berlin.
Herausgegeben von
Dr. Franz von Liszt, und Dr. Ernst Delaquis,
Professor der Rechte in Berlin Professor der Rechte in Frankfurt a. M.
Dritte Folge. Zweiter Band. 1. Heft.

Die Ehre und ihre Verletzung

Kritische Untersuchungen über Tatbestand und Rechtswidrigkeit der Beleidigung mit besonderer Rücksicht auf die deutsche Strafrechtsreform

von

Dr. Wilhelm Sauer.

Ja, übers Leben noch geht die Ehr'.
Schiller (Wallensteins Lager).

Berlin 1915.
J. Guttentag, Verlagsbuchhandlung,
G. m. b. H.

Herrn

Professor Dr. Graf zu Dohna

zugeeignet.

Vorwort.

Mag der gewaltige Krieg noch so tiefgehend auch die Wissenschaften beeinflussen, mag er neue Interessen wachrufen, neue Werte prägen — das Problem der Ehre, dieses Wertes des Menschen in der menschlichen Gemeinschaft, bleibt dem Wandel der Zeiten entrückt. Und auch die Art und Weise der hier versuchten Lösung darf einen gewissen Ewigkeitswert beanspruchen; geht doch ihr Bestreben dahin, hinaus über kurze geschichtliche Zeitspannen wie über bestehende Gesetze den Blick auf die großen allgemeinen Fragen der Kultur zu lenken und die auftauchenden Zweifel nach letzten Gründen zu lösen, die nicht nur für den Augenblick Gültigkeit haben.

So mag denn dieses — bereits im Juni 1914 abgeschlossene — Buch über die Ehre nunmehr, wo für des Vaterlandes Ehre Tausende ihr Leben lassen, hinauswandern trotz der Ungunst der äußeren Verhältnisse. Hinter den rings lodernden Feuersbrünsten wird ja einmal die Morgenglut des neuen Tages aufsteigen.

Frankfurt a. O., im Mai 1915.

Dr. W. Sauer.

Inhaltsübersicht.

Seite

Literaturverzeichnis ... IX

I. Teil. Die Ehre.

1. Abschnitt. Der allgemeine Ehrbegriff.

Einleitung ... 1
1. Die Bedeutung des allgemeinen Ehrbegriffs ... 4
2. Die Ehre als soziales Werturteil über den Menschen ... 4
3. Die Grundlagen der sozialen Bewertung des Menschen ... 10
4. Das Subjektive im Ehrbegriff ... 18
5. Die Verkehrsehre ... 21

2. Abschnitt. Der juristische Ehrbegriff.

1. Die vom Recht anerkannte Ehre ... 26
2. Die vom Recht geschützte Ehre ... 31
3. Ehre und Ruf ... 38
4. Exkurs über die öffentliche Meinung ... 46
5. Ehrbewußtsein und Ehrgefühl ... 59

Anhang. Die Ehre der Kinder, Geisteskranken, Kollektivpersonen, Verstorbenen 62

II. Teil. Der Begriff der Beleidigung.

1. Abschnitt. Die Richtung des Angriffs.

1. Die Beleidigung als Gefährdungsdelikt ... 65
2. Die Beleidigung als Zustandsverletzung ... 68
3. Die Beleidigung als Anspruchsverletzung ... 69
4. Die Beleidigung als Interessenverletzung ... 71

2. Abschnitt. Die beleidigende Kundgebung und ihre Auslegung.

1. Die Vollendung der Beleidigung ... 76
2. Die Notwendigkeit einer objektiven Auslegung ... 78
3. Die Art der Auslegung und die konkreten Umstände ... 81
4. Die mittelbare Beleidigung ... 86

III. Teil. Die Arten der Beleidigung.

1. Abschnitt. Allgemeine Gesichtspunkte.

1. Die bisherigen Einteilungsversuche 89
2. Die beiden erheblichen Einteilungen 95

2. Abschnitt. Die Inhalts- und die Formbeleidigung.

1. Die Begriffe Wahrheit, Tatsache und Urteil 102
2. Die Tatsachen- und die Urteilsbeleidigung 113
3. Die Formbeleidigung 115

3. Abschnitt. Die Ehrabsprechung.

1. Begriff und Arten 118
2. Das Absprechen der Pflichterfüllung 120
3. Das Absprechen der Gewährleistung der Pflichterfüllung 124

4. Abschnitt. Die Ehrzuwiderhandlung.

1. Begriff und Arten 128
2. Die Beschimpfung 130
3. Die grobe Taktlosigkeit als Formbeleidigung 134
4. Die grobe Taktlosigkeit als Urteils- und Tatsachenbeleidigung 140

IV. Teil. Der Wahrheitsbeweis in Gesetzgebung und Literatur.

1. Abschnitt. Das Problem im allgemeinen.

1. Leitsätze 145
2. Die Möglichkeit weiterer Ausgestaltung. Das Recht der Wahrheit 147

2. Abschnitt. Unwahrheit, Wahrheit und Nichterweislichkeit.

1. Die Unwahrheit als Tatbestandsmerkmal und als Bedingung der Strafbarkeit 152
2. Die Wahrheit als Unrechts- und als Strafausschließungsgrund 159
3. Das Merkmal der Nichterweislichkeit 163

3. Abschnitt. Die möglichen gesetzlichen Beschränkungen des Wahrheitsbeweises.

1. Das öffentliche Interesse 167
2. Die Beschränkungen hinsichtlich der Person und der Willensrichtung... 170
3. Die strafbaren Handlungen 172
4. Die Mitteilungen aus dem Privatleben 177
5. Die Zustimmung des Verletzten 182
6. Die prozessualen Beschränkungen 183

V. Teil. Die Beleidigung zur Wahrung berechtigter Interessen.

1. Abschnitt. Allgemeine Gesichtspunkte.

1. Einführung 187
2. Die Praxis 191
3. Die Theorie 196
4. Die Gesetzgebung 199

2. Abschnitt. Das berechtigte Interesse.

1. Das Interesse 206
2. Die Berechtigung des Interesses 213

3. Abschnitt. Die berechtigte Interessenwahrung.

1. Die Angemessenheit der Interessenwahrung 220
2. Die Interessenförderungen 223
3. Die Interessenverletzungen 229

Gesetzesvorschläge 232

Literaturverzeichnis.

Im folgenden sind nur Abhandlungen über die Beleidigung oder über Einzelfragen aus diesem Gebiet oder solche allgemeinen Werke aufgeführt, die auch die Beleidigung behandeln.

Abegg: Die Freiheit der Meinungsäußerung im Verhältnis zur Strafbarkeit der Injurien. GoltdA **11** (1863) 675.

Ambach: Kollektivinjurien und Injurien gegen Kollektivpersonen. Diss. Würzburg. 1904.

Amsler: Die Möglichkeit einer Injurie an Verstorbenen. Diss. Zürich. 1871.

Askenasy: Strafbare Beleidigungen trotz Wahrnehmung berechtigter Interessen. 1905.

Baehr: Die Beweislast in betreff der Wahrheit usw. JherJahrb **26** (1888) 212.

Balan: Duell und Ehre. 2. Aufl. 1890.

v. Bar: Zur Lehre von der Beleidigung mit besonderer Rücksicht auf die Presse. GerS **52** (1896) 81.

Barbier: Code expliqué de la presse. 1887/95.

Bartolomäus: Der strafrechtliche Schutz des Rechts auf freie Meinungsäußerung. Z **16** (1896) 399.

Baumeister: Der § 193 mit besonderer Berücksichtigung der preßrechtlichen Verhältnisse. Diss. Heidelberg. 1905.

Bauke: Rechtswissenschaftliche Untersuchungen. II. 1897.

Beling: Grundzüge des Strafrechts. 4. Aufl. 1912.

Beling: Wesen, Strafbarkeit und Beweis der üblen Nachrede. 1909.

Beling: Informativprozesse. Gießener Festschr. 1907.

Benedikt: Der Antrag auf Reform des Schadenrechts bei Ehrenbeleidigungen. 1884.

Berner: Lehrbuch des deutschen Strafrechts. 18. Aufl. 1898.

Bickert: Objekt der Beleidigung. Diss. Erlangen. 1908.

Binding: Lehrbuch des gemeinen deutschen Strafrechts. Besonderer Teil. Bd. I 2. Aufl. 1902. Bd. II 1904/5.

Binding: Die Ehre und ihre Verletzbarkeit. Leipziger Rektoratsrede. 1892.

Birkmeyer: Strafrecht in der von Birkmeyer herausgegebenen Enzyklopädie der Rechtswissenschaft. 2. Aufl. 1904.

Bleeck: Die Majestätsbeleidigung. Berliner Seminarabhandlungen **6** Heft 1 (1909).

Bleß: Die Beleidigung von Personengesamtheiten und von Einzelpersonen durch eine Gesamtbezeichnung. 1909.

Bolze: Die Beleidigung kollektiver Personeneinheiten. GoltdA **26** (1878) 1.

v. Boguslawski: Die Ehre und das Duell. 2. Aufl. 1897 (auch: Der Ehrbegriff des Offizierstandes, Berlin: Schall und Grund, anscheinend 1896).

Buchka: Zur Lehre von den mittelbaren Injurien. GerS **26** (1874) 523.

des Offizierstandes, Berlin: Schall und Grund, anscheinend 1896).

Buchka: Zur Lehre von den mittelbaren Injurien. GerS **26** (1874) 523.

v. Bülow: Über den Schutz der Ehre und das Recht der freien Meinungsäußerung. GerS **46** (1892) 260. Nachtrag dazu ebenda **48** (1893) 1.

Bruhns: Können juristische Personen und Körperschaften Gegenstand einer Beleidigung sein? GerS **27** (1875) 481.

v. Buri: Zu § 193 des Reichsstrafgesetzbuchs. GerS **26** (1874) 561.

v. Buri: Zum Begriff der Ehrenkränkung. GerS **28** (1876) 233.

v. Buri: Beiträge zur Theorie des Strafrechts und zum Strafgesetzbuch. Gesammelte Abhandlungen. 1894.

Crivellari: Il codice penale. VII. 1896.

Delaquis: Der Wahrheitsbeweis bei Beleidigungegen. Berliner Festschrift für Gierke **3** (1910) 157.

Delbrück: Begriff und Voraussetzungen der Verleumdung und der üblen Nachrede. 1885.

Dochow: Beleidigung in: v. Holtzendorff, Handbuch des deutschen Strafrechts in Einzelbeiträgen **3** (1874) 329.

Doehn: Der Begriff der Majestätsbeleidigung usw. Z **21** (1901) 468.

Graf zu Dohna: Die Privatgenugtuung. Vergl. Darst. A **4** (1908) 225.

Ebert: Über die Bedeutung des § 193 RStGB. Diss. Tübingen. 1898.

Eckstein: Die Ehre in Philosophie und Recht. 1889.

Exner: Die Ehrenbeleidigung durch falsche Anzeige. 1907. Separatabdruck aus: Fünf strafrechtliche Abhandlungen, Carl Stooß gewidmet.

Eichmann: Über das Wesen der Beleidigung und der falschen Anschuldigung nach deutschem Reichsrecht. Diss. Leipzig. 1896.

Eiselen: Wesen und Wert der Ehre. 1895.

Eisler: Rechtsgut und Erfolg der Beleidigung und Kreditgefährdung. Abhandlungen Heft 140. 1911.

Ellenbogen: Die Kollektivbeleidigung. Diss. Würzburg. 1907.

Ephraim: Die Beleidigung gegen einen Beamten in Beziehung auf seinen Beruf. Diss. Rostock. 1908.

Eßlinger: Das Schuldmoment bei der üblen Nachrede. Diss. Würzburg. 1905.

Fehr: Der Zweikampf. 1908.

Feuerbach: Lehrbuch des peinlichen Rechts. 14. Aufl. 1847.

Finger: Das Strafrecht. Kompendien des österreichischen Rechts. Bd. 2. 2. Aufl. 1910. (3. Aufl. noch nicht benutzt.)

Finger: Kritische Bemerkungen zum Entwurf eines Gesetzes betreffend Änderung des Strafgesetzbuchs. GerS **74** (1909) 296.

Folkard: The law of Slander and Libel. 6. ed. 1897.

Fraaß: Die Verletzung der Ehre und § 193 RStGB. Erlangen. O. J.

Frank: Das Strafgesetzbuch für das Deutsche Reich nebst dem Einführungsgesetze herausgegeben und erläutert. 8.—10. Aufl. 1912. (11.—14. Aufl. 1914 noch nicht benutzt.)

Frank: Die Absicht zu beleidigen und der § 193 StGB. GoltdA **35** (1887) 36.

Frank: (Zu der Rechtsprechung des Reichsgerichts über Beleidigung.) Z **12** (1892) 307.

Fredrichs: Die Anwendung der allgemeinen Grundsätze über Beleidigungen speziell auf Majestätsbeleidigungen. Diss. Greifswald. 1897.

Freudenstein: System des Rechts der Ehrenkränkungen. 1888.

Friedmann: Das Recht der Wahrheit und der Schutz des guten Namens. 1901.

Gabler: Das Vergehen der sogenannten üblen Nachrede. 1892.

Garraud: Traité théorique et pratique du droit pénal Français. 2. éd. 1900/2.

Geffcken: Der germanische Ehrbegriff. Sonderabdruck aus Z. f. Geschichtswissenschaft. N. F. 1896/7. Nr. 11/12.

v. Gemmingen-Fürfeld: Zur Lehre der Beleidigung Verstorbener. Abhandlungen Heft 66. 1905.

Gerhard: Der Beweis der Wahrheit nach seiner materiellrechtlichen Bedeutung und prozessualen Durchführung. Diss. Würzburg. 1902.

Geyer: Grundriß des Deutschen Strafrechts. 1884.

Givanovitch: Über den Begriff der Beleidigung. GoltdA **61** (1914) 195.

Goltdammer: Die kollektive, die mittelbare Beleidigung und die Beleidigung Verstorbener. GoltdA **15** (1867) 296, 361.

Grommes: Bezieht sich der Schutz des § 193 StGB auch auf den Fall der verleumderischen Beleidigung, § 187 StGB? Diss. Erlangen. 1897.

Groß: Über die Ehrenfolgen bei strafgerichtlichen Verurteilungen. 1874.

Gütte: Die Rechtmäßigkeit der Ehrverletzung gemäß § 193. Diss. Heidelberg. 1906.

Haelschner: System des preußischen Strafrechts. 1858/68.

Haelschner: Gemeines deutsches Strafrecht. 1881/7.

Hammeley: Die Kollektivbeleidigung. Abhandlungen Heft 121. 1910.

Hausmann: Die Beleidigung gesetzgebender Versammlungen und politischer Körperschaften usw. 1892.

Heffter: Lehrbuch des gemeinen deutschen Strafrechts. 6. Aufl. 1857.

Helfritz: Der geschichtliche Bestand und die legislative Verwertbarkeit von Widerruf, Abbitte und Ehrenerklärung. Diss. Greifswald. 1905.

Helfritz: Gutachten für den 28. Deutschen Juristentag. 1906. II. S. 224.

Herrmann: DJZ 1908, 1202.

Herbst: Die Beschimpfung Verstorbener. Diss. Göttingen. 1894.

Hertel: Der Wahrheitsbeweis bei Injurien und seine Beschränkungen usw. Diss. Breslau. 1902.

Herz-Ernst: Strafrecht der Militärpersonen. 1905.

Herzog: Falsche Anschuldigung und Beleidigung im Sinne von § 186 RStGB. GerS **25** (1873) 379, auch **32** (1880) 81.

Heß: Die Ehre und die Beleidigung des § 185 StGB. 1891.

Heß: Neue Thesen. 1900.
Heymann: Die Wahrnehmung berechtigter Interessen im Sinne des § 193 StGB. Diss. Greifswald. 1897.
Hitzig: Injuria, Beiträge zur Geschichte der Injuria im griechischen Recht. 1899.
Hofner: Die Ehrverletzungen unter dem Schutze des § 193 StGB. 1903.
Hurwicz: Beleidigung sozialer Einheiten. Z **31** (1911), 873.
Huyssen: Die Ehre, die sittliche Triebfeder für deutsche Männer. Ethische Schriften für die deutsche Armee. 6. Aufl. 1890.
Jaffé: Die öffentliche Beleidigung. MonSchr. f. KrimPsych. u. StrRef. **6** (1909/10) 667.
Janka-Kallina: Das österreichische Strafrecht. 4. Aufl. 1902.
v. Jhering: Rechtsschutz gegen injuriöse Rechtsverletzungen. JherJahrb **23** (1885) 155.
John: Bemerkungen zu Urteilen der Strafsenate des Reichsgerichts. III. Beleidigung usw. Z **1** (1881) 277.
John: Beleidigung in: v. Holtzendorff Rechtslexikon **1** (1880/1).
Kattenbusch: Ehren und Ehre. 1909.
v. Kettennaker: Das Verbrechen der Ehrverletzung. 1839.
Kern: Die systematische Abgrenzung der Verbrechensmerkmale bei der Beleidigung. Abhandlungen Heft 144. 1912.
Klebs: Zur Lehre von der Realinjurie usw. GoltdA **19** (1871) 19.
Klee: Der Entwurf einer Novelle zum StGB. DJZ **14** (1909) 397.
Klein-Lammasch: Die Verbesserung des Ehrenschutzes. 1903.
Kloeppel: Reichspreßrecht. 1894.
Köstlin: Abhandlungen aus dem Strafrecht. Herausgegeben von Geßler. 1888.
Köstlin: Die Einrede der Wahrheit. GoltdA **2** (1855), 306.
Köstlin: Die Beleidigung kollektiver Personeneinheiten. GoltdA **26** (1878) 1.
Köstlin: Die Ehrverletzungen nach deutschem Recht. Z. für deutsches Recht **15** (1855) 151.
Kohler: Studien aus dem Strafrecht. Bd. I ff. 1890.
Kohler: Ehre und Beleidigung. GoltdA **47** (1900) 1, 98 (zit.: Kohler).
Kohler: Reform des Beleidigungsrechts. ArchRWph **1** (1908) 431, auch GoltdA **56** 298.
Kohler: Leitfaden des deutschen Strafrechts. 1912.
v. Koppmann-Weigel: Kommentar zum Militärstrafgesetzbuch für das Deutsche Reich. 3. Aufl. 1903.
Kratz: Der strafrechtliche Ehrbegriff und das passive Subjekt der Ehrverletzung. 1891.
Josef Kraus: Das Rechtsgut der Ehre. Allg. Österr. GerZ. **56** (1905) Nr. 14—18.
Ignaz M. Kraus: Lehre von den Ehrenkränkungen usw. 1838.
Kronecker: Zur Auslegung des § 186 StGB. GerS **32** (1880) 62.
Kronecker: Zu § 193 des Strafgesetzbuchs. GerS **38** (1886) 481.
Kronecker: Beleidigung in: Aschrott und v. Liszt: Die Reform des RStGB. 1910.

Kronecker: Beleidigung in: DJZ **13** (1908) 449.
Kurz: § 193. Beleidigung und berechtigte Interessen usw. 1909.
Lammasch: Diebstahl und Beleidigung. 1893.
Lammasch: Grundriß des Österreichischen Strafrechts. 3. Aufl. 1906.
Leonhard: Die Begriffsgrenzen der Beleidigung. Z **32** (1912) 65.
Liepmann: Einfache Beleidigung. Vergl. Darst. B **4** (1906) 217 (zit.: Liepmann).
Liepmann: Die Beleidigung in: Das Recht, Sammlung von Abhandlungen für Juristen und Laien, herausgegeben von Kobler. 1909.
Liepmann: Abbitte, Widerruf und Ehrenerklärung. DJZ **11** (1906) 931.
Liepmann: Die strafrechtlichen Verhandlungen des 28. Deutschen Juristentages. GerS **70** (1907) 44.
Liepmann: Die Einschränkung des Wahrheitsbeweises bei Beleidigungsklagen. Österr. Z. f. StrafR **1** (1910) 205.
v. Lilienthal: Üble Nachrede und Verleumdung. Vergl. Darst. B **4** (1906) 375 (zit.: v. Lilienthal).
v. Lilienthal: Grundriß zu Vorlesungen über Strafrecht. 3. Aufl. 1908.
v. Lilienthal: Wahrbeitsbeweis in: v. Holtzendorff Rechtslexikon **3** (1881).
v. Lilienthal: Ist eine Erhöhung der für Beleidigung angedrohten Strafen erforderlich? DJZ **12** (1907) 674.
v. Liszt: Lehrbuch des deutschen Strafrechts. 20. Aufl. 1914.
Loening: Grundriß des deutschen Strafrechts. 1885.
Lorsch: Angegriffene, Destinatäre und Gedankenträger bei der Beleidigung. Diss. Freiburg. 1904.
Mainzer: Die ästimatorische Injurienklage in ihrer geschichtlichen Entwicklung. 1908.
Mandel: Die sogenannten äußeren Bedingungen der Strafbarkeit usw. Diss. Erlangen. 1912.
Marcuse: Die Ehrenstrafe. 1899.
Marezoll: Über die bürgerliche Ehre usw. 1824.
M. E. Mayer: Deutsches Militärstrafrecht 1907 (Sammlung Goeschen).
Merkel: Lehrbuch des deutschen Strafrechts. 1889.
Meyer-Allfeld: Lehrbuch des deutschen Strafrechts. 7. Aufl. 1911.
Mieczkowski: Das Delikt des § 189 StGB. Diss. Rostock. 1901.
Mirkoff: Strafbare Handlungen wider die Ehre nach deutschem und bulgarischem Recht. 1905.
Mittermaier, A.: Über die Zulässigkeit des Beweises der Einrede der Wahrheit usw. Arch. d. KriminalR. (1839) 1.
Mittermaier, A.: Injurien, in Weiskes Rechtslexikon 1844.
Mittermaier, W.: Über Wesen und Schutz der Ehre. Vortrag vom 3. V. 1908. SepAbdr. aus Nr. 27 der Mitt. d. Deutschen Antiduelliga.
Mittermaier, W.: Das Recht des Ehrenschutzes und die Presse. Deutsche Revue. Febr. 1908.
Müller: Beleidigung und Ehrverletzung. 1899.
Mumm: Die Beschimpfung des Andenkens eines Verstorbenen. GerS **48** (1893) 197.

Naendrup: Duell und Ehrenschutz usw. 1912.
Niegold: Die Beleidigung nach § 185 StGB. 1881.
v. Niesewand: Die Beleidigungsfähigkeit juristischer Personen. Diss. Leipzig. 1909.
Noellner: Das Verhältnis der Strafgesetzgebung zur Ehre der Staatsbürger. 1846.
Nowotny: Die Kollektivbeleidigung im österreichischen Strafgesetze und Strafgesetzentwurfe. Gerichtshalle **57** (1913) Nr. 41—52.
Nypels-Servais: Le Code pénal Belge interprété principalement au point de la vue pratique. 2. éd. 1898.
Olshausen: Kommentar zum Strafgesetzbuch für das Deutsche Reich. 9. Aufl. 1912.
Oppenhoff-Delius: Das Strafgesetzbuch für das Deutsche Reich. 14. Aufl. 1901.
Oppermann: Das Recht zur Genugtuung und das Recht zur Beleidigung. Monatsschr. f. KrimPsych. u. StrRef., Jahrg. 10, Heft 10.
Ortloff: Zur Lehre von der Beleidigung für die Rechtsübung. 1896.
Osenbrüggen: Die Ehre im Spiegel der Zeit. 1872.
Passow: Die Kreditgefährdung des § 187 StGB in historischer, dogmatischer und kritischer Darstellung. Abhandlungen Heft 42. 1902.
Rogowski: Die komische Beleidigung. GoltdA **58** (1911) 367. Im Sonderabdruck Vorwort von Kohler.
Romen-Rissom: Militärstrafgesetzbuch 1912.
Rosenfeld: Die Nebenklage. 1900.
Rotering: Der § 193 usw. GerS **62** (1902) 1 (zit.: Rotering).
Rotering: Presse und Recht. Groß' Arch. **28** (1907) 91.
v. Ruber: Kriminalistische Fragmente. Österreichische allg. GerZ. 1895, Nr. 21/2.
Rubo: Zur Lehre von der Verleumdung. 1861.
Rubo: Kommentar über das Strafgesetzbuch für das Deutsche Reich. 1879.
Rüdorff-Stenglein: Strafgesetzbuch für das Deutsche Reich. 4. Aufl. 1892.
Rump: Strafrechtliche Bedeutung des animus iniuriandi und § 193 RStGB. GoltdA **35** (1887) 371.
Rupp: Modernes Recht und Verschuldung. Diss. Tübingen. 1880.
Schimmelpfeng: Zur Lehre von der tätlichen Beleidigung und Körperverletzung. GoltdA **19** (1871) 427.
Schmid: Die Präsumtionen im deutschen Reichsstrafrecht. Diss. Jena. 1884.
Schoeps: Beiträge zur Erläuterung des § 193 RStGB. Diss. Bonn. 1885.
Schulte: Öffentliche Strafe und Privatgenugtuung bei Ehrverletzungen mit Rücksicht auf die historische Entwicklung. Strafr. Abh. Heft 173. 1913.
Schütze: Lehrbuch des deutschen Strafrechts. 2. Aufl. 1874.
v. Schwarze: Kommentar zum Strafgesetzbuch für das Deutsche Reich. 5. Aufl. 1884.
Schwarze: Zur Lehre von den Injurien. GoltdA **10** (1862) 518, auch GoltdA **22** (1873) 7.

Sieß: Beleidigung von Körperschaften. Groß' Arch. **38** (1910) 1.
Sontag: Der Zorn der freien Rede. ArchRWph **2** (1908/9) 553.
Spiecker: Beiträge zur Lehre von der Beleidigung. Diss. Straßburg. 1895.
Stenglein: Das Antragsrecht des Vorgesetzten. GerS **42** (1889) 79.
Stooß: Lehrbuch des Österreichischen Strafrechts. 2. Aufl. 1913.
Stooß: Die Grundzüge des schweizerischen Strafrechts usw. 1892/4.
Strauß: Beiträge zu § 197 StGB. Diss. Breslau. 1908.
Stranz: Die Öffentlichkeit und der Wahrheitsbeweis im französischen Beleidigungsrecht. Z **19** (1899) 212.
Temme: Lehrbuch des Gemeinen Deutschen Strafrechts. 1876.
Thiel: Injurien und Beleidigung. Abhandlungen Heft 62. 1905.
Thomsen: Das deutsche Strafrecht. 1906/7.
Ulrich: Die Wahrnehmung berechtigter Interessen usw. Diss. Göttingen. 1908.
v. Volkmann: Der Begriff der Beleidigung im Sinne des Abschn. 14 des RStGB. Diss. Halle. 1896.
Wachenfeld: Strafrecht in: v. Holtzendorff-Kohler Enzyklopädie der Rechtswissenschaft. 6. Aufl. 1904. (Lehrb. 1914 noch nicht benutzt.)
Wahlberg: Die Ehrenfolgen der strafgerichtlichen Verurteilung. 1864.
Walcker: Theorie der Preßfreiheit und der Beleidigungen. 1889.
v. Wallenrodt: Die Injurienklage auf Abbitte, Widerruf und Ehrenerklärung. Z. f. Rechtsgeschichte **3** (1864) 238.
Weber: Über Injurien und Schmähschriften. 4. Aufl. 1820.
Wharton: A treatise on Criminal Law. 1885.
Wilhelm: Das Moment der Rechtswidrigkeit bei der Beleidigung. Diss. Straßburg. 1890. Auch GerS **45** (1891) 161.
Wulffen: Reichspreßgesetz. 1914.
Zimmermann: Über die Beleidigung gegen juristische Personen. GoltdA **25** (1877) 97.
Zucker: Die Einrede der Wahrheit nach österreichischem Recht. GerS **33** (1881) 248.

Wichtige Abkürzungen.

VE.: Vorentwurf zu einem deutschen Strafgesetzbuch. Bearbeitet von der hierzu bestellten Sachverständigen-Kommission. Veröffentlicht auf Anordnung des Reichs-Justizamts. Berlin 1909. (Guttentag.)

GE.: Gegenentwurf zum Vorentwurf eines deutschen Strafgesetzbuchs. Aufgestellt von Kahl, v. Lilienthal, v. Liszt und Goldschmidt. Berlin 1911. (Guttentag.)

KE.: Kommissionsentwurf eines deutschen Strafgesetzbuchs (nach den Mitteilungen in der Deutschen Juristenzeitung Bd. 17).

Schweiz. VE.: Vorentwurf zu einem schweizerischen Strafgesetzbuch (April 1908). Berlin 1909. (Guttentag.)

Österr. RE.: Regierungsentwurf eines österreichischen Strafgesetzbuchs und einer Abänderung der Strafprozeßordnung (1912). Berlin 1913. (Guttentag.)

NB. Die hier in Betracht kommenden §§ 326 ff. entsprechen, von geringfügigen, meist redaktionellen Änderungen abgesehen, den §§ 326 ff. des VE. zu einem österreichischen StGB. (September 1909).

GerS: Der Gerichtssaal.

GoltdA: Archiv für Strafrecht.

Z: Zeitschrift für die gesamte Strafrechtswissenschaft.

I. Teil.

Die Ehre.

I. Abschnitt.

Der allgemeine Ehrbegriff.

Einleitung.

Man macht sich über das Wesen der Ehre meist nicht viel Gedanken. Das nimmt um so mehr wunder, als dieser Begriff im Leben überaus häufig gebraucht wird. So wird er von solchen verwendet, die den verschiedensten gesellschaftlichen Schichten angehören, wie von dem Offizier, dem Kaufmann, dem Arbeiter, dem Künstler, dem Studenten. Und noch dazu meist in den wichtigsten Lebenslagen. Man beruft sich zur Rechtfertigung seines Handelns in einer ernsthaften Situation nicht selten auf „die eigene Ehre". Wenn man vor einer bedeutsamen Aufgabe steht, „setzt man seine Ehre ein", sie zu erfüllen. Man glaubt, sich eine widerfahrene Kränkung nicht gefallen lassen zu dürfen, weil die Kränkung selbst (oder das Nichtreagieren auf sie?) „an die Ehre gehe" [1]). Bekannt ist, daß viele menschliche Gemeinschaften für ihre Mitglieder einen besonderen „Ehrenkodex" aufgestellt haben, der mitunter, wie im Offizierstande, eine derartige Bedeutung gewinnt, daß man wohl ohne Übertreibung sagen darf, in den Anschauungen über die Ehre werde die ganze Moral

[1]) Vgl. den Monolog Hamlets (4. Aufz. 4. Szene):

Wahrhaft groß sein heißt
Nicht ohne großen Gegenstand sich regen,
Doch einen Strohhalm selber groß verfechten,
Steht Ehre auf dem Spiel.

des Standes ausgedrückt [1]). Fragt man aber, was unter Ehre zu verstehen ist, so wird man kaum eine befriedigende Antwort erhalten. Die Antwort wird meist nicht viel anders lauten, wie es in Lessings „Minna von Barnhelm“ heißt: Die Ehre ist — die Ehre [2]).

Die Sprachwissenschaft [3]) ist nicht imstande, uns einen brauchbaren Ehrbegriff zu liefern. Ein Blick in Grimms Wörterbuch zeigt, daß derselbe Ausdruck in den mannigfaltigsten Wendungen gebraucht wird [4]). Man spricht von der Ehre Gottes. Man erweist dem Toten die letzte Ehre. Man gebraucht als Anrede und als Abschiedsgruß die Formel: Ich habe die Ehre. Man versteht unter Ehrentag den Festtag und bezeichnet einen klugen Mann und eine schöne Frau als des Landes Ehre. Eine Ehrengabe, ein Ehrentrunk wird dargebracht, um einen Menschen auszuzeichnen. Unter Ehrenträgern versteht man die Spitzen einer Körperschaft. Eine Jungfrau entehren bedeutet: sie schänden; Ehre in diesem Zusammenhange heißen wohl auch die unverletzten Schamteile. Der Krieger bezeichnet die Kampfstätte als das Feld der Ehre und nennt die Fahne die Ehre des Regiments. Endlich sei nur im Vorübergehen an die — später [5]) zu würdigenden — Worte erinnert: Ehrenbezeugung, Ehrentitel, Ehrenamt, Ehrenzeichen, Ehrengang, Ehrenannahme und Ehren-

---

[1]) Bezeichnend Schaible-Spohn Standes- und Berufspflichten des deutschen Offiziers 1908, wo die Ehre an erster Stelle der Pflichten genannt wird und es dann (S. 15) heißt: „Die richtige Ehre ... ist die Seele alles Soldatenlebens, das militärische Grundelement.“ Vgl. auch das Motto unserer Abhandlung, es ist der Ausspruch eines Soldaten.

[2]) 4. Aufz. 6. Auftr.

[3]) Auch die Herkunft des Wortes Ehre ist nicht unstreitig. Vgl. Grimm Wörterbuch III (1862) Sp. 54 Abs. 1. Dem Laien dürfte am meisten einleuchten die Zurückführung des Wortes auf ais und êr, das glänzende Metall; Binding Ehre S. 18 macht mit Recht darauf aufmerksam, daß auch wir von dem glänzenden Schild der Ehre sprechen. Durch ais = Glanz wäre auch die Verbindung zu aes und aestimare (schätzen, achten, ehren) hergestellt.

[4]) Ganz abgesehen von den zusammengesetzten Wörtern, in denen der Begriff Ehre einen besonderen Unterton annimmt, wie Ehrfurcht, Ehrerbietung, Ehrgeiz, Ehrliebe, Ehrlichkeit, Ehrenwert u. a. Nähere Ausführungen über die Begriffe Ehrbewußtsein und Ehrgefühl vgl. unten Abschn. II Kap. 5.

[5]) unten S. 40, 41.

zahlung. — Will man in diesen verschiedenartigen Wendungen, die sich unschwer vermehren ließen, eine einheitliche Bedeutung des Wortes Ehre entdecken, so wird sich nur sagen lassen, daß mit ihm der Gedanke des Achtens (Geachtetwerdens) oder auch eines höheren Grades des Achtens verbunden ist. Aber mehr erfahren wir nicht; in der Erkenntnis des Wesens der Ehre werden wir nicht gefördert.

Nun sollte man meinen, die Philosophie und die Soziologie würden uns über das Wesen der Ehre aufklären. Das ist aber keineswegs der Fall. Fruchtbarer, als uns mit den spärlichen Ausführungen der Philosophen [1]) über die Ehre auseinanderzusetzen, scheint es uns, nach etwas anderem zu streben, nämlich so zu verfahren, wie es die Philosophen zu tun pflegen, wenn sie glücklicher arbeiten, also auf erkenntniskritisch-soziologischem Wege zu versuchen, dem Begriffe der Ehre beizukommen [2]).

[1]) Die neueren Systeme der Ethik von Wundt 2. Aufl. (1892) 183, Paulsen 5. Aufl. (1900) **2** 89 und Cohen (1904) 464 ff. sowie die Werke von Simmel Einleitung in die Moralwissenschaft 3. Aufl. (1911) **1** 190 ff., Lasson System der Rechtsphilosophie (1882) 547, Lipps Die Grundtatsachen des Seelenlebens (1883) 686 und Jodl Lehrb. der Psychologie, 2. Aufl. (1903) **2** 335 verzichten auf nähere Untersuchungen und geben im Grunde nur Umschreibungen. Nach Jhering Zweck im Recht 4. Aufl. (1905) **2** 388 ist Achtung ein sozialer, Ehre ein Rechtsbegriff, Ehre ist der Rechtswert der Person und hat zur Voraussetzung die rechtliche Anerkennung des Menschen als Person. Stammler Wirtschaft und Recht 2. Aufl. (1906) 121 gebraucht das Wort Ehre nur im Sinne von ritterlicher Ehre. Eckstein 14 ff. führt eine Reihe von Ausdrücken älterer Schriftsteller über die Ehre an; nach seiner eigenen Ansicht ist die Ehre ein äußeres Gut, das Verlangen nach ihr ein sittliches. Dagegen bringen mehr Beachtliches, das wir später an entsprechender Stelle erwähnen werden, Schopenhauer Aphorismen zur Lebensweisheit (Reclam) **4** 406, Ahrens Naturrecht **2** 6. Aufl. (1871) 35 ff., Stahl Die Philosophie des Rechts **2** (1845) 261, Ed. v. Hartmann Philosophie des Unbewußten 10. Aufl. 2. Teil (Ausgewählte Werke, 2. Ausg., Leipzig, Haacke) 328—335 und besonders neuerdings Simmel Soziologie (1908) 430 ff., 533 ff., wenn sie auch den Ehrbegriff nicht eindeutig bestimmen. Nach Simmel 533 soll die Ehre seltsamerweise eine Mittelstellung zwischen Recht und Sittlichkeit einnehmen, scheint also im wesentlichen der Sitte zu entsprechen. Nach 536 deckt sich aber die Ehre in der Hauptsache mit unserer „Verkehrsehre". — Über die theologische Literatur orientiert Kattenbusch 40, 52 ff. Vgl. auch unten S. 39 no. 2.

[2]) Historische und rechtsvergleichende Untersuchungen anzustellen, liegt nicht in unserem Plane. So reizvoll sie sind, sie würden uns über Einzelerkenntnisse nicht hinausführen.

1*

1. Die Bedeutung des allgemeinen Ehrbegriffs.

Drei grundlegende Fragen werden uns beschäftigen:

1. Was ist Ehre überhaupt?
2. Was ist Ehre, die vom Recht anerkannt ist?
3. Was ist Ehre, die vom Recht gegen Verletzungen geschützt ist?

Zu diesen Fragen gilt es der Reihe nach Stellung zu nehmen. Verfehlt wäre es, wollte der Jurist nur die zweite und dritte Frage, der Kriminalist gar nur die dritte Frage für erheblich halten und die erste ausschließlich dem Soziologen und Moralisten überlassen. Verfehlt wäre es deswegen, weil jede Rechtsordnung, soweit sie den Ehrbegriff nicht ausdrücklich bestimmt — und dies ist nirgends geschehen —, nur an den allgemeinen Begriff der Ehre anknüpfen kann, weil ferner diese Ehre gerade das Objekt der rechtlichen Wertung ist, das selbstverständlich zunächst bestimmt sein muß, ehe der Wertungsmaßstab (die Anerkennung durch das Recht) angelegt wird, und weil endlich das Recht dieses sein Objekt nur insoweit zurechtstutzen darf, als es seine — des Rechts — eigenen Prinzipien verlangen. Besonders der letzte Punkt wird gar zu leicht unbeachtet gelassen.

Dem ersten Teil unserer Abhandlung fällt also keine geringere Aufgabe zu als diese: es gilt, den so vieldeutig verwendeten allgemeinen (soziologischen) Ehrbegriff einheitlich zu bestimmen, es gilt sodann zu untersuchen, ob und bejahendenfalls aus welchem Grunde und in welcher Weise der so gewonnene Ehrbegriff nach dem Grundgedanken des Rechts eine Beschränkung erfahren muß, sei es für das Gebiet des Rechts überhaupt, sei es speziell für das Beleidigungsrecht.

2. Die Ehre als soziales Werturteil über den Menschen.

Welcher Vorgang spielt sich in unserem Bewußtsein ab, wenn wir jemandem „Ehre" zusprechen?

I. Zunächst dürfte sicher sein, daß wir über den Menschen, dem wir Ehre beimessen, ein Werturteil fällen, und zwar ein günstiges. Sicher entfalten wir dabei nicht lediglich eine „beschreibende" (Gegensatz: normative) Tätigkeit, wie wenn wir an ihm bestimmte anerkennenswerte Eigenschaften beobachten. Wir fällen auch nicht ein Urteil schlechtweg, wie wenn wir etwa über seine körperlichen oder geistigen Vorzüge sprechen. Vielmehr fällen wir speziell ein Werturteil, indem wir uns billigend über ihn dahin aussprechen, daß er gewissen Anforderungen genügt, die wir an ihn stellen. Welche Anforderungen das sind, wird erst die Betrachtung des folgenden Kapitels dartun. An dieser Stelle fragen wir weiter zunächst nach dem Objekt, dann nach dem Subjekt der Wertung.

Gewertet wird nicht ein einzelnes Verhalten, sondern der Mensch als solcher[1]). Ein einzelnes Verhalten zu werten, ist dem Juristen wie Moralisten durchaus geläufig; sie üben diese Tätigkeit fortwährend aus. Hier steht aber der Mensch als solcher zur Beurteilung. Nun wird man einwenden: die Bewertung des Menschen setze sich nur aus Urteilen über seine einzelnen Handlungen zusammen, die Tätigkeit sei also genau die gleiche. Es besteht aber ein Unterschied. Dort vergleicht der Jurist die zu bewertende einzelne Handlung mit den Handlungen anderer Menschen oder auch mit Handlungen desselben Menschen, sofern sie ähnlicher Art sind; so entstehen ja die Urteile, daß Handlungen gewisser Art generell (typisch) rechtmäßig, Handlungen anderer Art generell rechtswidrig sind. Hier aber werden sämtliche Verhaltungsweisen desselben Menschen miteinander verglichen, mögen sie auch noch so verschieden sein, ja sie werden es gerade, weil sie so verschieden sind. Denn man will über den Menschen selbst ein Urteil gewinnen. Dort entstehen Handlungstypen, hier Menschentypen. Dem Strafrichter ist die letztere Tätigkeit auch von anderer Seite her wohl vertraut; bei der Zumessung der Strafe beurteilt er auch den Menschen als solchen, beurteilt er nicht allein die Tat, sondern den Täter.

Über diese beiden Punkte (die wertende Tätigkeit und das Objekt der Wertung) scheint in der Literatur im Grunde Einigkeit zu herrschen, wie die üblichen, aber nicht immer sehr klaren Be-

---

[1]) Vgl. Jhering Zweck im Recht **2** 392; dort wird dargelegt, daß nach dem Zeugnisse von fünf ganz verschiedenen Sprachstämmen (griechisch, lateinisch, deutsch, hebräisch, ungarisch) Ehre der „Wert der Person" bedeutet.

merkungen zeigen, Ehre sei die soziale Geltung, der soziale Wert, der soziale Kurswert des Menschen.

II. Dagegen wird das Subjekt der Wertung in der Literatur oft recht mangelhaft bestimmt. Das Werturteil kann u. E. von jeder beliebigen Gemeinschaft, der das Objekt angehört, gefällt werden [1]). In jeder Gruppe von Menschen, die durch gleiche oder ähnliche, in Wechselwirkung miteinander stehende Interessen und Wertanschauungen zusammengehalten werden — und dann sprechen wir doch mit Fug von einer Gemeinschaft — kann sich Ehre bilden, so daß umgekehrt die Ehre als ein gutes Mittel erscheint, die Gemeinschaft zusammenzuhalten [2]).

Daß es eine Standesehre, eine Beamten-, Offiziers-, Kaufmanns-, Forscher-, Handwerkerehre gibt, wird meist anerkannt [3]); doch wird zu Unrecht bestritten [4]), daß sie mit der uns hier beschäftigenden Ehre etwas zu tun hat, während u. E. nur fraglich ist, ob sie vom Recht anerkannt wird. Die Standesehre [5]) ist im Gegenteil gerade eine solche Sonderehre, die uns über das Wesen der Ehre überhaupt und der Ehre im Rechtssinn am besten Auskunft geben kann. Ist sie doch in manchen Ständen, wie bei den Offizieren, den Kaufleuten, besonders fein ausgebildet.

Es sollte aber auch nicht bestritten werden, daß in jeder anderen Gemeinschaft, der größten wie der kleinsten, sich Ehre bilden kann, und wir können Liepmann [6]), demjenigen juristischen Schriftsteller, der neuerdings am eingehendsten über die

---

[1]) Vgl. Paulsen Ethik **2** (1900) 89, Schmoller Grundriß der Allg. Volkswirtschaftslehre **1** (1900) 17; auch Koehne Z **8** (1888) 443.

[2]) Hierauf weist besonders Simmel Soziologie 534 hin.

[3]) „Ein jeder Stand hat seine Ehre, ein jeder Stand hat seine Last.“ So gab es früher eine Lehnsehre, eine Ritterehre, der eine besondere Bürgerehre gegenüberstand; letztere hat übrigens mit unserer „bürgerlichen Ehre“ nichts zu tun.

[4]) so von Binding Lehrb. 137 und Finger Österr. Strafr. 163.

[5]) Simmel Soziologie 534 bemerkt mit Recht, daß ursprünglich die Ehre Standesehre sei. Vgl. auch M. E. Mayer **2** 17: Die Standesehre sei der Hauptbestandteil der Ehre. Nach Gierke Dtsch. Pr.-R. **1** 425 ist die Standesehre spezifisch germanischen Ursprungs. Beachte auch Hegel Die Grundlinien der Philosophie des Rechts § 253 über die Ehre in der „Korporation“ und Bluntschli Staatswörterb. **1** (1875) 562.

[6]) 224/7.

Ehre geschrieben hat, nicht zustimmen, wenn er nur vier Arten von Ehre unterscheidet: 1. die Geschlechtsehre, 2. die Berufs- und Standesehre, 3. die Menschenehre, 4. die Persönlichkeits- oder Kulturehre [1]). Glücklicher als diese Differenzierung des Menschen nach seinen verschiedenen Aufgaben wäre der Ausgangspunkt von den verschiedenen Gemeinschaften gewesen, denen in der Hauptsache der Mensch angehören kann. In der Hauptsache! Denn erschöpfend kann die Aufzählung der Gemeinschaften und damit der Sonderehren niemals sein [2]). So wird gegenüber Liepmann mit Recht geltend gemacht [3]), daß es auch Ehre jemandes als Gliedes eines Volkes [4]) oder einer Religionsgemeinschaft gebe. Aber auch die bürgerliche Ehre, d. i. die Ehre, die dem Bürger als Glied einer staatlichen Gemeinschaft zusteht und als deren Ausfluß die sogenannten bürgerlichen Ehrenrechte bekannt sind, läßt sich für Liepmann schwer erklären, ergibt sich aber zwanglos aus unserem Grundgedanken.

Wie eine Volksehre gibt es auch eine Rassenehre. Und kann man nicht von einer Familienehre sprechen? Man denke nur an die alten, durch Jahrhunderte überlieferten Familientraditionen, zu denen zweifellos auch besondere Ehranschauungen gehören. Und ferner: Hat sich nicht auch in manchem Verein, in

---

[1]) Die von Liepmann sogenannte Kulturehre ist schwer zu bestimmen. U. E. ist darunter im wesentlichen die Ehre derjenigen Gemeinschaften zu verstehen, die durch die Gleichheit gewisser höherer Kulturgüter und die Gleichheit ihrer Bewertung zusammengehalten werden. Zu diesen Kulturgütern gehören z. B. Religion, Wissenschaft, Kunst, Technik, Anstand, aber auch Luxusgüter.

[2]) Daher werden in Wahrheit nur Beispiele gegeben, wenn Paulsen a. a. O. zwischen politischer und gesellschaftlicher, wenn Kronecker GerS **38** 486 zwischen bürgerlicher (spezifisch bürgerlicher), Standes- und allgemeiner Menschenehre, wenn v. Liszt § 95 II zwischen Menschenehre und sozialer Ehre, wenn Binding a. a. O. zwischen Menschenehre (Rechtsehre) und Standesehre, wenn Kratz 21 zwischen bürgerlicher und allgemeiner Menschenehre, wenn v. Boguslawski 2 zwischen allgemeiner Menschenehre, bürgerlicher Ehre und Standesehre unterscheiden. Erschöpfend ist auch nicht die Einteilung Bluntschlis 562 in allgemeine Menschenehre, individuelle Ehre, Geschlechts- und Standesehre, selbst nicht die eingehende Unterscheidung Ed. v. Hartmanns 329.

[3]) von Kattenbusch 59

[4]) Schopenhauer 437: Nationalehre. In unserer Lyrik spielt die „deutsche Ehre" eine große Rolle („deutsche Ehre deutsche Lust").

manchem Spielklub eine besondere Ehre gebildet? Selbst in verbotenen Gemeinschaften kann „Ehre“ entstehen, so können Verbrechergemeinschaften Ehre in ihrem Sinne demjenigen Gliede absprechen, der seine Komplicen verrät. Es sei nur an die Zusammengehörigkeit von Zuhältern und an die von Lohndirnen erinnert [1]).

Auf die Vielheit der Sonderehren weist übrigens schon hin die gesetzliche Zulassung besonderer Ehrengerichte und eines besonderen ehrengerichtlichen Verfahrens für einzelne Berufsklassen, z. B. für Rechtsanwälte, Ärzte, Apotheker, Börsenbesucher, Patentanwälte [2]). Es steht nichts im Wege, ähnliche gesetzliche Bestimmungen auch für weitere Berufsstände oder rechtlich anerkannte Vereinigungen einzuführen. Zu beachten ist, daß derartige Vorschriften die Existenz einer Sonderehre in der betreffenden Gemeinschaft zur Voraussetzung haben; mindestens aber zur Folge — es kann ja einmal das Recht der sozialen Entwicklung vorauseilen und diese bestimmen.

Neben diesen Sonderehren sollte aber nicht das Vorhandensein einer allgemeinen Menschenehre geleugnet werden. Sie bildet sich in der großen Gemeinschaft der gesamten Menschheit oder wenigstens der zivilisierten Menschheit. Denn zweifellos die letztere ist durch Gleichheit der Zweckbestrebungen und ihrer Bewertung (z. B. Pflicht zur Nächstenliebe) zusammengehalten. Wie die Geschlechtsehre des Weibes auf den gemeinsamen sexuell-sittlichen Überzeugungen der Frauen beruht, so gründet sich die allgemeine Menschenehre auf den gemeinsamen allgemein-sittlichen Anschauungen aller Menschen. Freilich ist die Quelle der moralischen Werturteile, das autonome Sittengesetz des einzelnen, bei jedem verschieden; aber es lassen sich Grundsätze feststellen, in deren Gültigkeit die Sittengesetze aller Menschen übereinstimmen, mögen sie im einzelnen auch noch so erheblich voneinander abweichen. Diese allgemeine Menschenehre ist das

---

[1]) Simmel Soziologie 534/5 (Möglichkeit einer „Spitzbubenehre“, einer „Verbrecherehre“!).

[2]) Vgl. Kaskel Begnadigung im ehrengerichtlichen Verfahren der freien Berufsstände, Diss. Berlin 1911.

höchste Gut des Menschen [1]); die allgemeine Menschenehre haben unsere Dichtungen offenbar im Sinne, wenn sie das Wort Ehre als poetischen Ausdruck für den Menschen selbst oder für die beste Seite des Menschen verwenden [2]), und es ist nicht zu verstehen, wie gerade diese Art von Ehre von einigen Schriftstellern nicht oder nicht in vollem Maße anerkannt wird [3]).

Vor einem Irrtum muß gewarnt werden: sowohl die bürgerliche Ehre wie die allgemeine Menschenehre in dem soeben dargelegten Sinne sind methodisch streng zu scheiden von der rechtlich anerkannten Ehre. Die beiden ersteren sind rechtlich noch nicht gewertet, die erstere nicht von dem Gesetzesrecht, die letztere nicht von dem materiellen Recht (der Idee des Rechts). Sie sind nur auf beschreibendem Wege aus der Betrachtung zweier Gemeinschaften gewonnen, die ihrerseits allerdings zu den beiden genannten Maßstäben insofern in Beziehung stehen, als die staatlich-bürgerliche Gemeinschaft durch gemeinsame gesetzesrecht-

---

[1]) Die allgemeine Menschenehre ist es, an die Köstlin (Z. f. dtsch. R. [1855] 178) denkt, wenn er so schön sagt: Die Ehre ist dem Germanen der Ausdruck seines positiven sittlichen Wertes, die Quintessenz seiner sittlichen Persönlichkeit selbst; daher hebt sich ihm der Angriff auf die Ehre so entschieden von dem Angriff auf jedes anderweitige Recht (Freiheit, Gesundheit, Eigentum) ab; er durchbohrt ihm das Mark und bebt in allen Nerven nach.

[2]) Beispiele ließen sich namentlich aus der älteren deutschen Dichtung in reicher Fülle geben. Interessant ist vielleicht der Hinweis, daß im 1. Akt von Richard Wagners Tristan und Isolde das Wort „Ehre" in nicht weniger als vier verschiedenen Bedeutungen wiederkehrt. Wird Isolde als „der Frauen höchste Ehr'" bezeichnet, so soll sie als die ausgezeichnetste, als der Stolz der Frauen hingestellt werden. Vgl. ferner: „Da er gefallen, fiel meine Ehr'" (= allgemeine Menschenehre); „der Ehre wenig botest du mir" (= Achtung); „Tristans Ehre höchste Treu" (= Pflicht).

[3]) Kronecker, GerS **38** 486 erkennt sie nur subsidiär als den Wert an, der dem Menschen dann, wenn ihm an der bürgerlichen Ehre etwas fehlt, im Gegensatz zu noch niedriger Stehenden und zu den Tieren innewohnt. Nur subsidiäre Bedeutung scheint ihr auch Bluntschli a. a. O. 562 beizumessen. Den Hauptwert legt er auf die individuelle Ehre, diese sei von dem Werte abhängig. Als wenn dies nicht auch auf die allgemeine Menschenehre zuträfe, die doch ebenfalls (durch Verletzung der allgemeinen Menschenpflichten) verloren gehen kann. Vgl. auch unten S. 37 Anm. 1. — Zweifelhaft ist, ob die Schriftsteller, die nur Sonderehren aufzählen, wie Ed. v. Hartmann 329, eine allgemeine Menschenehre überhaupt anerkennen. Bedenklich auch diejenigen, die nur von bürgerlicher Ehre sprechen; vgl. Heffter 237, v. Volkmann 7 u. a.

liche Werturteile, die Gemeinschaft der zivilisierten Menschheit durch gemeinsame Werturteile sogenannter sittlicher Art, wie sie der Idee des Rechts entlehnt werden, zusammengehalten sind. So kommt es, daß die bürgerliche Ehre in Wirklichkeit vom Staat anerkannt ist, während die allgemeine Menschenehre der Idee des Rechts entspricht. Aber methodisch sind sie voneinander verschieden. Das zeigt sich auch praktisch darin, daß die bürgerliche Ehre keineswegs die einzige staatlich anerkannte Ehre [1]) und daß ebensowenig die allgemeine Menschenehre die einzige der Rechtsidee entsprechende Ehre ist [2]). Gerade dies wird in der Literatur gar zu wenig beachtet. Wir werden später die rechtlich anerkannte Ehre auch wesentlich anders bestimmen als die bürgerliche und die allgemeine Menschenehre.

III. Unser Ergebnis ist: Ehre ist zunächst das Werturteil einer Gemeinschaft über einen ihr angehörenden Menschen als solchen. Und es sei hier angedeutet: das Werturteil braucht nicht wirklich gefällt zu sein. Wer es tatsächlich fällt oder fällen soll, ist eine Frage, die uns später Abschn. II, Kap. 3 beschäftigen wird. Das Werturteil, das wir hier meinen, ist nur ein gedachtes, es ist das verdiente, objektiv begründete Urteil. Wann ist es objektiv begründet? Darüber das folgende Kapitel.

3. Die Grundlagen der sozialen Bewertung des Menschen.

Unter einer menschlichen Gemeinschaft verstanden wir oben eine Gruppe von Menschen, die durch die Gleichheit oder Ähnlichkeit der in Wechselwirkung miteinander stehenden Zweckbestrebungen und deren Bewertungen zusammengehalten werden. Der Gemeinschaft ist naturgemäß daran gelegen, daß ihre Mitglieder sich mit diesen in ihr bestehenden Anschauungen nicht in Widerspruch setzen, daß die Mitglieder im Gegenteil durch ihre Bestrebungen die Gemeinschaft fördern. So entstehen Pflichten und Rechte der einzelnen innerhalb der Gemeinschaft,

---

[1]) Der gegenteiligen Ansicht scheinen die zivilrechtlichen Schriftsteller S. 27 dieser Abhandlung zu sein.

[2]) Anders wohl Kohler 1; Binding Lehrb. 137.

wohlgemerkt: einer jeden Gemeinschaft. Pflichten und Rechte lassen sich u. E. stets, auch für das Gebiet der Rechtswissenschaft, nur aus diesem Zweckgesichtspunkt erklären, und wenn wir im folgenden das Vorhandensein von Ehre im wesentlichen von Pflichterfüllung abhängig machen werden, so muß ausdrücklich betont werden, daß uns die von den Juristen allerdings gern vertretene Anschauung völlig fern liegt, die Pflichten seien um ihrer selbst willen da.

Aus unserer Auffassung der Gemeinschaft ergibt sich ohne weiteres: das Werturteil der Gemeinschaft über den Menschen als solchen hängt zunächst davon ab, ob und in welchem Maße er die Pflichten der Gemeinschaft erfüllt und seine Rechte ausübt, und ferner davon, ob er sich selbst als Mitglied der Gemeinschaft fühlt. Letzteres, das subjektive Moment im Ehrbegriff, behandelt das folgende Kapitel. Das erstere bedarf hier der Erörterung.

I. In der Hauptsache scheint über dieses Erfordernis der Pflichterfüllung in der Literatur[1]) Übereinstimmung zu herrschen. Von einigen Schriftstellern wird allerdings das Moment der Pflichterfüllung vernachlässigt und nur der Besitz der für

[1]) Ausdrücklich auf Pflichterfüllung legen Gewicht Binding, Lehrb. 136; auch schon Handb. **1** 726; v. Liszt § 95 II; Finger 164; Kratz 14; W. Mittermaier 5; Mirkoff 20; Meyer-Allfeld 419; Beling Grundzüge 69; Kern 11 ff.; Rogowski 379. Allgemeiner: Köstlin Abhandlgn. 15 („Unbescholtenheit"), ähnlich Hälschner Preuß. Strafr. **3** 239, Deutsches Strafr. **2** 159, Schütze 354 (vollgültiger Wert als Persönlichkeit). — Ed. v. Hartmann 329 gründet auf Pflichterfüllung wenigstens die sogenannte „objektive Ehre des inneren Wertes", insbesondere die „moralische Ehre" (der Nächstenliebe und der Gerechtigkeit); ebenso v. Boguslawski 2 für die allgemeine Menschenehre und die bürgerliche Ehre. — Interessant ist, daß in Sudermanns Drama „Die Ehre" die wohl die Ansicht des Dichters wiedergebende Person (Trast) an die Stelle (!) der Ehre die Pflicht setzen will (2. Akt Schl.), sich an anderer Stelle (4. Akt Anf.) jedoch unserer Anschauung mit den Worten nähert: „die Ehre ... das, was du dir durch ein Leben voll guter Gesittung und strenger Pflichterfüllung anerzogen hast, kann dir durch eine Bubentat ebensowenig genommen werden wie etwa deine Herzensgüte oder deine Urteilskraft". Ein Grundgedanke dieses Dramas ist, daß Menschen von verschiedener Bildung auch verschiedene Ehranschauungen haben müssen; das Werk ist für den Soziologen immerhin beachtlich, wenn auch die theoretisierenden Ausführungen der handelnden Personen den künstlerischen Wert des Dramas nicht gerade zu erhöhen vermögen.

erforderlich gehaltenen Eigenschaften[1]) hervorgehoben. Aber was nützt der Gemeinschaft der Besitz von hervorragenden Eigenschaften, wenn diese nicht betätigt werden, was nützt die glänzendste Begabung, wenn der betreffende die Hände in den Schoß legt? Wie richtig lautet dagegen eine schlichte kommentarische Bemerkung zu der Allerhöchsten Verordnung vom 2. Mai 1874 über die Ehrengerichte der Offiziere[2]): Die äußere Anerkennung des Offizierstandes gründet sich darauf, wie er seine Aufgaben erfüllt; das Gesetz der Ehre ist das Gebot der Pflichterfüllung!

Die Pflichten selbst sind nach der Stellung des einzelnen verschieden; sie richten sich nach Geburt, Geschlecht, Alter, Beruf usw. Es gibt höhere und niedere Pflichten; für die Rangordnung ist der Zweck der Gemeinschaft maßgebend. So mag in gewissen Kreisen die Pflicht zur Tapferkeit höher stehen als die zur Demut, in anderen Kreisen umgekehrt[3]). Dies wird allseitig in der Literatur hervorgehoben und zwar im Zusammenhange mit der Erwägung, daß ein und derselbe gegen verschiedene Personen erhobene Vorwurf verschieden bewertet werden kann, daß z. B. der Vorwurf mangelnder Tapferkeit einen Soldaten, aber nicht notwendig eine Frau beleidigt.

Was aber meist nicht hervorgehoben wird[4]) und gerade für unsere Zwecke besonders bedeutungsvoll ist, das ist die Möglich-

---

[1]) So von Liepmann 224. Vgl. auch E. v. Hartmann 329 (Ehre des Besitzes!).

[2]) Die Ehrengerichtsverordnungen. Neufassung 1910 usw., herausgegeben von Dietz 25. Auf die — wohl allgemein bekannte — „Einleitungsorder" mit ihrem herrlichen Inhalt braucht hier nur hingewiesen zu werden. Nicht zustimmen können wir jedoch der Ausführung am Anfang des zweiten Absatzes, daß wahre Ehre ohne „Erfüllung selbst der anscheinend kleinsten Pflichten nicht bestehen" kann. Vgl. hierüber den folgenden Text. Beachtlich auch Handwörterbuch für Heer und Flotte, Enzyklopädie der Kriegswissenschaften, herausgeg. von v. Alten **3** (1911) 285: „Die Ehre fordert auch Taten, fordert das Einsetzen von Gut und Leben für das Gemeinwohl, heischt Wahrhaftigkeit, Mut und Treue." Vgl. auch Schaible-Spohn Standes- und Berufspflichten des deutschen Offiziers (1908) 4—25 (unter den Pflichten wird die Ehre an erster Stelle genannt). Das alles gilt sicher nicht allein für den Soldaten.

[3]) Kattenbusch 60 bemerkt treffend, des Kaufmannstandes Ehre sei in erster Linie die Rechtschaffenheit des Geschäftsgebarens, die „Reellität".

[4]) Nur eine Andeutung bei Binding Lehrb. 137 (oben).

keit, daß zwar eine Pflicht in einer Gemeinschaft besteht, daß aber allein *ihre* Erfüllung oder Nichterfüllung für die Beurteilung des einzelnen unerheblich ist. So hat die Ehre des Hausherrn doch nicht darunter gelitten, daß er es einmal versäumt hat, einen Dienstboten bei der Polizei anzumelden. Man kann hier nicht etwa die Unversehrtheit der Ehre damit rechtfertigen, daß er nicht schuldhaft gehandelt hat. Die Ehre eines ehrsamen Bürgers, der auf einem Fußsteig trotz Kenntnis des Verbotes mit dem Fahrrade fährt, ohne jemand zu schädigen oder zu gefährden, geht doch nicht durch diese Pflichtverletzung verloren, wird auch nicht durch sie gemindert. Anders mag der Fall liegen, wenn die genannten Übertretungen von einer Person begangen werden, die infolge ihres Berufes zu besonders gewissenhafter Beobachtung der Polizeivorschriften verpflichtet ist; so muß der Polizeibeamte dem Publikum mit dem besten Beispiel selbst vorangehen.

Wir gelangen also zu der Erkenntnis: für die Ehre kann es nur auf die Erfüllung der für die Bewertung des einzelnen *wesentlichen* Pflichten ankommen.

II. Es gilt aber noch einen weiteren Schritt zu tun. Da der Mensch als solcher zur Beurteilung steht, so darf man, wie bereits hervorgehoben, nicht auf ein einzelnes Verhalten dieses Menschen innerhalb der betreffenden Gemeinschaft abstellen. Auch nicht auf die sämtlichen einzelnen Verhaltungsweisen zu der Zeit, wo das Urteil gefällt wird, etwa auf die Erfüllung seiner sämtlichen gegenwärtigen Pflichten. *Regelmäßig* wird es auch auf das *frühere Verhalten*, und ferner wird es *stets* auf das *voraussichtliche künftige Verhalten* ankommen. Dies ist im folgenden näher darzulegen.

1. Zunächst ist klar, daß die Gemeinschaft, die den Menschen bewerten will, in der Regel auch darauf Gewicht legt, ob er seine *früheren* Pflichten erfüllt hat. Möglich ist allerdings, daß ein Verhalten so weit in der Vergangenheit zurückliegt, daß es für die jetzige Beurteilung völlig belanglos ist. Es gibt daher auch eine Verjährung oder besser eine Rehabilitation in Sachen der Ehre [1]. So kann es für die Ehre doch nicht von Bedeutung sein, ob ein

[1]) A. M. ausdrücklich Binding Ehre 29.

jetzt hochachtbarer Mann vor 50 Jahren einmal eine geringe Verfehlung begangen hat, die allerdings damals für seine Ehre bedeutungsvoll gewesen wäre, eine Erwägung, die sich für die Ausgestaltung des Wahrheitsbeweises als sehr erheblich herausstellen wird. Mit anderen Worten: die frühere Verfehlung wird zwar auch berücksichtigt, aber durch Pflichterfüllung erheblicher Natur aufgewogen. Wie in den Fällen, wo das Verhalten mehrerer Menschen kollidiert, so wird auch hier, wo Pflichterfüllung und Pflichtverletzung innerhalb derselben Persönlichkeit einander gegenüberstehen, dem Zwecke der Gemeinschaft gemäß zwischen Nützlichem und Schädlichem abgewogen und das Saldo gezogen [1]).

2. Andrerseits ist aber auch das künftige Verhalten erheblich. Wer seine Pflicht bis heute erfüllt hat, aber von morgen ab ein sozial schädliches Verhalten erwarten läßt, etwa infolge irgendwelcher Veränderungen in äußeren Verhältnissen oder eines bloßen Gesinnungswechsels, dem kann schon heute nicht derselbe Wert innerhalb der Gemeinschaft beigemessen werden. Die Ehre ist also nicht nur von der Pflichterfüllung, sondern auch von ihrer Gewährleistung abhängig. Dieser Erkenntnis sollte man sich nicht verschließen. Kann es doch allein auf die Pflichterfüllung schon deswegen nicht ankommen, weil der betreffende zur Zeit der Fällung des Werturteils vielleicht noch gar keine Gelegenheit hatte, Pflichten zu erfüllen. Man denke nur an den Fall, daß ein junger Mensch ein Lebensalter erreicht hat, in dem er zweifellos bereits Pflichten hat, aber keine Gelegenheit erhält, sich pflichtgemäß zu betätigen [2]).

Es fragt sich, woran wir die Gewährleistung künftiger Pflichterfüllung erkenen. Diese Frage nach den Symptomen ist um so berechtigter, als wir einem juristischen Ehrbegriff zustreben und als das Recht naturgemäß nach etwas Greifbarem verlangt. Ob

---

[1]) A. M. Binding a. a. O.: im Schuldbuche der Ehre werde zwar von der Sitte, nicht aber von dem Rechte das Fazit zwischen Ehren- und Unehrenkonto gezogen.

[2]) Anders Binding Ehre 27. Er meint, daß Freibleiben von Pflichtverletzung nur durch Pflichterfüllung bewirkt werden könne; es gebe zwischen Ehre und Unehre den Nullpunkt der noch nicht erfüllten und nicht verletzten Pflicht; diese sogenannte negative Ehre gehöre nicht zu der wirklichen Ehre.

eine künftige Pflichterfüllung gewährleistet ist, wird wesentlich von dem gleichzeitigen Vorliegen zweier Voraussetzungen abhängig zu machen sein, nämlich von der pflichttreuen Gesinnung und von der objektiven Tauglichkeit zur Pflichterfüllung.

Hiermit ist ein Streit berührt, der in der Literatur über die Ehre ein großes Interesse in Anspruch nimmt, ja beinahe die juristische Literatur über die Ehre beherrscht.

III. Man wirft die Frage auf, ob zur Ehre nur der „sittliche" [1]) oder auch der „soziale" Wert [2]) gehört. Aber die Schriftsteller, die die genannten Ausdrücke verwenden, scheinen sich ihrer Vieldeutigkeit nicht immer bewußt zu sein.

Keine ernsthafte Meinungsverschiedenheit besteht dann, wenn man das Vorhandensein von Ehre nur von der Gesinnung abhängig machen will. Denn selbst wer diese auf Kant sich stützende Ansicht über das Sittliche teilt, wird sie auf den Begriff der Ehre als des Werturteils einer Gemeinschaft in der angegebenen Weise nicht anwenden. Kann doch eine Gemeinschaft unmöglich nur auf die Gesinnung Gewicht legen. Jedes Gemeinwesen wird sich für das äußere Verhalten des Menschen und für dieses in erster Linie interessieren und für die Gesinnung nur insoweit, als diese ein gewisses äußeres Verhalten mit Wahrscheinlichkeit erwarten läßt [3]).

Mit dieser letzteren Ausführung haben wir bereits zu einem zweiten Gegensatz Stellung genommen. Es entsteht die Frage: Wird die Ehre auch durch solche Umstände erhöht oder verringert, die von dem guten Willen des Ehrenträgers unab-

---

[1]) So Hälschner Deutsches Strafrecht **2** 160; v. Wächter Deutsches Strafrecht 384; Freudenstein 3; v. Buri Abhandlungen 1 ff.; Dochow 337; Schwarze 486; Meyer 5. Aufl. 515; Binding Lehrb. 136, 144; Finger 159; Kohler 29; Birkmeyer 1169; Mirkoff 20; Eichmann 38; Hammeley 13 ff. Vgl. schon Stahl **2** 261.

[2]) So Schütze 354 Anm. 1; Merkel 287; Kronecker GerS **38** 484; v. Bülow GerS **46** 269; Olshausen § 185 Nr. 2; v. Liszt § 95 II; Frank vor § 185 I; v. Koppmann-Weigel § 91 Nr. 1; Liepmann 227; v. Lilienthal Grundriß 73; Meyer-Allfeld 419; Heß 24; Kratz 9, 28; Niesewand 2; v. Volkmann 22; Gabler 19; Wilhelm Diss. 4; Rogowski a. a. O. Dies auch die in der Praxis herrschende Ansicht. Vgl. RG Rspr. **1** 28; Goltd. A. **38** 434; **45** 423; **46** 204; RMG **8** 133.

[3]) Für die Schuldlehre im Strafrecht ist u. E. die Ausgestaltung dieses Grundgedankens von großer Bedeutung.

hängig sind? Diese meist nicht scharf formulierte Frage bildet u. E. in Wahrheit den Kernpunkt des Streites, der uns hier beschäftigt [1]). Wer nämlich Ehre nur nach Umständen bestimmt, auf die der menschliche Wille einen Einfluß auszuüben in der Lage ist, kann mit Fug zur Ehre nur einen „sittlichen" Wert rechnen.

Aber die gegenteilige Meinung verdient den Vorzug. Wenn Ehre überhaupt das Werturteil einer Gemeinschaft und nicht das Urteil des Menschen (seines Gewissens) über sich selbst ist, so kann es auf den guten Willen des einzelnen prinzipiell nicht ankommen. Zweifellos wird die Ehre durch eine hochherzige Gesinnung gesteigert, wie umgekehrt durch einen niedrigen Charakterzug geschmälert. Aber die Steigerung und Minderung geschehen nicht allein durch diese Momente; denn die Gemeinschaft sieht nicht ausschließlich ins Herz und kann dies nicht tun. Sie interessiert sich, wie erwähnt und wie wohl nicht gut bestritten werden kann, in erster Linie für äußere Tatsachen. Wer Reichtum besitzt und über Klugheit verfügt und sich einer felsenfesten Gesundheit erfreut, ist ihren Zwecken wertvoller als der arme Tropf, der im Spital oder Armenhaus unterstützt werden muß — wobei ausdrücklich bemerkt sei, daß dem letzteren nicht etwa Ehre gänzlich abzusprechen ist, soweit er noch imstande ist, irgendwelche Pflichten, insbesondere die allgemeinen Menschenpflichten, zu erfüllen.

Doch daran muß unter allen Umständen festgehalten werden: nicht nur der Wille, sondern auch die von ihm unabhängigen

---

[1]) Eine dritte und vierte Bedeutung gewinnt der Streit, wenn man diese beiden Fragen aufwirft: Hat Ehre zur Voraussetzung die Erfüllung von sozialen Pflichten, die zugleich sittlich begründet erscheinen, oder auch von anderen nicht sittlich begründeten oder sittlich indifferenten sozialen Pflichten? Und ferner: Hat Ehre zur Voraussetzung ein sachlich begründetes (und insofern „sittlich" gerechtfertigtes) Urteil der Gemeinschaft oder auch ein solches, das die Gemeinschaft irrtümlich abgibt? Die ersteren Fragen hängen mit dem Problem zusammen, inwieweit die allgemeine Ehre zugleich eine vom Recht anerkannte Ehre ist, die zweiten mit dem Problem, ob der wirkliche Wert (innere Ehre) oder die tatsächliche soziale Geltung (Ruf, äußere Ehre) für das Recht oder speziell das Strafrecht in Frage kommt. Sie werden daher später in anderem Zusammenhange erledigt werden.

Tatsachen, wie Vermögen, Gesundheit, Intellekt, Schönheit, Kraft [1]), kommen für die Ehre in Betracht, und zwar immer insoweit, als sie für die soziale Bewertung des Menschen erheblich sind [2]). Daher hat der Satz „wehrlos — ehrlos" zweifellos für den Krieger seine Gültigkeit. In unseren jetzigen grundlegenden Erwägungen erscheint dieser Gedanke beinahe selbstverständlich, und doch sind die Konsequenzen für das Beleidigungsrecht höchst bestritten. Sie werden übrigens von der juristischen Praxis gebilligt und erscheinen u. E. auch durchaus befriedigend. Denn wie will man sonst, wenn wir mit einigen Worten vorgreifen dürfen, die Beleidigung durch die bekannten animalischen Schimpfwörter erklären? Diese enthalten doch oft nur einen Angriff auf den Intellekt, nicht auch auf die moralischen Eigenschaften des Menschen. Erscheint nicht die Begründung Kohlers [3]), der zur Ehre nur den sittlichen Wert rechnet, überaus gesucht? Er meint: „wer diesen Tieren entspräche, sei nicht nur ein intellektuell armer Mensch, sondern ein Mensch, bei dem von sittlicher Achtung überhaupt nicht die Rede sein könne"; der Vorwurf des Verrücktseins sei Beleidigung nur, wenn gesagt werden soll, dem Angegriffenen fehle jedes sittliche Gefühl, ihm sei jedes Verkehrte und Nichtige zuzutrauen; und der Vorwurf der Geisteskrankheit sei Beleidigung nur, wenn vorgeworfen werden soll, jemand habe nicht „die nötige Geistesanspannung in sich, die erforderlich sei, um ein sittlich verantwortliches Wesen zu sein". Daß mit

---

[1]) Insofern ist Ed. v. Hartmann 329 zuzustimmen, wenn er Ehre des Besitzes, der Intelligenz, der Schönheit unterscheidet. Etwas eigenartig seine Äußerung, die Ehre der Schönheit müsse man nicht bei uns, sondern bei Völkern suchen, die Sinn für Schönheit haben, wie bei den alten Griechen. Nach unserer Grundansicht würde Ehre der Schönheit z. B. Schauspielern und Tänzern zukommen, aber auch Personen, die sich in Repräsentationsstellungen befinden. Wohl aber nicht Salondamen; denn sie haben andere Pflichten, als sich feiern zu lassen!

[2]) Übereinstimmend für die Amtsehre Schopenhauer 410: die Amtsehre sei die Meinung anderer, daß der Beamte alle für das Amt erforderlichen Eigenschaften wirklich habe und auch in allen Fällen seine Obliegenheiten pünktlich erfülle. Schopenhauer scheint im Grunde also die Ehre von der Pflichterfüllung und der dazu erforderlichen Gewährleistung abhängig zu machen.

[3]) S. 30, 40. Ähnlich schon Rubo 709.

derartigen Ausdrücken nicht der sittliche Wert, sondern der Intellekt angezweifelt werden soll, bedarf wahrlich keiner näheren Begründung.

Angedeutet sei, daß die Vorwürfe des Vermögensverfalls [1]) und der Krankheit auch dann Beleidigung sein können, wenn mit ihnen der sittliche Wert des Menschen nicht abgesprochen werden soll. Daß derartige Kundgebungen, die die Existenz des Angegriffenen ruinieren können, auch strafwürdig sind, entspricht u. E. durchaus dem Rechtsgefühl. Wenn wir dies alles auch nicht deswegen hier erwähnen, um auf induktivem Wege zu einem brauchbaren Ehrbegriff zu gelangen, der die Einzelfälle befriedigend löst, so bietet es doch eine vorläufige Probe auf das Exempel: Die Ehre richtet sich auch nach Umständen, die vom menschlichen Willen unabhängig sind, sofern sie nur für die Bewertung des Menschen als Gliedes einer Gemeinschaft erheblich sind.

IV. Wir gelangen mithin zu folgendem Ergebnis: Das die Ehre begründende soziale Werturteil hat sich danach zu richten, ob und in welchem Grade der einzelne die für seine Bewertung erheblichen sozialen Pflichten erfüllt oder wenigstens die Pflichterfüllung durch die für sie erforderliche Tauglichkeit und Gesinnung gewährleistet.

4. Das Subjektive im Ehrbegriff.

Von Ehre sprechen wir nicht schon, wenn ein Werturteil über den betreffenden Menschen gefällt wird; hiermit würde man eben dem Menschen nichts weiter als Wert oder Nützlichkeit beimessen. In den Ehrbegriff gehört, wie zu Anfang des vorigen Kapitels entwickelt wurde, auch etwas, allerdings nicht leicht zu bestimmendes Subjektives [2]). Dieses Subjektive — oft fälschlich

---

[1]) Übereinstimmend Paulsen Ethik 2 (1900) 89, Kattenbusch 53 (dort wird folgende Stelle eines Briefes, den der Begründer des Hauses Rothschild an den Kurfürsten von Hessen schrieb, wiedergegeben: „Wer mir mein Geld nimmt, nimmt mir meine Ehre"). Vgl. auch Huyssen 41.

[2]) Auf Schopenhauers bekannten Ausspruch, Ehre sei (subjektiv) unsere „Furcht" vor der Meinung anderer über unseren Wert, verlohnt es sich nicht näher einzugehen. Zutreffender dürfte es sein, die Ehre mit dem Egoismus in Verbindung

Selbstbewußtsein oder Selbstgefühl genannt — verleiht der Ehre einen gewissen männlichen Charakter, wie sie ja in den Nationen und in den Berufen, die auf kraftvolle Männlichkeit Gewicht legen, besonders stark ausgebildet ist.

I. Es fragt sich zunächst, ob man erfordern muß, der betreffende solle auch vor sich selbst gelten[1]). Doch diese Selbstgeltung ist eine Frage der Moral. Hier ist die wertende Instanz nicht mehr die Gemeinschaft, sondern das Gewissen. Für die Ethik mag ein solcher Ehrbegriff Berechtigung haben.

Aber auch ein Geltenwollen vor anderen kann nicht in den Ehrbegriff gehören. Es mag sein, daß jemand in einem gewissen Phlegma es darauf ankommen läßt, ob er wirklich geachtet wird; er ist aber mit der tatsächlichen Achtung einverstanden. Er ist alles andere als ein Streber in der öffentlichen Meinung. Einem solchen Menschen kann doch Ehre nicht abgesprochen werden.

Noch weniger wird man fordern dürfen, daß der betreffende das Urteil der Gemeinschaft gerade billigt. In dieser Hinsicht würden namentlich über den Grad der Geltung gar zu leicht Differenzen entstehen, die auf das Vorhandensein von Ehre unmöglich einen Einfluß ausüben können.

II. Aber es mag immerhin vorkommen, daß der einzelne das Werturteil der Gemeinschaft als für ihn völlig überflüssig betrachtet, daß er, eine Herrennatur, hochmütig über die Mitmenschen hinwegblickt. Einem solchen Menschen kann (soziale) Ehre wohl nicht zugesprochen werden, da er sich selbst gar nicht als Glied der Gemeinschaft fühlt. Zur Ehre gehört u. E. also eine Wertbeziehung des Ehrenträgers zur Gemeinschaft;

zu bringen, vgl. hierüber Simmel Soziologie 536, Eckstein 40. Sudermann „Die Ehre" nennt Ehre ein Gemisch aus Scham, Taktgefühl, Rechtlichkeit und Stolz (4. Akt Anf.).

[1]) Bejahend Kattenbusch 31. Ehre ist nach ihm die Geltung, die wir in unserem Kreise und vor uns selbst haben (S. 34). Ähnlich Handwörterb., Die Religion in Geschichte und Gegenwart, v. Schiele und Zscharnack **2** (1910). Die Möglichkeit eines solchen Ehrbegriffs erwähnt auch Thomsen Lehrb. 301. Vlg. auch Ed. v. Hartmanns „direkte subjektive" Ehre: Wertschätzung seiner selbst: Selbstschätzung, Selbstachtung, Selbstgefühl, Stolz (S. 329).

es muß ihm das Werturteil der Gemeinschaft über ihn überhaupt von Wert sein. Er muß an ihm Interesse haben [1]).

So erklärt Ed. v. Hartmann [2]) die („subjektive indirekte") Ehre als die eigene Wertschätzung der objektiven Ehre. Die Hervorhebung dieses Interesses ist auch das Richtige an der Ansicht v. Liszts [3]), der an zweiter Stelle ausdrücklich das Interesse in den Oberbegriff der Ehre aufnimmt. Aber darin kann doch E. v. Hartmann und v. Liszt nicht zugestimmt werden, daß sie die Wertschätzung, das Interesse, geachtet zu werden, als die Ehre selbst bezeichnen, die doch ein soziales Werturteil ist. Dieses Interesse ist etwas anderes; für das Beleidigungsrecht ist es nichts weiter als das Interesse an dem Unterbleiben der Beleidigung und gehört in das Gebiet der Rechtswidrigkeit [4]), nicht aber ist es ein Bestandteil des Angriffsobjekts.

Ehre setzt also voraus, daß der betreffende auf das Urteil der Gemeinschaft Wert legt, daß er sich selbst als Glied der Gemeinschaft ansieht, sich zu ihr rechnet. So ist es m. E. zu verstehen, wenn es bei den Germanen heißt: „Ehre kommt von Treue" [5]), d. h. von Treue zu den anderen Mitgliedern der Gruppe. Wer Ehre hat, tritt in der Not [6]) für den Kameraden ein. In dieser Hinsicht setzt Ehre Mut und Kraft voraus. Und in diesem Sinne mag man auch Stolz und Selbstbewußtsein [7]) als Voraussetzung der Ehre bezeichnen.

III. Somit gelangen wir zu folgenden abschließenden Definitionen des allgemeinen Ehrbegriffs. Wirkliche Ehre, die jemand in irgendeiner Gemeinschaft genießt, ist die ihn selbst

[1]) Nach Bierling Juristische Prinzipienlehre **1** (1894) 208 hat sogar die Tatsache, daß jemand „Rechtsgenosse" ist, zur Voraussetzung, daß er auch Rechtsgenosse sein will. [2]) S. 329.

[3]) § 95, II.; vgl. auch schon Merkel 287; ähnlich Kratz 8 und M. E. Mayer **2** 17, auch Schmoller Grundriß **1** 17.

[4]) Hierüber Teil II, Abschn. I, Kap. 4.

[5]) Vgl. Gierke Dtsch. Pr.-R. **1** 420/1.

[6]) Beachte im Wechselrecht die Beziehung von Notadresse und Ehrenakzept (W. O. Art. 56 ff.).

[7]) Methodisch scharf zu scheiden vom Ehrbewußtsein und Ehrgefühl; denn dieses Bewußtsein, dieses Gefühl der Ehre setzt die Ehre selbst voraus. Hier steht aber das „zur Ehre gehörige" subjektive Element in Frage. Über Ehrbewußtsein und Ehrgefühl später Abschn. II Kap. 5.

interessierende Bewertung seiner selbst durch die Gemeinschaft; oder, wenn wir die oben für den sozialen Wert erkannten Voraussetzungen in die Definition aufnehmen und das Ergebnis des Werturteils zu einem Objekt hypostasieren: das für ihn wertvolle Gut, das ihm die Gemeinschaft insoweit zuspricht, als er die für seine soziale Bewertung erheblichen Pflichten der Gemeinschaft erfüllt hat oder wenigstens die Pflichterfüllung durch die für sie erforderliche Gesinnung und Tauglichkeit gewährleistet.

5. Die Verkehrsehre.

I. In einen scheinbaren Gegensatz zu der zuletzt bestimmten wirklichen Ehre tritt die Verkehrsehre. Auch sie ist in jeder Gemeinschaft mehr oder weniger ausgebildet, je nachdem die Glieder zueinander — oder die Gemeinschaft zu ihren Gliedern oder zu Dritten — mehr oder weniger in Verkehr treten und je nachdem die Möglichkeit eines Konfliktes näher oder ferner liegt.

Die Notwendigkeit eines solchen Verkehrswertes des Menschen leuchtet ein. Es bedarf einer Anweisung, wie sich die Menschen zueinander zu verhalten haben, also vor allem, wie der eine den anderen zu behandeln verpflichtet ist, aber auch, welche Ansprüche der einzelne hinsichtlich seiner Behandlung durch andere stellen darf [1]). Besonders dort, wo leicht Konflikte entstehen, ist ein solches Merkmal unerläßlich, will die Gemeinschaft selbst bestehen und gedeihen. Ein ideales Merkmal wäre die wirkliche Ehre; danach hätte ein jeder den Anspruch, gemäß seinem wirklichen Werte in der Gemeinschaft von anderen behandelt zu werden. Keine Gemeinschaft, weder die menschliche Gemeinschaft überhaupt, noch eine Sondergemeinschaft, kann aber diesen Maßstab als einen brauchbaren anerkennen. Denn der wirkliche Wert ist zu schwer, ja vielleicht kaum erkennbar und feststellbar. Drei Gesichtspunkte kommen in Betracht: Wie will man den Grad der Pflichterfüllung, wie will man ferner die Gewährleistung zur Pflichterfüllung (die Tauglichkeit und

[1]) Hieraus erhellt bereits das Angriffsobjekt der Beleidigung: der Anspruch jemandes, gemäß seiner Ehre (Verkehrsehre) von anderen behandelt zu werden. Näheres Teil II Abschn. 1 Kap. 3.

insbesondere die Gesinnung), wie will man endlich das Interesse des einzelnen an der Bewertung erkennen und feststellen?

Die Gemeinschaft unterstellt daher die beiden letzten Momente als vorhanden; insoweit spricht sie vielleicht jemandem Ehre zu, der sie in Wahrheit nicht besitzt. Andrerseits nivelliert sie das erste Moment; sie fragt zwar nach dem Grad der Pflichtverletzung, aber nicht nach dem Grad, sondern nur nach dem Ob der Pflichterfüllung; insoweit schmälert sie die Ehre eines vielleicht sehr Hochstehenden und setzt ihn dem gleich, der mit knapper Not dem Minimum der erforderlichen Pflichten genügt. Sie spricht also Ehre einem jeden zu, der die für seine soziale Bewertung erheblichen Pflichten erfüllt hat. Der Grad der Ehre richtet sich dagegen, abgesehen von dem Maße etwaiger Pflichtverletzung, nur nach der Höhe der Pflichten, also der sozialen Stellung; so erklärt sich die höhere Verkehrsehre des Gebildeten, des Landesherrn usw.

Auf diese Weise gewinnt die Gemeinschaft einerseits selbst ein festes Erkennungsmerkmal und versetzt andrerseits den einzelnen in die Lage, zu erkennen, wie er seine Mitmenschen behandeln soll; der sich aus der sozialen Stellung ergebende Kreis der Pflichten sowie ihre Verletzung und der Grad der Verletzung sind ja relativ leicht erkennbar. Außerdem wendet sich die Gemeinschaft an den Egoismus des betreffenden selbst; sie regt ihn dazu an, seine Pflichten zu erfüllen, und übt einen gewissen Zwang [1] auf ihn aus, jegliche Pflichtverletzung zu vermeiden; denn dann gewinnt er den Anspruch auf entsprechende Behandlung durch seine Mitmenschen. So fördert die Gemeinschaft sich selbst am allerbesten [2] und entspricht zugleich dem „Gruppengefühl der Sicherheit" [3].

Der Angehörige einer Gruppe besitzt also die in ihr bestehende

[1] Im Gildehaus der Kaufmannschaft in Münster befand sich der bezeichnende Wandspruch „Ehr is Dwang gnog". Vgl. Huyssen 1 und dazu Kattenbusch 60.

[2] Vgl. die ähnlichen Ausführungen bei Simmel Soziologie 534, 536/7: Die Pflicht zur Bewahrung der Ehre bedeute Erhaltung der Gruppe; die Ehre bilde nicht trotz, sondern wegen der rein personalen Form ihrer Erscheinung und ihres Bewußtseins eine der wunderbarsten, instinktiv herausgebildeten Zweckmäßigkeiten zur Erhaltung der Gruppenexistenz.

[3] Ward: Reine Soziologie (1907) 232.

Verkehrsehre, gleichviel ob er sie besitzen will oder nicht, ob er sich um die Gruppe in hohem Maße oder nur gering verdient gemacht hat, ob er eine edle oder die niedrigste Gesinnung in sich birgt. So besitzt nach außen der Kaufmann Kaufmannsehre, der Offizier Offiziersehre, der Bürger Bürgerehre, einerlei, wie sie sich innerlich zu dem Pflichtenkreise der betreffenden Gemeinschaft stellen. Zweifelhafter scheint, ob man auch in denjenigen Gruppen von Verkehrsehre sprechen kann, wo der äußere Verkehr nur schwach ausgebildet ist, die Beziehungen der einzelnen zueinander dagegen auf intimerer Grundlage beruhen und Konflikte nur verhältnismäßig selten sind, wie im Familienkreise. Allein auch hier kann die Ehre die Form der Verkehrsehre annehmen. Dies zeigt sich sofort, wenn ein fremderes Familienglied den intimer miteinander Verbundenen hinzutritt, z. B. auf Familientagen, vor allem aber, wenn die Familie als Ganzes einer anderen Gruppe gegenübertritt[1]). Hier wahrt sie ihre Ehre oft recht energisch. Immer ist dies aber die Verkehrsehre.

Wir machen hiermit eine wichtige Beobachtung: die Verkehrsehre wird zur eigenen Ehre der Gruppe selbst[2]). So macht der Offizierstand „seine Ehre" einem pflichtuntreuen Mitgliede oder einem anderen Stande gegenüber geltend, und in ähnlicher Weise spricht die Allerhöchste Verordnung vom 2. Mai 1874 von der gemeinsamen Ehre des Offizierstandes[3]). In diesem Sinne kann man sehr wohl von der Ehre einer jeden beliebigen Gemeinschaft reden[4]).

---

[1]) Vgl. auch Paulsen Ethik **2** (1900) 90.

[2]) In diesem Zusammenhange kann man sehr wohl zwischen „persönlicher" und „sozialer" Ehre unterscheiden. Dieser Gegensatz ist offenbar gemeint in der Enzyklopädie der kathol. Theol. **4** (1885) Sp. 231, wo — auf den ersten Blick nicht recht einleuchtend — zwischen „persönlicher" und „Amts- oder Standesehre" geschieden wird. — Ein weiterer Gegensatz zur „persönlichen" Ehre ist die sich an ein Ding knüpfende symbolische Ehre; so wird die Fahne als die Ehre des Regiments, der unverletzte Schamteil der Jungfrau als ihre Ehre bezeichnet.

[3]) § 1: „Die Ehrengerichte der Offiziere haben zum Zweck, die gemeinsame Ehre des Standes (!) sowie des einzelnen zu wahren und zu schützen."

[4]) Vgl. Schiller: Die Jungfrau von Orleans: 1. Aufz. 5. Auftr.:

„Nichtswürdig ist die Nation, die nicht
Ihr Alles freudig setzt an ihre (!) Ehre."

Und Schenkendorff singt: „Ich zieh' ins Feld für Deutschlands (!) Ehre". Glück-

Verkehrsehre besitzt also nicht nur der Einzelmensch, sondern auch die Kollektivpersönlichkeit. Sie bestimmt sich nicht nach dem Pflichtenkreise der Höchststehenden, auch nicht nach dem Pflichtenkreise derjenigen, die die unterste Stufe einnehmen, sondern nur nach den Pflichten, die allen Angehörigen gemeinsam sind, und sie verringert sich nicht schon, wenn einzelne ihre Pflichten verletzen, auch nicht wenn einzelne die soeben genannten gemeinsamen Pflichten verletzen, sondern erst, wenn die gemeinsamen Pflichten von dem Durchschnitt, von der Mehrzahl verletzt werden. Nur dann sinkt die (gemeinsame) Ehre des Standes.

Wenn wir von diesen Besonderheiten der Kollektivehre absehen, können wir die Verkehrsehre im allgemeinen Sinne definieren als das Gut einer Gemeinschaft, das diese ihren Angehörigen zuspricht nach der Höhe der für ihre soziale Bewertung erheblichen Pflichten und nach der Schwere einer etwaigen Verletzung dieser Pflichten.

II. Somit scheinen auch wir zu einer — wenig befriedigenden — Zweiheit im Ehrbegriff zu gelangen, und es ließe sich zur Umgehung dieses gewiß unerfreulichen Ergebnisses — drängt doch jede Wissenschaft zur Einheit — eine Nachprüfung des Begriffs der wirklichen Ehre auf seine soziale Berechtigung erwägen. Ist er etwa ganz entbehrlich? Muß er der Verkehrsehre das Feld räumen?

Indessen kann der Begriff der wirklichen Ehre in seiner individualistischen Ausgestaltung nicht entbehrt werden. Nur die wirkliche Ehre ist es, also die Ehre, die mit der Gesinnung des Menschen, mit dem Grade seiner Pflichterfüllung und mit seiner eigenen Wertschätzung der Wertschätzung durch andere innig verwoben ist, nur diese Ehre ist es, die wir als das höchste Gut des Menschen in der menschlichen Gemeinschaft überhaupt (allgemeine Menschenehre) anerkennen. Und so beziehen sich die Wendungen „auf Ehre", „auf Ehre und Gewissen", „auf mein

---

lich die Völker, die siegreich aus Kriegen hervorgehen, die sie „um ihrer Ehre willen" führen. Vgl. Huyssen 33 über den Deutsch-Französischen Krieg 1870/71.

Ehrenwort", „unter Verpfändung der Ehre" (vgl. RStGB § 302 b) zweifellos nicht auf die Verkehrsehre, sondern nur auf die Ehre jemandes, die sich nach dem Werte seiner Gesinnung und seiner Taten richtet und auf die er selbst Wert legt. In den soeben genannten Beteuerungsformeln, die sich unschwer vermehren ließen, bedeutet Ehre manchmal die allgemeine Menschenehre, manchmal aber auch eine Sonderehre, wie die Standes- oder Berufsehre, so daß sich schon deshalb auch aus den Sonderehren nicht der Begriff der wirklichen Ehre als entbehrlich ausschalten läßt. Wie es einerseits unrichtig ist, wenn man für einige Arten von Ehre, z. B. die allgemeine Menschenehre, keine Verkehrsehre anerkennt, so wenig ist es andrerseits zu billigen, wenn man in anderen Arten von Ehre nur die Verkehrsehre, nicht auch die wirkliche Ehre ausgeprägt findet [1]. Auch in der bürgerlichen Ehre, der Geschlechtsehre, der Verbrecherehre nimmt die Ehre nicht nur die Form der Verkehrsehre an, sondern erscheint auch in ihrer Grundgestalt. Dem Bürger, dem Weibe, dem Gauner werden nicht nur bei Verfehlungen gewisse Eigenschaften, die die Ehre auf dem betreffenden Gebiete ausmachen, abgesprochen (z. B. die bürgerlichen Ehrenrechte aberkannt), sondern es wird ihnen auch, wenn sie sich durch Taten, Tauglichkeiten oder Gesinnungen besonders hervortun, ein höherer Grad von Ehre zugebilligt. Es bedarf kaum einer Ausführung, daß der Staat einen Bürger um so höher einschätzt und ihn demnach durch Gehalt, Rang, Würden auszeichnet, je mehr dieser sich um ihn verdient macht; ebenso steigt die Geschlechtsehre um so höher, je schwerer sie reinzuhalten, je größer die Versuchung ist, und ebenso endlich wächst die Spitzbubenehre mit der Geschicklichkeit, der Unerschrockenheit oder mit dem Grade der Aufopferung gegenüber den Komplicen.

In Wahrheit gelangen wir aber auch gar nicht zu zwei verschiedenen Ehrbegriffen. Die Verkehrsehre ist nicht eine solche

[1]) Unrichtig E. v. Hartmann 329, der in der „Ehre der Gerechtigkeit", der bürgerlichen Ehre und der sexuellen Ehre (er erkennt seltsamerweise nur eine sexuelle Ehre der Frau an) nur negativen Charakter erblickt; diese „negative Ehre" besitzt nach ihm jeder von selbst, bis er sie verliert. Sie entspricht also im wesentlichen unserer „Verkehrsehre".

Art von Ehre, die neben der wirklichen Ehre selbständige Bedeutung hätte oder sich gar in einem Gegensatz zu ihr befände. Im Gegenteil, sie hat die wirkliche Ehre zur Grundlage und Voraussetzung, greift auf sie zurück, wo es sich um ihre eigene Klarstellung oder Zergliederung handelt — wie bei den Fällen der Ehrabsprechung, vgl. unten S. 35, — und ist von ihr nur insoweit verschieden, wie es verkehrstechnische Gründe gebieten. Sie hat daher nur insoweit Gültigkeit, wie diese Gründe reichen. Sie erscheint gewissermaßen als eine rohere, für äußere Zwecke klarer geprägte Form der wahren Ehre.

Ähnliche Gebilde treffen wir ja wiederholt in der Wissenschaft an. So erklären sich die Rechtssätze letzten Endes doch nur aus einer verkehrstechnischen Vertypung der sittlichen Normen, der strafrechtliche Tatbestand schließlich doch nur als ein verkehrstechnisch vertypter Niederschlag der wirklichen (materiellen) Rechtswidrigkeit. Und im Grunde gibt ja kein Begriff das Ding in seiner Wirklichkeit getreu wieder — ganz abgesehen von erkenntniskritischen Erwägungen —; jede Begriffsbildung, diese Klärung des menschlichen Geistes, ist eine Trübung der Wirklichkeit. Im Leben flutet alles ineinander; das Leben kennt so viele Übergänge, so viele Nuancen, Schattierungen und Untertöne, daß wir jede Einzelheit gar nicht begrifflich zu fassen vermögen. Und doch bedürfen wir fest umränderter Begriffe, um uns mit anderen und mit uns selbst über das Weltall einigermaßen zu verständigen. Wenn daher schon der Begriff der wahren Ehre keinen Anspruch auf Wahrheit erheben kann, so noch weniger der — leider unentbehrliche — Begriff der Verkehrsehre, dieser falschen Ehre.

II. Abschnitt.

Der juristische Ehrbegriff.

1. Die vom Recht anerkannte Ehre.

Die bisherigen Erörterungen suchten einen Ehrbegriff aufzustellen, der für jede beliebige Gemeinschaft Gültigkeit hat: den allgemeinen (soziologischen) Ehrbegriff. Nunmehr setzt die wertende Betrachtung ein [1]). Wieweit ist die allgemeine Ehre zu billigen [2])? Wir beschränken uns zunächst auf die anerkannte wirkliche Ehre; die anerkannte Verkehrsehre ergibt sich sodann von selbst.

I. Als Instanz für die Wertung kommt wiederum die Moral sowohl wie das Recht in Betracht. Daneben auch die Sitte; allerdings ist manche Sonderehre, z. B. die Standes- und Berufsehre, über die wir im vorigen Abschnitt sprachen, nichts anderes als eine solche, die innerhalb einer Gemeinschaft von der dort herrschenden Sitte anerkannt wird; aber eine Gemeinschaft kann doch zu einer Ehre, die außerhalb ihres Kreises gilt, ebenfalls Stellung nehmen, sie billigen oder verwerfen. Daher ist auch ein besonderer Begriff der von der Sitte anerkannten Ehre berechtigt.

Die Wertung durch Moral und Recht kann unter sich verschieden ausfallen. Das Sittengesetz mag eine vom Recht anerkannte Ehre, wie die Standesehre, ebenfalls anerkennen oder aber auch mißbilligen. Umgekehrt besteht immerhin die Möglichkeit, daß das Recht durch eine autoritative Satzung eine Ehre mißbilligt, die nicht nur von dem (autonomen) Sittengesetz eines einzelnen, sondern auch von den übereinstimmenden sittlichen Anschauungen einer Gemeinschaft gutgeheißen wird; ein solches Gesetz wird sich dann freilich kaum einer allzu langen Lebensdauer erfreuen. Damit sind wir in den uns hier interessierenden Gedankenkreis eingetreten: Was ist eine vom Recht anerkannte Ehre?

In erster Linie kommt es auf den verbindlichen Willen einer Rechtsgemeinschaft, insbesondere der staatlichen Gemeinschaft,

---

[1]) Allgemein über den Gegensatz von Objekt der Wertung und Wertung selbst sprechen wir Z **36** 450 ff.

[2]) Auch zivilrechtliche Schriftsteller betonen, daß die Ehre ursprünglich kein Rechtsbegriff sei, und unterscheiden zwischen sozialer und bürgerlicher Ehre. Vgl. Regelsberger Pand. **1** (1893) 263; Gierke a. a. O. 416; Windscheid-Kipp Pand. 9. Aufl. **1** (1906) 246; Dernburg Bürg. R. **1** 3. Aufl. (1906) 161/2; Enneccerus Lehrb. d. BR. **1** 6. Aufl. (1913) 220. Aber der Gegensatz zwischen sozialer und rechtlicher Ehre verflüchtigt sich zum Teil bei ihnen in den von äußerer und innerer Ehre (nur die Anerkennung, die einem „unbescholtenen" Manne zukomme, sei rechtlich anerkannte Ehre, so Regelsberger und Enneccerus).

an. Das Gesetz kann ausdrücklich eine bestimmte Art von Ehre anerkennen, eine andere verwerfen. Dieses ist aber in unseren Gesetzen und auch anderswo nicht geschehen. Bei dem Schweigen des Gesetzes ist nach dem „Grundgedanken des Rechts überhaupt" zu entscheiden.

So tritt auch hier wieder das alte Problem der Idee des Rechts in den Vordergrund. Es ist nun nicht unsere Absicht, uns an dieser Stelle in eine Erörterung hierüber einzulassen. Gilt doch für das Kapitel der Ehre nichts Besonderes gegenüber anderen Gebieten des Rechts. Wie jegliche Erscheinung im Rechtsleben, wie ein einzelnes Verhalten eines Menschen, ein Zustand, ein Rechtssatz, so kann auch jede Gemeinschaftsehre daraufhin geprüft werden, ob sie dem Endziel des rechtlichen Gemeinschaftslebens überhaupt entspricht, ob sie den Menschen und den menschlichen Gemeinschaften überhaupt nützlich, ob sie kulturfördernd ist. Über den Grundgedanken des Rechts besteht übrigens kaum eine ernsthafte Meinungsverschiedenheit. Neukantianer, Neuhegelianer, Positivisten, Utilitarier, Eudämonisten und wie sie alle heißen mögen, sie sind sich in Wahrheit der Idee des Rechts mehr oder weniger bewußt [1]), und nur die Formulierung bereitet die bekannten Schwierigkeiten.

II. Nicht über den Maßstab der Wertung also soll hier gesprochen werden. Uns interessiert der Gegenstand der Wertung. Sind es wirklich die sämtlichen möglichen Gemeinschaftsehren, die auf ihre Rechtmäßigkeit gewertet werden?

Die Bejahung der Frage erscheint auf den ersten Blick nicht unbefriedigend. Das Recht würde eine solche Ehre anerkennen, die sich in einer von ihr anerkannten Gemeinschaft in der früher beschriebenen Art gebildet hat; es würde sich also wesentlich um folgende Erfordernisse handeln: a) die Gemeinschaft muß anerkannt sein, b) die Gemeinschaft muß ihrer Bewertung die wahren Tatsachen zugrunde legen, c) sie muß den richtigen Maßstab (Pflichterfüllung oder wenigstens ihre Gewährleistung) anwenden, d) die Wertung selbst darf nicht irrtümlich sein.

[1]) Diese Beobachtung bestätigt vielleicht die Ansicht der Neukantianer, daß es eine allgemeingültige, in unserem Bewußtsein begründete Idee des Rechts gibt.

In der Literatur wird zu b) bis d) meist eine andere Ansicht vertreten; nach dieser soll Ehre auch dann vorliegen, wenn das soziale Werturteil auf irrigem Wege zustande gekommen ist, so daß auch der über Verdienst gute Ruf gegen Angriffe geschützt wird und der wirklich vorhandene, aber von der Gemeinschaft irrtümlich verneinte soziale Wert schutzlos bleibt; wir können uns dieser Ansicht nicht anschließen, sparen uns aber ihre Widerlegung für später (Kap. 3) auf. Hier interessiert dagegen der Punkt a): Erhalten wir in der Tat die gewünschte Einsicht in das Wesen der vom Recht anerkannten Ehre, wenn wir die verschiedenen Gemeinschaften auf ihre Berechtigung hin prüfen? Zweifellos verworfen würde in diesem Fall die Verbrecherehre, zweifellos gebilligt die Ehre der staatlichen Gemeinschaft (bürgerliche Ehre), der vom Staat anerkannten religiösen Gemeinschaften, der anerkannten Berufe und Standesgemeinschaften, vor allem aber die Ehre der großen, unmittelbar unter der Idee des Rechts stehenden Menschengemeinschaft (allgemeine Menschenehre).

Dieser Weg bereitet aber Schwierigkeiten; denn derselbe Mensch gehört oft mehreren Gemeinschaften an, deren Ehren miteinander kollidieren können, mögen sie auch sämtlich vom Recht anerkannt sein. Man darf nun aber nicht etwa der bedeutungsvolleren Ehre für alle Fälle den Vorrang einräumen; denn diese stellt oft geringere Anforderungen an den einzelnen als eine niedriger stehende Ehre. So treten z. B. die Pflichten eines bestimmten Standes nicht selten mit viel größerem Anspruch auf als die einer höheren Gemeinschaft. Der richtige Gedanke liegt nahe. Die Pflichten, die erfüllt werden sollen und deren Erfüllung zu gewährleisten ist, damit von Ehre die Rede sein kann, diese Pflichten sind es, die in ihrer Bedeutung gegeneinander abzuwägen sind, und der rechtlich bedeutungsvolleren Pflicht gebührt der Vorrang.

Im Einzelfall mag die Abwägung Schwierigkeiten verursachen. Aber die Notwendigkeit eines solchen ja auch für andere Rechtsgebiete[1]) verwendeten Prinzips dürfte nicht zu be-

[1]) z. B. für den Notstand; vgl. auch Frank vor § 51 III.

zweifeln sein. So erklären sich einige aus der Beleidigungsliteratur bekannten Streitfälle. Der gegen einen Offizier erhobene Vorwurf der Duellablehnung ist keine Beleidigung [1]), weil die Pflicht zur Duellannahme vom Recht nicht anerkannt ist, nicht aber deswegen [2]), weil die Standesehre nicht geschützt ist. Denn gegen Vorwürfe der Verletzung einer anerkannten Standespflicht muß die Rechtsordnung ihren Schutz darbieten, soll nicht der Verletzte auf unerlaubte Wege gedrängt werden, um sich selbst Genugtuung zu verschaffen. Wird gegen jemanden der Vorwurf erhoben, eine Rechtspflicht erfüllt, hiermit aber eine „höhere“ vernachlässigt zu haben, so ist dies ebenfalls keine Beleidigung [3]). Wohl aber würde die Behauptung, jemand habe eine höhere Pflicht erfüllt und gleichzeitig eine Rechtspflicht vernachlässigt, beleidigen, wenn die Erfüllung der Rechtspflicht für die Bewertung des betreffenden erheblich ist. Das schwierige Problem der Kollision von rechtlichen und moralischen Pflichten ist vom Standpunkt des Rechts jedenfalls dahin zu lösen, daß die Rechtspflicht den Vorrang genießt.

Die Beispiele mögen an dieser Stelle genügen. Die Entscheidung ist nicht unstreitig, aber m. E. vom Standpunkt des Rechts gar nicht anders möglich. Denn die vom Recht anerkannte Ehre kann nicht die Erfüllung einer von ihm mißbilligten Pflicht zur Voraussetzung haben; ein solcher juristischer Ehrbegriff wäre ein Unding. Und ferner kann unmöglich die Erfüllung einer vom Recht geforderten Pflicht die Ehre im Rechtssinne deswegen schmälern, weil eine vermeintlich höhere Pflicht nicht erfüllt sei.

Da man aber von keiner einzigen Sonderehre sagen kann, daß ihre Pflichten für alle auch nur denkbaren Fälle Gültigkeit haben und nicht gegebenenfalls der höheren Pflicht einer anderen (höheren oder niederen) Sonderehre weichen müssen, so kommen wir zu dem Ergebnis, die Sonderehren für die Ehre im Rechts-

---

[1]) Im Gegensatz zur herrschenden Meinung anderer Ansicht Liepmann 236; v. Lilienthal 395. U. E. liegt Beleidigung nur vor, wenn ein anderer Vorwurf darin enthalten ist, z. B. der der Feigheit.

[2]) So Binding und Finger a. a. O.

[3]) Ebenso Kohler 38.

sinne überhaupt aufzugeben. Es gibt also nur eine vom Recht anerkannte Ehre. Das Recht oder, wenn man will, die durch das Recht zusammengehaltene Gemeinschaft fällt das Werturteil über den einzelnen danach, wie er die für seine Bewertung erheblichen rechtlich anerkannten Pflichten erfüllt oder die Erfüllung gewährleistet; dabei ist es — was noch einmal der Deutlichkeit halber betont sei — völlig gleichgültig, aus welcher Gemeinschaft jene Pflichten stammen.

III. Abschließend können wir also die vom Recht anerkannte wirkliche Ehre eines Menschen definieren als das für ihn selbst wertvolle Rechtsgut, das ihm vom Recht nach dem Grade zugesprochen wird, wie er die für seine rechtlich soziale Bewertung erheblichen, rechtlich anerkannten Pflichten erfüllt hat oder wenigstens die Pflichterfüllung durch die für sie erforderliche Gesinnung und Tauglichkeit gewährleistet. Zugleich können wir aber im Anschluß an unsere Ausführungen über die allgemeine Verkehrsehre die rechtlich anerkannte Verkehrsehre jemandes bestimmen als das Rechtsgut, das ihm vom Recht nach der Höhe der für seine rechtlich soziale Bewertung erheblichen, rechtlich anerkannten Pflichten sowie nach der Schwere einer etwaigen Verletzung dieser Pflichten zugesprochen wird.

2. Die vom Recht geschützte Ehre.

Es fragt sich, ob die rechtlich anerkannte Ehre, wie wir sie zuletzt bestimmt haben, sei es die wirkliche, sei es die Verkehrsehre, ein taugliches Schutzobjekt gegen Verletzungen ist [1]).

I. Die wirkliche Ehre entspricht der in der Literatur sogenannten inneren Ehre, und diese wird von der herrschenden Meinung [2]) nicht als die strafrechtlich geschützte Ehre ange-

[1]) Liepmann 221 unterscheidet im Anschluß an v. Almendingen in v. Grolmanns Magazin **1** (1800) 7 zwischen den beiden Fragen: Was ist Ehre? und Wie weit wird Ehre strafrechtlich geschützt? Ebenso Sieß 2. Zutreffender erscheint uns die Formulierung unserer drei Fragen im 1. Kap. des 1. Abschn.

[2]) a. M. Schütze 354; Kronecker GerS **38** 482; Binding Lehrb. 137;

sehen. Nicht begründet ist allerdings der meist erhobene Einwand [1]), die innere Ehre könne nicht von Dritten verletzt werden. Eine Verletzung im Sinne von Beeinträchtigung, also eine Substanzverletzung, wie bei der Körperverletzung und bei der Sachbeschädigung, wäre allerdings gegenüber einer inneren Ehre unmittelbar nicht möglich [2]). Diese ist aber für den Tatbestand vieler Delikte und jedenfalls für den der Beleidigung nicht erforderlich, da das Wesen der Beleidigung, wie später zu zeigen, in einer Behandlung zuwider der Ehre besteht. Man kann hier aber mit demselben Rechte wie bei den Eigentumsdelikten von einer Verletzung im übertragenen Sinne sprechen.

Dagegen bestehen folgende Bedenken gegen die Brauchbarkeit des Begriffs der wirklichen, rechtlich anerkannten Ehre für das Strafrecht. In Beleidigungssachen, oft Sachen recht unbedeutender Art, müßte nichts Geringeres festgestellt werden, als Wert oder Unwert eines Menschen; ein in einer solchen Sache ergangenes Urteil spräche sich über Wert und Unwert des Verletzten aus. Nun sind aber die Wertanschauungen ewigen Schwankungen unterworfen. Und wie schwer lassen sich die gegenwärtig herrschenden feststellen! Welche endlosen Beweisaufnahmen wären z. B. erforderlich, wenn Gegenstand der Privatklage die leicht hingeworfene Äußerung wäre, der X sei ein Schuft! Die Gerichte würden sich durch Beweisaufnahmen über die Richtigkeit des Vorwurfs, wie: der X sei dumm, unsauber usw., geradezu lächerlich machen [3]). Und nun erst bei Äußerun-

Meyer-Allfeld 420; auch schon Meyer 5. Aufl. 515; Oppenheim: Objekte des Verbrechens (1894) 260; van Calker Vergl. Darst. **B 1** (1906) 92; Kratz 13; Eßlinger 14.

[1]) Temme 318; v. Bülow GerS **46** 265; Rüdorff-Stenglein § 185 Nr. 2 Anm.; v. Liszt § 95, II; Frank vor § 185, I Abs. 3; Kohler 2; Delaquis 163/4; Rosenfeld: Nebenklage 101; Bleeck 14; Naendrup 5; RG in GoltdA **38** 434.

[2]) Aber mittelbar; denn fortgesetzte Mißachtung kann jemanden selbst innerlich schlechter machen. Vgl. v. Bar 96 Nr. 18, Liepmann 229, Meyer-Allfeld 420 Nr. 10.

[3]) Es ist daher verständlich, daß Binding, wenn er den inneren Wert als Angriffsobjekt bezeichnet, nur sogenannte sittliche Eigenschaften als Voraussetzungen anerkennt, um den im Text genannten Konsequenzen zu entgehen. Aber er würde auf den Einwand des Angeklagten eine Beweisaufnahme darüber zulassen müssen, ob der Vorwurf, X sei lügnerisch veranlagt, zutrifft. Dies entspricht aber mit gutem Grunde nicht der geltenden Gerichtspraxis.

gen, die lediglich durch ihre Form beleidigen. Hier müßte folgerichtig untersucht werden, ob die Behandlung verdient ist, ob sie dem inneren Werte des Verletzten entspricht; denn nur dann kann von einer gegen den inneren Wert gerichteten Formbeleidigung gesprochen werden. Wie leicht wären hier Fehlsprüche möglich, von widersprechenden Urteilen verschiedener Instanzen gar nicht zu reden! Und welcher Beleidigte möchte es auf solche Prozesse ankommen lassen, in denen sein Charakter und seine Lebensführung geprüft wird! Kein Wunder, daß hier der Ruf nach Beschränkung des Wahrheitsbeweises nicht verstummen will. Dazu kommt, daß auch die Bewegungsfreiheit, besonders die Redefreiheit unerträglich eingeengt sein würden. Niemand würde wissen, ob nicht die über einen anderen beabsichtigte Kundgebung diesen zuwider seinem inneren Wert behandeln würde.

II. Die letztere Erwägung weist uns bereits darauf hin, daß nur die von uns im vorigen Kapitel bestimmte, rechtlich anerkannte Verkehrsehre ein taugliches Schutzobjekt sein kann [1]). Folgende Erfordernisse sind es, denen der Begriff der gegen Verletzungen geschützten Ehre genügen muß; sie lassen sich geradezu als Postulate des Rechts bezeichnen.

a) Die Einheitlichkeit der Rechtsprechung und das Vertrauen des Publikums auf die Unparteilichkeit der Organe muß möglichst gewahrt bleiben.

---

[1]) Eine andere Frage ist, ob nicht mit Rücksicht darauf, daß die wirkliche Ehre keinen tauglichen strafrechtlichen Ehrbegriff abgibt, die Ehre für das Beleidigungsrecht völlig unerheblich ist. So wollen v. Bar 81, Spiecker 20, Wachenfeld 299 und Eisler 85 das „Gefühl" schlechthin als das Schutzobjekt ansehen. Aber wenn man sich nicht damit begnügt, die Beleidigung nur subsidiär gegenüber anderen Delikten zu bestimmen, muß man eine Verbindung zur Ehre in irgendwelcher Weise herstellen. Man könnte also höchstens das Ehrgefühl oder das Ehrbewußtsein als das Schutzobjekt bezeichnen; hierüber Kap. 5. In früheren Auflagen seines Kommentars hat auch Frank versucht, losgelöst von der Ehre in der sozialen Stellung das Angriffsobjekt festzulegen. Die soziale Stellung werde nicht nur durch Namen, Stand und Vermögen, sondern auch durch das Urteil der Mitbürger begründet. Dieser jetzt verlassene Ausgangspunkt Franks unterscheidet sich von der herrschenden Meinung nur terminologisch; wenn man ihn nämlich für richtig hält, so läßt sich die soziale Stellung auch sehr wohl als Ehre bezeichnen. Dann gilt es eben die soziale Stellung näher zu definieren.

b) Die Rechtssicherheit, insbesondere die Bewegungsfreiheit, speziell die Redefreiheit, müssen gewährleistet sein; die Grenze, bis zu der man seinen Mitmenschen straflos behandeln darf, muß leicht erkannt werden können.

c) Dem in seiner wirklichen Ehre Verletzten muß möglichster Schutz zuteil werden. Er darf nicht dadurch, daß vor Gericht über seinen wirklichen Wert verhandelt wird, vor Anrufung des gerichtlichen Schutzes abgeschreckt oder gar zur Selbsthilfe gezwungen werden; andererseits muß der Täter die Strafe als gerecht empfinden und nicht in den Glauben versetzt werden, daß der an sich gerechte Schutz des Verletzten ihm zum Nachteil gereicht.

Daß die rechtlich anerkannte Verkehrsehre diesen Rechtspostulaten genügt, dürfte schon hier im großen ganzen klar sein. Des näheren werden die folgenden Teile unserer Abhandlung diesen Nachweis zu führen suchen. Hier soll noch erwogen werden, ob wir uns von der wirklichen Ehre im Rechtssinn nicht allzu weit entfernt haben, ob sie nicht zu arg zurechtgestutzt ist; denn das ist klar, daß an der wirklichen Ehre so lange wie irgend möglich festgehalten werden muß. Ist sie doch die wahre, die richtige Ehre.

III. Die grobere Umprägung der rechtlich anerkannten wirklichen Ehre zur rechtlich anerkannten Verkehrsehre als der strafrechtlich geschützten Ehre ist aber unbedenklich.

Zunächst dürfte das Interesse des Subjekts an der Wertschätzung unbedenklich fortfallen. Von einigen Sonderlingen abgesehen, ist wohl anzunehmen, daß ein solches Interesse vorhanden ist. Das Recht hat aber den Durchschnittsmenschen zu berücksichtigen und wird etwaigen Ausnahmefällen dadurch gerecht, daß zur Rechtswidrigkeit der Beleidigung eine Interessenverletzung gehört (hierüber II. Teil I. Abschn. Kap. 4), eine solche aber wohl fast immer dann angenommen werden darf, wenn der Beleidigte Interesse an der Wertschätzung selbst hat. Der Ausscheidung des gedachten Momentes für den Ehrbegriff, der dem Tatbestande (!) der Beleidigung zugrunde liegt, steht daher nichts im Wege.

Sodann ist unbedenklich die Gewährleistung der Pflichterfüllung auszuschalten. Es wäre, wie bereits hervorgehoben, für die Rechtspflege wie für den Verletzten unerträglich, wenn im Strafverfahren die Merkmale der Gewährleistung, also die Gesinnung und die Tauglichkeit des Verletzten, enthüllt und klargelegt werden sollten. Auch die Redefreiheit würde erheblich eingeschränkt, wenn der einzelne untersuchen wollte, ob sein Wort gegen die Tauglichkeit und die Gesinnung eines Mitmenschen in Dingen der Ehre verstoßen könnte. Hiernach bleibt nur die tatsächliche Erfüllung der sozialen Pflichten, jedoch nicht etwa in dem Sinne, als käme es auf die Tauglichkeit und die Gesinnung für die Ehre gar nicht an. Ein solcher Ehrbegriff wäre innerlich nicht gerechtfertigt und würde den obigen grundlegenden Ausführungen über die Ehre widersprechen. Es kann nur als wahr unterstellt werden, daß jedermann die zur Erfüllung der sozialen Pflichten erforderliche Gesinnung und Tauglichkeit besitzt; nur diese Forderung kann die alle Menschen prinzipiell gleich behandelnde Rechtsordnung erheben, nicht aber die Forderung, jene Erfordernisse ganz aufzugeben.

Ein Satz von großer Tragweite. Er ermöglicht einmal, die Fälle, in denen jemandem die zur Erfüllung seiner Pflichten erforderliche Gesinnung oder Tauglichkeit abgesprochen wird, zwanglos als Beleidigung zu erklären; und ferner: da die Unterstellung ohne Einschränkung geschieht, so wird auf diese Weise der Ausschluß des Gegenbeweises gerechtfertigt, daß die erhobenen Vorwürfe mangelnder Gesinnung oder Tauglichkeit zur Pflichterfüllung wahr oder richtig seien [1]). Dies ist, worauf später noch zurückzukommen, die herrschende und sehr wohl begründete Praxis, der vielleicht unbewußt der soeben entwickelte Ehrbegriff vorgeschwebt haben mag. Die Unterstellung muß so wie geschehen gemacht werden; der Durchschnitt läßt sich gleichsam nur nach oben ziehen. Das Recht schützt dann allerdings auch Unwürdige, nämlich solche, die nicht die erforderliche Taug-

---

[1]) Vgl. des näheren über den Ausschluß des Richtigkeitsbeweises Teil III Abschn. 2 Kap. 1, auch Abschn. 3 Kap. 3.

lichkeit und Gesinnung besitzen, aber es läßt doch nicht Würdige schutzlos.

Eine dritte Vereinfachung ist insofern geboten, als es für das Recht nur auf die Tatsache der Pflichterfüllung ankommt, nicht auf ihren Grad. Dieses interessiert sich nur für das Minimum der Pflichterfüllung. Es kann nicht Beleidigung sein, wenn einem hervorragenden Menschen, der mehr tut, als die Pflicht gebietet, diese Mehrleistung abgesprochen wird [1]), wie es auch nicht Beleidigung ist, wenn ihm eine besonders hochherzige Gesinnung aberkannt wird.

IV. Eine weitere Vereinfachung ist aber nicht möglich [2]). Man kann nicht etwa eine Gleichheit der Pflichten unterstellen und die Verkehrsehre nur von dem Ob der Pflichterfüllung abhängig machen. Dann würde jeder, der seine Pflichten erfüllt hat, die gleiche Ehre besitzen [3]), und es würde nicht erklärbar sein, daß der Gebildete anders zu behandeln ist wie der Tagelöhner, daß ein und dasselbe Wort den einen verletzt, den anderen schmeichelt. Auch könnte nicht erklärt werden, daß das Absprechen einer höheren Pflicht eine schwerere Beleidigung bedeutet als das einer geringeren.

Man kann aber ferner nicht aus der Tatsache der Pflicht-

---

[1]) Ebenso Binding Ehre 26/7.

[2]) Zu radikal verfahren die Schriftsteller, die einfach das Vorhandensein von Ehre vermuten, so Ahrens Naturrecht **2** (1871) 35; Hälschner D. StrR 159/60; Binding Lehrb. 137 (beachte auch das Beispiel S. 143); Beling Grundz. 69; Kern 12/13; Finger 164 ff.; Eßlinger 14; Joseph Kraus 46; Simmel a. a. O.; Thomsen 301 (der jedoch das Vorhandensein von „äußerer" Ehre vermutet); ähnlich schon Schopenhauer 408 und E. v. Hartmann 329 („negative Ehre"). Abgesehen davon, daß der Rechtsgrund oder soziologische Grund einer solchen Vermutung nicht erklärt wird, bleibt die Frage offen, wie weit die Vermutung reicht und wie weit sie entkräftet werden kann. Binding läßt im Anschluß an den Satz „quilibet praesumitur bonus ac iustus, donec probetur contrarium" den Nachweis des Gegenteils unbeschränkt zu; ebenso für die Frage nach der Rechtswidrigkeit der Beleidigung (im Gegensatz zu Kern) auch Beling; im Ergebnis erreichen diese Schriftsteller also durch die Aufstellung der Vermutung gar nichts, denn eine Umkehrung der Beweislast ist dem Strafprozeß fremd.

[3]) Dieser Ansicht ist in der Tat Finger 164. Er geht anscheinend sogar noch weiter und spricht jedem Menschen, dessen sittliche Entwicklung abgeschlossen ist, die gleiche Ehre zu.

verletzung auf das Nichtvorhandensein von Ehre schlechthin schließen. Auch wer einen Diebstahl begangen hat, kann noch in anderer Hinsicht Ehre besitzen, so daß er sehr wohl beleidigt werden kann, wenn ein mit dem Diebstahl nicht im Zusammenhang stehender Wert der Ehre angegriffen wird.

Endlich wird auch durch die Pflichtverletzung jemandes die Ehre in diesem wunden Punkte nicht völlig aufgehoben, sondern nur insoweit, als es der Schwere der Pflichtverletzung entspricht [1]. Daher beleidigt sehr wohl, wer jemandem eine Pflichtverletzung nicht der Wahrheit gemäß, sondern in aufgebauschter Form vorhält oder ein „Urteil" dahin fällt, daß ihm der von der Pflichtverletzung berührte Wert völlig abgeht.

V. Wir kommen also zu dem Ergebnis: Die rechtlich geschützte Ehre hängt ab von

a) der Verschiedenheit der Pflichten,

b) dem Ob und dem Grade einer etwaigen Pflichtverletzung [2] [3].

Gegen Verletzungen geschützt ist die Ehre, die jemandem von der Rechtsordnung nach der Höhe der für seine rechtlich-soziale Bewertung erheblichen, rechtlich anerkannten Pflichten sowie nach der Schwere einer etwaigen Verletzung dieser Pflichten zugesprochen wird.

Damit ist unsere eigene Ansicht über die „Ehre" abgeschlossen. In den folgenden Abschnitten nehmen wir Stellung nur zu den gegnerischen Ansichten, die das Schutzobjekt in dem

---

[1]) ebenso Finger a. a. O., Jos. Kraus 32. Nicht zutreffend aber die gern gegebene Erklärung, der Angegriffene besitze trotz der Pflichtverletzung noch immer die allgemeine Menschenehre. So Bluntschli **1** 562, Gierke Dtsch. Pr.-R. **1** 427. Vgl. dazu oben S. 9 Anm. 3.

[2]) Nicht fern dieser Auffassung steht Beling Grundzüge 69: Die Ehre hänge von zwei Komponenten ab, dem Pflichtenkreise und dem Verhalten des betreffenden gegenüber den Pflichten. Letzterer Komponent, der nach Beling für den „wirklichen Ehrenwert" und damit für die Rechtswidrigkeit der Beleidigung erheblich ist, bedarf aber der Spezialisierung, um den Besonderheiten des Textes gerecht zu werden.

[3]) Im Gegensatz zur Ehre hängt das Schutzobjekt des § 89 MStGB (Achtungsverletzung) nur von a, nicht auch von b ab. Vgl. Teil II Abschn. 1 Kap. 3.

Ruf oder in dem Ehrbewußtsein oder dem Ehrgefühl sehen. In welcher Weise die Ehre in unserem Sinne geschützt ist und in welcher Weise sie überhaupt angegriffen werden kann, das sind Fragen, die uns erst im zweiten Teil der Abhandlung beschäftigen werden, wo der Begriff der Beleidigung zur Erörterung steht.

In der Literatur wird als Angriffsobjekt der Beleidigung oft der Wille, der Anspruch oder das Interesse, gemäß seiner Ehre behandelt (geachtet) zu werden, angesehen und selbst zugleich als Ehre bezeichnet. Letzteres geht u. E. zu weit, da Ehre nur das Werturteil einer Gemeinschaft oder das Ergebnis der Wertung (das Lebens- oder Rechtsgut) sein kann. Über diese möglichen Angriffsobjekte sprechen wir daher erst im nächsten Teile.

3. Ehre und Ruf.

I. Unter Ehre verstanden wir ein von einer Gemeinschaft gefälltes Werturteil. Das Werturteil ist, wie ausgeführt, von gewissen Voraussetzungen, insbesondere Pflichterfüllung, abhängig, und es versteht sich beinahe von selbst, daß die Voraussetzungen auch tatsächlich vorliegen müssen, daß es also nicht ausreicht, wenn sie von den Menschen, die auf die Bildung der öffentlichen Meinung den entscheidenden Einfluß ausüben, irrtümlich als vorhanden angenommen werden. Erforderlich ist daher, daß die als Grundlagen dienenden Tatsachen wahr sind, daß der anzulegende Maßstab der richtige ist und daß die Anlegung des Maßstabes nicht irrtümlich geschieht. Läuft auch nur in einem dieser drei Punkte ein Irrtum unter, so kann von Ehre nicht die Rede sein; jedenfalls kann die Rechtsordnung ein fehlerhaftes Werturteil nicht anerkennen. Sie erkennt ein solches doch auch auf anderen Gebieten des Rechts nicht an, und es wäre unerfindlich, weshalb gerade für das ideale Reich der Ehre auch das Fehlerhafte gutgeheißen werden sollte.

Theorie wie Praxis scheinen aber meist auf einem anderen Standpunkt zu stehen. Sie scheinen es; denn die Ansichten sind durchaus nicht deutlich und zweifelsfrei ausgesprochen, und manche Schriftsteller und Gesetze sind sich wohl der vielfachen

Bedeutung ihrer Meinung gar nicht bewußt [1]) [2]). Wir geben daher die Stimmen der Literatur und Rechtsprechung wie auch die Gesetze mit allem Vorbehalt wieder und bemerken bezüglich der fremdsprachigen Gesetze ausdrücklich, daß schon die deutschen Übersetzungen nicht durchaus einwandfrei sein können und daß die ausländischen Gesetze vielleicht anders verstanden sein wollen und auch von den Schriftstellern des Auslands anders verstanden werden.

Gemeinsam ist jenen Ansichten, daß sie die Ehre nicht auf die berechtigte, sondern auf die tatsächliche Wertung des einzelnen durch die Gemeinschaft gründen. Man bezeichnet daher als

---

[1]) Falsch ist es jedenfalls, wenn man, wie dies häufig geschieht, diesen Gegensatz mit dem anderen von sozialem und sittlichem Wert verquickt. Denn der sittliche Wert kann sehr wohl auf die äußere Ehre, der soziale Wert dagegen sehr wohl auf die wirkliche Ehre bezogen werden. Ersteres geschieht z. B. bei Kohler 1 ff., 29 ff., letzteres bei Beling Grundzüge 69 und Kratz 9, 14.

[2]) Selbst in der Theologie und der Militärwissenschaft, in denen noch am ehesten eine idealistische Auffassung von der Ehre anzutreffen ist, macht sich in dieser Hinsicht eine bedenkliche Unsicherheit bemerkbar. Zwar heißt es im Handwörterbuch „Die Religion in Geschichte und Gegenwart", herausgeg. von Schiele und Zscharnack **2** (1910), die christliche Ethik kenne als Maßstab für die Ehre nur den inneren Wert des Menschen, und wird in der bereits angeführten Enz. d. kathol. Theologie anfänglich zwischen Ehre und gutem Namen ausdrücklich geschieden; doch wird in beiden Werken wie auch von W. Herrmann in der Realenzykl. f. protestantische Theologie und Kirchen, herausgeg. von Hauck, **5** (1898) die Ehre ausdrücklich (auch) als die Anerkennung einer Person bei anderen definiert. Besser Häring Das christliche Leben auf Grund des christlichen Glaubens (1902) 251: jedem kommt so viel Ehre zu, als er gut ist. Im Militär-Handwörterbuch für Armee und Marine, herausgeg. von Hartmann (1896), und im Handwörterbuch der gesamten Militärwissenschaften, herausgeg. von Poten **3** (1877), wird zwar Ehre (auch) als der durch Gesinnung und Handlungen begründete (!) Anspruch (?) auf Anerkennung unseres persönlichen Wertes durch andere bestimmt; dagegen wird im Handb. f. Heer und Flotte (v. Alten) wiederum ausdrücklich vom „guten Ruf", offenbar gleichbedeutend mit Ehre, gesprochen. Dangelmaier Militärrechtliche und militärethische Abhandlungen (1893) 125 spricht nur von „äußerer Ehre". Von Schaible-Spohn a. a. O. 5 wird zwar anfangs die Ehre zutreffend definiert als „der persönliche Wert, erworben durch Selbstachtung und Pflichterfüllung", sofort aber der fragwürdige Zusatz gemacht: „mit dem Verlangen nach Anerkennung durch die öffentliche Meinung". Trefflich dagegen der alte Ernst Moritz Arndt im Katechism. f. d. deutschen Kriegs- und Wehrmann: „Ein wackerer Soldat soll nicht prunken mit der äußeren Ehre ...; sondern die Treue gegen das Vaterland soll seine Ehre sein ...."

das Schutzobjekt oder wenigstens neben der wirklichen Ehre als ein Schutzobjekt der Beleidigung die äußere (oder objektive [1])) Ehre oder den guten Namen oder den (guten) Leumund oder den (guten) Ruf oder die tatsächliche soziale Geltung oder schlechthin die soziale Geltung oder das Ansehen oder die Achtung [2]).

Zunächst muß man sich vom gegnerischen Standpunkt davor hüten, einander gleich zu behandeln Achtung und Hochachtung, guten Ruf und besonders guten Ruf, soziale Stellung und besonders ausgezeichnete soziale Stellung, Ehre und Ehrung (Ehren [3]), Verehrtwerden). Eine solche Gleichstellung liegt um so näher, als gewisse Wendungen, die einen höheren Grad des Achtens ausdrücken, das Wort „Ehre" enthalten, wie Ehrenbezeugung, Ehren-

---

[1]) Umgekehrt versteht Kohler 2 — ähnlich wie E. v. Hartmann — unter objektiver Ehre die wirkliche, unter subjektiver die in der Einbildung Dritter bestehende äußere Ehre.

[2]) Weber 6; Feuerbach § 271; I. Kraus 5; Wahlberg 39; Temme 318; Dochow 337; Merkel 287; v. Bülow GerS **46** 269; Olshausen § 185 Nr. 2; v. Liszt § 95 II; Frank § 185 I; v. Lilienthal Grundr. 74; Stooß § 110; Wachenfeld 299; Niegold 5; Liepmann 228; Janka-Kallina 215; Jos. Kraus 7, 18; Kohler 2; Delaquis 164; Bleeck 13; Ellenbogen 26; Mirkoff 25; Bickert 13; Rogowski 381; Eisler 85; Rosenfeld Nebenklage 101; Naendrup 6; Romen-Rissom § 91 Nr. 4 a; M. E. Mayer **2** 17 u. a.; RG in GoltdA **38** 434; Bay. OLG. **13** 182. Ferner Stahl **2** 261; Lasson 547; Schaeffle Bau und Leben des sozialen Körpers **1** (1896) 517; Schmoller Grundriß **1** 17; auch Bluntschli **1** 562.

Anderer Meinung die S. 31 no 2 zitierten Kriminalisten und wohl auch die S. 27 no 2 zitierten Zivilisten, auch Crome, System **1** (1900) 214. — Zweifelhaft Berner 477; Hälschner Deutsches StrafR 158, 163; Thomsen 301 („Präsumtion"!).

Den Ruf halten für ein geeignetes Schutzobjekt die meisten romanischen Gesetzbücher, besonders deutlich Frankreich, Preßges. v. 29. VII. 81 Art. 29 („Ehre oder Ruf"), Italien Art. 393 („Ehre oder Leumund"), 395 („Ehre, Leumund oder guter Ruf"); ferner Serbien, VE (1908—1910) § 219 („Ehre, Ansehen ..."); aber auch Niederlande Art. 261 („Ehre oder guter Name") und Norwegen § 247 („guter Name oder Ruf"). Beachte aber L. 5 § 1 D. 50, 13: existimatio est dignitatis inlaesae (!) status, legibus ac moribus comprobatus.

[3]) Vgl. insbesondere Kattenbusch 13 u. a., der „Ehren" (als einen höheren Grad des Achtens) der „Ehre" gegenüberstellt. — In dem Ausspruch des Paulus „Ehre dem Ehre gebühret" (Röm. 13, 7) bedeutet Ehre das erste Mal diesen höheren Grad des Achtens; doch soll diese Ehre nur dem zuteil werden, der die wirkliche Ehre in unserem Sinne (die verdiente Ehre) besitzt. Nicht leicht die Auslegung von Psalm 46, 11.

titel, Ehrenzeichen; hierher gehört auch eine große Reihe der in der Einleitung Abs. 2 aufgeführten Wendungen [1]). Die Gegner sind sich aber meist darüber klar, daß Ehre im Sinne dieses höheren Grades des Achtens nicht das Schutzobjekt der Beleidigung ist. Doch wie verhält es sich im übrigen mit der hier bekämpften Auffassung?

II. Im folgenden sollen uns die Konsequenzen juristischer Art beschäftigen, wie sie sich aus den gegnerischen Ansichten in der oben festgelegten Bedeutung ergeben. Der spätere Exkurs über die öffentliche Meinung wird zu Fragen grundlegender Art Stellung nehmen.

Die Ansicht der Gegner hat unzweifelhaft ihre großen Vorzüge. Die Ehre in diesem Sinne läßt sich leicht feststellen; im Prozeß wird eine Auskunft der Polizeiverwaltung eingeholt, oder es werden die angesehensten Bürger als sogenannte Leumundszeugen vernommen. Der Ruf erscheint auch auf den ersten Blick als etwas durchaus Schutzwürdiges. Nur dem Einsiedler oder dem Menschenverächter kann es gleichgültig sein, was seine Mitmenschen über ihn denken. Der Verständige hält auf seinen guten Namen und tritt falschen Gerüchten entgegen, er meidet den bösen Schein. Wer sich eines guten Rufes erfreut, macht sich und seinen Angehörigen das Leben angenehmer und behaglicher. Das einträchtige Zusammenleben mit seinen Mitmenschen fördert den Frieden, und das Recht hat immerhin in Erwägung zu

[1]) Dagegen weist das Wort „Ehrenamt" wieder auf Pflichterfüllung; man versieht ein Ehrenamt um der Pflicht, nicht um des Entgelts willen oder macht es wenigstens nicht zum Mittelpunkt des Lebensberufes, sondern übt es nur nebenher aus (vgl. Preuß in Stengel-Fleischmanns Wörterb. **1** [1911] 629). — Hier gewahren wir eine fernere Bedeutung des Wortes. „Ehren" weist mitunter auf etwas Sekundäres, auf die Ausnahme von der Regel hin. So in den wechselrechtlichen Wendungen „Ehrenannahme" und „Ehrenzahlung", so in dem bei manchen Spielen und Wetten gebräuchlichen Ausdruck „Ehrengang" (dieser Gang wird „vorgegeben", er gehört noch nicht zu der Hauptsache) und im studentischen Trinkkomment („honoris causa": demjenigen, auf dessen Wohl getrunken wird, wird die sonst übliche Pflicht der Erwiderung des Zutrunkes erlassen). Die letzteren Wendungen lassen sich auch so erklären: Der andere wird geehrt (ausgezeichnet) durch Erlaß der regelmäßig zu erwartenden Gegenleistung, und so gelangen wir zu einem eigentümlichen Gegensatz zwischen „Ehre" in unserem Sinne und „Ehrung": Ehre verlangt Pflichterfüllung, Ehrung erläßt (mitunter) Pflichterfüllung.

ziehen, ob es dem Rufe nicht seinen Schutz angedeihen lassen soll [1] [2]).

Gleichwohl ist er nicht schutzwürdig. Die Instanz, die das Urteil über den einzelnen fällt, mag man sie Rechtsgenossen, Mitbürger oder sonstwie nennen, kann nicht als die berechtigte angesehen werden. Es sind meist solche, die ihre Stimme am meisten durchzudrücken wissen, die überall verkehren und das Wort führen. Wie oft kommt es vor, daß der Ruf eines Arztes nicht seinem Wert entspricht! Soll das Urteil des Publikums, das nichts von der ärztlichen Kunst versteht, die Grundlage für seine Ehre abgeben? Und selbst wenn ein Kreis von Berufenen ein Urteil fällt — oft halten sich die wirklich Berufenen absichtlich sehr zurück —, sind nicht oft die Tatsachen unbekannt, unvollständig oder entstellt? Mit besonderer Vorliebe behaupten sich gerade unwahre Tatsachen recht hartnäckig. Daß das Urteil der Rechtsgenossen unrichtig bleibt, wird vielleicht die Ausnahme sein, und daher erscheint das Ergebnis, zu dem diese Ansicht bei der Entscheidung von Beleidigungsfällen gelangt, auch in vielen Fällen als zutreffend. Aber es ist doch mit der nahen Möglichkeit einer unrichtigen Urteilsbildung zu rechnen.

Unbefriedigend ist das Ergebnis der herrschenden Meinung vor allem dann, wenn jemand einen schlechteren Ruf genießt,

---

[1]) Wenn Falstaff in Shakespeares König Heinrich IV. 1. Teil (5. Aufzug, 1. Szene) bei seinen Worten, die Ehre sei ein Nichts, ein gemaltes Schild beim Leichenzug, den guten Ruf im Sinne hat, so hat er zweifellos nicht recht. Des Dichters wahre Ansicht von der Ehre dürfte aber nicht dieser Genießer aussprechen, sondern jene Idealgestalt, die sich berufen fühlte, die Gerechtigkeit auf Erden zu verwirklichen (vgl. Hamlets oben S. 1 Anm. 1 zitierten Ausspruch).

[2]) Das Streben nach äußerer Ehre wird übrigens zum Teil auch in der theologischen Ethik anerkannt mit der Begründung, daß der betreffende auch von Gott geschieden würde, wenn er nicht bestrebt sei, „sich mit den Menschen um Gott zusammenzufinden" (W. Herrmann Realenzykl. a. a. O.) — M. E. meint auch Luther in der Erklärung der vierten Bitte des Vater Unser, wo nebeneinander Friede, Gesundheit, Zucht, Ehre, gute Freunde, getreue Nachbarn genannt werden, nichts weiter als das einträchtige Zusammenleben mit den Mitmenschen und deren Achtung oder Anerkennung, nicht aber die selbst erworbene Ehre. Vgl. auch Luthers Ausspruch in Worms (zitiert bei Häring 253): „Ruf und Ehre haben sie mir genommen, aber mir genügt mein Heiland ...".

als er verdient [1]). So könnte man, worauf Beling [2]) hinweist, einem anderen, der keinen Meineid begangen hat, aber in diesem Rufe steht, straflos vorwerfen, einen Meineid geleistet zu haben. Der umgekehrte Fall, daß Unwürdige geschützt würden, nämlich diejenigen, die sich eines zu guten Rufes erfreuen, wäre zwar nicht befriedigend, aber nur das kleinere Übel. Nun ließe sich, um diese Fälle befriedigend zu lösen, der Ruf wenigstens insoweit als Angriffsobjekt bezeichnen, als er begründet ist. Aber auch diese Ansicht ist nicht befriedigend. Es bleiben diejenigen schutzlos, die überhaupt keinen Ruf genießen [3]). Man braucht nicht an einen Robinson zu denken; es gibt viele, die ein einsames, zurückgezogenes Leben führen oder die fortwährend ihren Aufenthaltsort wechseln und nirgends bekannt werden. Daß auch sie gegen Beleidigungen geschützt werden müssen, erscheint zweifellos.

Die Gegner, die unter Ehre die soziale Geltung bei den Rechtsgenossen verstehen, würden vielleicht diese Fälle als Beleidigung so erklären, daß es auf den Ruf ankommt, den jemand genießen würde, wenn er selbst bekannt wäre oder wenn die wahren Tatsachen bekannt wären. Dann stellt man aber nicht mehr auf den tatsächlichen, sondern gewissermaßen auf einen gedachten, verdienten Ruf oder auf die Voraussetzungen ab, die zu einem richtigen Rufe führen würden. Und es ist nur noch ein Schritt zu der von uns entwickelten Ansicht. Unter „Rechtsgenossen" sind nicht beliebige Personen, sondern ist die soziale Gemeinschaft zu verstehen.

Sodann lassen sich vom Standpunkt der herrschenden Meinung nur schwer Fälle erklären, in denen ein Ruf gar nicht angegriffen wird, eine Beleidigung aber nicht gut geleugnet werden kann. So weist Frank [4]) hin auf die Beleidigung unter vier Augen und die Beleidigung eines notorischen Ehrenmannes durch einen

---

[1]) Euripides (Übersetzung bei Kattenbusch 52):
„... wo keine Schuld mich drückt, folgt Schande mir;
Und größ'res Weh, als wenn in Wahrheit wir gefehlt,
Ist's, wenn uns Vorwurf nicht vorhandner Fehler trifft."

[2]) Grundz. 70. Vgl. auch Üble Nachrede 39 ff.

[3]) So richtig Binding Lehrbuch 138.

[4]) Frank vor § 185 I Abs. 3.

notorischen Lumpen. Zu ersterem Fall tritt der weitere, daß die Äußerung zwar in breiter Öffentlichkeit fällt, doch so, daß sie nur von dem Adressaten etwa wegen besonders intimer Beziehungen zum Täter oder, weil nur er der Sprache des Täters mächtig ist, verstanden werden kann. Sodann: der Ruf eines notorischen Ehrenmannes ist unter Umständen auch durch einen Mann, der gar nicht ein Lump zu sein braucht, unangreifbar, und ebensowenig der Ruf einer zweifelhaften Persönlichkeit durch einen Lumpen, auf dessen Äußerungen niemand etwas gibt. Dazu tritt weiter noch der Fall, daß der Ruf deswegen nicht verletzt oder gefährdet werden kann, weil der Angegriffene schon so tief in den Augen der Rechtsgenossen steht, daß er durch die verhältnismäßig harmlose Äußerung gar nicht tiefer sinken oder daß wenigstens das Urteil über ihn nicht verschlechtert werden kann. Endlich kann auch die Äußerung oder Handlung selbst völlig ungeeignet sein, einen Ruf zu schädigen. In allen diesen Fällen kann eine Beleidigung doch nicht ohne weiteres ausgeschlossen sein. Eine befriedigende Erklärung wäre vom Standpunkte der Gegner immerhin möglich, wenn man unter Beleidigung nichts weiter verstünde als eine abstrakte Rufgefährdung, also eine Äußerung, die generell geeignet ist, den Ruf zu vermindern, und wenn man dabei nicht auf die tatsächliche Gefährdung, also auch nicht auf den tatsächlichen Ruf, sondern nur auf die Tauglichkeit der Äußerung, einen etwaigen (hypothetischen) Ruf zu schädigen, Gewicht legt. Dieser gedachte Ruf kann aber ebenfalls nur der richtige, der verdiente sein.

Wer den tatsächlichen Ruf als Angriffsobjekt bezeichnet, kann sich nun zwar auf den geltenden § 186 berufen, wenn er die Nichterweislichkeit nicht als Tatbestandsmerkmal auffaßt. Dann bedarf aber diese Auffassung einer Rechtfertigung. Und eine innere Begründung ist noch nicht gegeben. Man könnte höchstens — diese Ansicht findet sich bei Liepmann [1]) angedeutet — die Wahrheit der behaupteten Tatsache als Rechtfertigungsgrund bezeichnen. Ein subjektives Recht, die Wahrheit zu sagen, wird man aber, worüber später noch näher zu sprechen, kaum an-

[1]) Vgl. Liepmann a. a. O. 234, 258.

nehmen können. Man müßte denn einen allgemeinen Begriff der materiellen Rechtswidrigkeit anerkennen. Alsdann wäre aber zu fragen, weshalb die Unwahrheit der behaupteten Tatsache ganz allgemein in das Gebiet der Rechtswidrigkeit verlegt wird. Die Wahrheit ist doch wenigstens regelmäßig kulturfördernd. Die Unwahrheit könnte daher sehr wohl vertypt, d. h. als Tatbestandsmerkmal aufgenommen werden. Ein Begriff der materiellen Rechtswidrigkeit ist doch schließlich nur ein Notbehelf und auf die seltenen Fälle, die keine Vertypung zulassen oder für die man eine geeignete gesetzliche Vertypung noch nicht gefunden hat, zu beschränken [1]).

Man kann sich endlich vielleicht darauf berufen, daß § 186 nur die Mitteilung von nicht erweislichen Tatsachen an Dritte bestraft, daß dagegen alle weiteren Rufgefährdungen ohne Rücksicht auf die Wahrheit der behaupteten Tatsache oder die Begründetheit des behaupteten Urteils strafbar sind. In diesen Fällen, so könnte man einwenden, käme es doch nur auf die tatsächliche soziale Geltung an. Aber auch dies trifft nicht zu. Zunächst kann die Behauptung ehrenrühriger Tatsachen gegenüber dem Verletzten nicht anders behandelt werden als die Mitteilung an Dritte, wie auch allseitig anerkannt wird, und für die übrigen Arten der Beleidigung, nämlich solche durch Urteile, durch die Form, durch die Umstände (§§ 185, 192), ist der Ruf ebenfalls nicht Angriffsobjekt. Wenn jemand als Lügner bezeichnet wird, so macht man das Vorhandensein einer Beleidigung nicht davon abhängig, ob jemand bei seinen Rechtsgenossen in dem Rufe eines Lügners steht oder nicht, sondern man straft auch ohne derartige Feststellungen, ja trotz der Feststellung, daß jeder Mitbürger ihn für einen Lügner hält. Und ebenso kommt es bei der Beleidigung durch die Form und durch die Umstände nicht auf die tatsächliche Geltung an. Die konsequente Durchführung der bekämpften Ansicht müßte für eine solche Beleidigung die Feststellung verlangen, daß der Angegriffene bei seinen Mitbürgern eine andere Behandlung genießt, also daß sie ihn nicht mit den vorgeworfenen Ausdrücken zu belegen oder unter diesen

[1]) Derselbe Einwand ist gegen die Belingsche Unterscheidung von wirklichem und hypothetischem Ehrenwert zu erheben.

unpassenden Umständen so und so zu behandeln pflegen. Denn das sollte doch keinem Zweifel unterliegen, daß der Trottel, der im Dorfe von der Bevölkerung verspottet wird, wo auch immer er sich sehen läßt, auf diese Weise sehr wohl beleidigt werden kann, obwohl sich eine solche Beleidigung nicht als Rufgefährdung oder überhaupt nicht als einen Angriff auf seinen Ruf erklären läßt. So sehen wir, daß die herrschende Meinung in Wahrheit den Ruf gar nicht als das Schutzobjekt auffaßt, jedenfalls nicht auffassen kann.

4. Exkurs über die öffentliche Meinung.

Die zuletzt vom juristischen Standpunkt aus besprochene Unterscheidung von berechtigter und tatsächlicher sozialer Geltung, von Ehre und Ruf, beruht auf einem tiefer liegenden Gegensatz. Es ist kein geringerer Streit als der zwischen wertender und beschreibender, zwischen kritischer und psychologisch-genetischer Betrachtung, zwischen Sollen und Sein.

Die Gegner berufen sich auf die öffentliche Meinung. Aber was verstehen sie darunter? Welches ist das Subjekt der öffentlichen Meinung? Wie kommt sie zustande? Woran ist sie zu erkennen? Und welchen Wert hat sie?

Es ist nicht in unserem Plane gelegen, hier den gegenwärtigen Stand der Literatur [1]) über jene Fragen darzulegen. Der Begriff ist gleich bedeutsam für die Kollektivpsychologie, für die Soziologie, die Geschichtsphilosophie, die Nationalökonomie und die Politik, aber auch für das Staats- und Verwaltungsrecht, das Preßrecht, für das Recht der juristischen Personen, ja für den Begriff des Rechts überhaupt, das man so gern als den allgemeinen Willen bestimmt.

I. Die Schwierigkeit der Begriffsbestimmung liegt nicht in dem Worte „Meinung". Denn das ist klar: unter Meinung ist

[1]) Von den (nicht zahlreichen) Monographien noch immer am besten v. Holtzendorff Wesen und Wert der öffentlichen Meinung (1879). Reiches Material namentlich historischer und politischer Art bietet die anregende Schrift von Wilh. Bauer Die öffentliche Meinung und ihre geschichtlichen Grundlagen. Ein Versuch. (1914.) Die Literatur zu § 186 StGB hat jene außerstrafrechtlichen Gebiete anscheinend gar nicht beachtet.

nicht ein Wissen, noch weniger ein Wollen oder gar ein Wünschen zu verstehen, sondern ein Urteilen. Aber wer fällt das Urteil? Wer ist die Öffentlichkeit? In welchem Kreise kann sich eine öffentliche Meinung bilden? Oder kann sie sich in mehreren Kreisen bilden? Diese letztere Frage ist zu bejahen. Wie in jeder Gemeinschaft eine besondere Ehre entstehen kann, so auch eine tatsächliche Meinung. Und es fragt sich nur, ob nicht die Gemeinschaft besonders geartet sein muß, damit man die in ihr entstandene Meinung als eine öffentliche bezeichnen kann.

Das Wort „öffentlich" deutet auf die Möglichkeit des freien Zutritts durch jedermann zu einer Person (einer Personengemeinschaft) oder einer Sache; jedoch darf der Zutritt im wesentlichen nach dem freien Belieben geschehen, mag er im einzelnen auch an gewisse Bedingungen geknüpft sein. In diesem Sinne versteht man unter einer öffentlichen Gerichtssitzung eine solche, zu der regelmäßig allen Personen der Zutritt gestattet ist, unter einem öffentlichen Verkehrsmittel ein solches, das jedermann benutzen darf; ebenso nennt man ein Mädchen, das allen Männern zugänglich ist, ein öffentliches Mädchen. In der oben angegebenen Bedeutung wird der Begriff der Öffentlichkeit auch vom Gesetze in anderem Zusammenhange (vgl. §§ 110, 200 StGB) verstanden, und es steht nichts im Wege, ihn in § 186 ebenso auszulegen [1]).

Dagegen ist wohl nicht gerechtfertigt, wenn man von Öffentlichkeit nur in bezug auf einen tatsächlich nicht individuell bestimmten Personenkreis spricht; öffentlich ist auch eine Vereinigung, zu der nur die ausdrücklich bezeichneten (etwa die zu einer Versammlung eingeladenen) Personen erschienen sind, sofern auch anderen Personen der Zutritt freisteht [2]). Daher kann sich auch in einem Verein eine öffentliche Meinung bilden. Nicht gerechtfertigt ist ferner die Unterscheidung nach der größeren oder geringeren Zahl der Personen. Eine öffentliche Meinung

---

[1]) Vgl. im einzelnen Olshausen § 186 Nr. 4; Frank § 110 II 1 a; Binding Lehrb. 166; Beling Grundzüge 35; v. Lilienthal 394, 399; RG **35** 159; **37** 289 u. a. Näheres bei Lutz Der Begriff der Öffentlichkeit usw. (Strafrechtl. Abh. **36** [1901] 4, 8 ff.).

[2]) so Frank § 110 II 1 a: die Anwesenden haben ihre Namen in eine Liste eingetragen.

kann auch in einem Kreise entstehen, der tatsächlich nur klein, aber der Erweiterung durch den jederzeit möglichen Hinzutritt neuer Glieder fähig ist[1]); sicher ist die einem solchen Kreise angehörende Person Objekt der Wertschätzung seitens der anderen und bedarf des Schutzes gegen Herabsetzung in den Augen der übrigen Glieder um so mehr, als gerade im engeren Kreise von Berufs- und Standesgenossen die Reibungsmöglichkeiten doppelt groß sind. Prinzipiell ist also daran festzuhalten: wo sich Ehre bilden kann, da kann auch eine öffentliche Meinung entstehen, und nur dort ist für letztere kein Raum, wo der Zutritt nicht nach dem freien Belieben erfolgen kann, sei es aus physischen Gründen (Familie, Sippe), sei es durch die Willensbestimmung der Gemeinschaft selbst („geschlossene Gesellschaft"). Sonst spricht man aber von der öffentlichen Meinung — genau ebenso wie von der Ehre — eines Standes, einer Klasse, einer Gemeinde, eines Landes, eines Volkes[2]), der zivilisierten Menschheit[3]).

Eine öffentliche Meinung kann sich aber — im Gegensatz zur Ehre — auch unter einer Mehrheit von Personen bilden, die nur locker miteinander verbunden werden, die also nicht eine Gemeinschaft in dem oben[4]) erwähnten Sinne darstellen. Wir nennen eine solche nur vorübergehend und zu vereinzelten Zweckbestre-

---

[1]) Zu eng wohl Frank a. a. O. und § 186 II 2. Zutreffend aber v. Lilienthal 394, der charakteristisch genug eine „gewisse Gemeinschaftlichkeit" unter den Personen verlangt und damit auf den u. E. richtigen (soziologischen) Ausgangspunkt „die Gemeinschaft" hindeutet. Daher auch nicht zu billigen, wenn Frank im Anschluß an das Reichsgericht Gewicht darauf legt, der Kreis dürfe nicht durch „persönliche" Beziehungen zusammengehalten werden; denn solche Beziehungen bestehen in jeder Gemeinschaft.

[2]) Der dauernde Niederschlag der öffentlichen Meinung eines Volkes in einer bestimmten Kulturperiode heißt „Zeitgeist" (so Schollenberger Politik in systematischer Darstellung [1903] 117). Zeitgeist und öffentliche Meinung schließen sich daher durchaus nicht aus.

[3]) Zu eng v. Holtzendorff a. a. O. (nur die herrschende Meinung des Volkes), Bluntschli Staatswörterb. **2** (1876) 747 (Ansicht der Mittelklassen), etwas variiert in Politik **3** 186 ff. (vgl. dazu v. Holtzendorff 3), Schollenberger 111 (Volksmeinung), Gusti Die Grundbegriffe des Preßrechts, Abh. d. Krim. Sem. N. F. **5** (1908) 51 (Meinung des Publikums), vgl. auch Herbert Kraus in Festgabe für v. Liszt (1911) 148 ff., 164/5.

[4]) S. 6, 10.

bungen, ohne tiefere Wechselwirkung und ohne Rücksicht auf die Gleichheit oder Ähnlichkeit der Bewertung ihrer Interessen verbundene Personenmehrheit eine „Masse“, wie sie sich etwa bei Straßenaufläufen, im Theater, in einem Kurort einfindet [1]). Immer wird eine derartige Mehrheit durch die Gemeinsamkeit der Zwecke zusammengehalten, mögen diese auch noch so untergeordnet sein und noch so rasch befriedigt werden können.

In der Masse sowohl wie in der organisierten Gemeinschaft sind es die gemeinsamen Interessen, die den Gegenstand der öffentlichen Meinung bilden [2]), und es ist daher nicht minder einseitig, wenn man den Kreis der Objekte einengt auf solche, die nur den Intellekt berühren, oder gar auf Sondergebiete wie Politik, Wirtschaft und Kunst.

II. Bisher wurde das Problem erörtert, in welchem Kreise von Personen und über welche Gegenstände eine öffentliche Meinung möglich ist. Nunmehr entsteht die Frage nach den realen Subjekten, die das Urteil fällen [3]). Gemeinschaft wie Masse sind ja nur etwas Gedachtes und können nicht unmittelbar selbst urteilen.

Sollen sämtliche Glieder der betreffenden Personenmehrheit die realen Subjekte sein, die miteinander übereinstimmen müssen, damit eine öffentliche Meinung herauskommt? Wohl nicht; völlige Übereinstimmung der Menschen wird man selten antreffen. — Die Mehrheit? Das wäre offenbar wieder zu wenig. — Der Durchschnitt? Aber welcher Durchschnitt? Zunächst müßten die Urteile derjenigen ausscheiden, die keine Beachtung

[1]) Im Gegensatz hierzu wird zuweilen (vgl. Gusti 51, H. Kraus 148 ff., 166) nur das Publikum als Subjekt der öffentlichen Meinung bezeichnet und dieses von der Masse dadurch unterschieden, daß die Personen bei ersterem nur psychisch, bei letzterem auch physisch (räumlich) verbunden seien.

[2]) Vgl. dagegen H. Kraus 162 über den Gegensatz von öffentlicher Meinung über ein Objekt und Meinung der an dem Objekt interessierten Privatpersonen. — Auf das Interesse legt offenbar Paulsen Ethik **2** (1900) 304 das Schwergewicht, wenn er die öffentliche Meinung definiert als „die Summe alles dessen, was man in der Gesellschaft über alles, was die Aufmerksamkeit (!) auf sich zieht, redet und hört, meint und urteilt“.

[3]) Vgl. hierzu wie zu dem folgenden besonders v. Holtzendorff 44 ff., auch Schaeffle Bau und Leben a. a. O. und Abriß der Soziologie (1906) 71 ff.

verdienen, wie Kinder und Geisteskranke. Welche Stimmen beachtlich sind, müßte sich nach dem gemeinsamen Zweck der Gemeinschaft oder der Masse entscheiden. In Betracht würden also nur die Personen kommen, die zur Erreichung oder Förderung der gemeinsamen Interessen etwas beitragen können.

Eine Beschränkung wäre aber nicht nur in persönlicher, sondern auch in sachlicher Hinsicht erforderlich. Nicht in allen Punkten darf eine Übereinstimmung gefordert werden, und es scheint hiernach die in der Kollektivpsychologie sogenannte Subtraktionstheorie [1]) zuzutreffen: die Kollektivpsyche sei die Summe der Individualpsychen abzüglich ihrer Besonderheiten, also abzüglich der Willensinhalte, hinsichtlich deren eine Übereinstimmung nicht besteht. Demnach wäre die öffentliche Meinung das Ergebnis der Übereinstimmung der beachtlichen Einzelmeinungen. Die Ansicht würde insofern befriedigen, als sie die häufig gemachte Beobachtung erklärt, daß der öffentlichen Meinung — gegenüber den Einzelmeinungen — etwas Minderwertiges anhaftet; denn das, was sich weit über den Durchschnitt erhebt, besitzen nun einmal nur wenige, und das gesamte Sonderwissen der einzelnen kommt in Abzug. Andrerseits fallen aber, was nicht immer genügend beachtet wird, auch ausgesuchte Schlechtigkeiten weg [2]). — Ein solcher Begriff der öffentlichen Meinung würde jedoch nicht den Tatsachen entsprechen. Zweifellos gibt es eine öffentliche Meinung auch über Punkte, in denen eine Einigung nicht erzielt ist. In Betracht kann nur das Wesentliche des Inhalts der Einzelmeinungen kommen; und was wesentlich ist, ist auch hier nur nach dem gemeinsamen Zweck der Personenmehrheit zu bestimmen. Daher bleiben für die öffentliche Meinung nicht nur Differenzen, sondern auch Übereinstimmungen über unwesentliche Punkte außer Betracht.

Doch selbst eine Übereinstimmung der wesentlichen Personen über wesentliche Dinge wird man nicht fordern dürfen. Eine Übereinstimmung ist überhaupt nicht erforderlich. In Wahrheit

---

[1]) Vgl. Broenner in Zeitschr. f. Philos. u. philos. Kritik **141** (1911) 9 ff. mit der Darstellung der Theorien von Sighele, Psychologie des Auflaufs und der Massenverbrechen (1897) und von Le Bon, Psychologie des foules (1904).

[2]) Hierzu Bauer 44, 51.

entscheidet immer die Meinung derer, die sich durchzusetzen wußten. Die herrschende Meinung ist die öffentliche Meinung, und die Übereinstimmung ist nicht selten erzwungen oder nur scheinbar vorhanden. Die realen Subjekte der öffentlichen Meinung sind im Grunde diejenigen, die die tatsächliche Führung übernommen haben. Den Führern schließt sich die Masse teils ausdrücklich zustimmend, teils blind folgend an. Sie tut es günstigstenfalls im Vertrauen auf die Zuverlässigkeit der Führer, nur selten nach eigener Überlegung und aus innerer Überzeugung, häufiger aus Bequemlichkeit und Unselbständigkeit, oft aus bloßem Nachahmungstrieb, oft aber auch völlig unbewußt. Die Untersuchungen der Psychologen über Einfühlung und über Massensuggestion werden auf diesem Gebiete sicherlich viel wertvolles Material zutage fördern.

Auch für die organisierte Gemeinschaft gilt nichts anderes. Denn die Organe, etwa die Vertreter einer juristischen Person, die Regierung eines Staates, können zwar die tatsächlichen Führer sein, sind es aber keineswegs immer. Ja man spricht nicht mit Unrecht von öffentlicher Meinung eines Volkes geradezu im Gegensatz zur Meinung der Regierungskreise; man bezeichnet — allerdings einseitig, aber in dem uns augenblicklich beschäftigenden Punkte durchaus zutreffend — die öffentliche Meinung als die Reaktion der mehr passiv sich verhaltenden Teile der Gesellschaft auf die Äußerung der Regierung, oder man weist auf ihre die Regierung kontrollierende Macht und daher anfangs mehr passive Haltung hin [1]).

Daß die Führer ihre Ansicht tatsächlich kundtun, wird man nicht fordern dürfen, ebensowenig wie umgekehrt eine ausdrückliche Billigung durch die Mehrheit notwendig ist. Es genügt, daß der Beifall der Menge sicher ist [2]). Wird so der Ausspruch der öffentlichen Meinung zurückgehalten, so mag ihre Feststellung Schwierigkeiten verursachen, an ihrem Dasein wird man aber allein aus diesem Grunde nicht zweifeln dürfen. Andrerseits kann die öffentliche Meinung sogar in einer höchst aktuellen, das

---

[1]) Schmoller Grundriß **1** 14, Schaeffle Bau und Leben **1** 196, Bluntschli **2** 747, v. Holtzendorff 58 ff.

[2]) v. Holtzendorff 40, 50, 58.

4*

öffentliche Interesse stark erschütternden Angelegenheit gänzlich fehlen [1]). Dies geschieht dann, wenn bei mehreren Führern sich zwei konträre Ansichten dauernd erfolglos bekämpfen, so daß es keinem Teile gelingt, die Oberhand, also die alleinige Führung, zu gewinnen. Doch werden sich in einem solchen Falle, wenn der Kampf länger anhält, meist zwei verschiedene Gemeinschaften, eine jede mit ihrer eigenen öffentlichen Meinung, bilden — ein Ergebnis, das für jene Schriftsteller unannehmbar ist, nach denen es nur eine öffentliche Meinung, die Volksmeinung, geben soll. Möglich ist aber auch ein Fehlen der öffentlichen Meinung deswegen, weil es an jeglichem Führer fehlt; hier schlummert sie nicht etwa, sondern sie ist noch gar nicht geboren. Lediglich Feststellungsschwierigkeiten entstehen wiederum, wenn bei mehreren Führern die schließlich durchgedrungene Meinung noch unklar und verworren ist; „je weniger Repräsentanten, desto klarer die öffentliche Meinung" [2]).

Gegen die hier vertretene Ansicht, daß die öffentliche Meinung von den Führern, nicht von allen (oder doch den meisten) Mitgliedern einer Gemeinschaft oder einer Masse gebildet wird, kann man den Einwand erheben, die Führer müßten, wenn sie wirken wollten, schließlich doch nur die Meinung der anderen wiedergeben, insofern seien sie nur die Äußernden, das wahre Subjekt der öffentlichen Meinung bliebe aber die Menge. Richtig ist, daß die Ansichten der Führer auf günstigen Boden fallen müssen, um befruchtend wirken zu können, wie sich ja das geschichtliche Werden nicht allein aus den Taten der einzelnen hervorragenden Persönlichkeiten erklären läßt; aber dann sind die Führer doch auch die Schaffenden, die aus einem unbestimmten Sehnen des Volkes einen Gedanken scharf und klar prägen. Wer wollte denn behaupten, daß die homerischen Gesänge, daß das Nibelungenlied das Volk geschaffen hat und nicht ein (oder mehrere) Dichter?

III. Wenn wir hiernach Realität nur den Einzelmeinungen

[1]) A. M. wohl v. Holtzendorff 66: „Ein Zustand, in dem es keine öffentliche Meinung gäbe, wäre nur denkbar nach und mit dem Erlöschen des Volksgeistes selber."

[2]) v. Holtzendorff 51.

der führenden Persönlichkeiten zusprechen, so verstehen wir diese (natürlich psychische) Realität im empirischen Sinne. Die Realität im erkenntniskritischen Sinne, d. i. die nur im menschlichen Bewußtsein gegebene Realität, interessiert hier nicht. Verkehrt wäre es sogar, wollte man wegen dieser letzteren erkenntniskritischen Realität die Gemeinschaft für ebenso existent halten wie die einzelnen, die Meinung des Ganzen für ebenso existent wie die Einzelmeinungen. Allerdings bildet erkenntniskritisch das Ganze eine Einheit in unserem Bewußtsein und wird die Summe der Vorstellungen erst durch diese Einheit zum Ding; jedoch gewinnt damit das Ganze bei weitem nicht empirische Realität. Ein warnendes Beispiel sollten uns die Scholastiker sein, die miteinander Begriff und Ding verwechselten, und wir müssen uns hüten, mit der Romantik eine Volksseele, einen Volksgeist, einen allgemeinen Willen (angeblich das Wesen des Rechts) zu hypostasieren; auch der heute so beliebte Ausdruck des allgemeinen Volksbewußtseins, auf das sich die Begründungen unserer modernen Gesetze und Entwürfe so gern berufen, sollte mit Vorsicht angewendet werden.

Daher können wir Wundts [1]) Ansicht von der Volkspsyche nicht billigen. Er weist zwar zutreffend darauf hin, daß auch die Seele des Einzelmenschen sich nur aus psychischen Vorgängen zusammensetze; aber es besteht der Unterschied, daß sich dort die sämtlichen psychischen Einzelheiten in derselben Persönlichkeit vereinigen, während eine reale Gesamtpersönlichkeit fehlt, so daß man Wundt mit Recht vorhält, er verstehe Realität im Sinne von Wirkung (tatsächliche Übereinstimmung der Einzelwillen). Ganz dasselbe gilt von Gierkes Realitätstheorie der juristischen Personen. Eine Verbandspersönlichkeit existiert lediglich in der Abstraktion, nicht nur in der erkenntniskritischen, sondern auch in der juristischen; der Begriff dient nur zur Vereinfachung bei der Erklärung und bei der Anwendung der gesetzlichen Bestimmung, daß gewisse Personengesamtheiten und Vermögensmassen wie physische Personen zu behandeln sind, daß ihnen eigene Rechte und Pflichten zustehen, die unabhängig von

[1]) Völkerpsychologie **1** (1900) 9.

den Rechten und Pflichten der einzelnen Mitglieder und Vertreter sind usw. Notwendig ist aber ein solcher Begriff nicht. Wir können ebensogut bei der Theorie der subjektlosen Rechte oder bei der Hellwigschen Theorie der Vermögensmassen stehen bleiben und brauchen nicht einmal den weiteren Schritt zur Fiktionstheorie zu machen; u. E. würde eine „Theorie der Einheitsbehandlung" genügen.

Und genau ebenso steht es mit dem Begriff der öffentlichen Meinung. Gewiß kann man als ihr Subjekt die Gemeinschaft und die Masse, das Volk und das Publikum hinstellen. Stets muß man sich aber vor Augen halten, daß diese Anschauung auf einer Fiktion beruht. Nur wenn man sich dies immer und immer wieder vergegenwärtigt, kann man die öffentliche Meinung definieren als das sich durch die führenden Persönlichkeiten äußernde Urteil eines für dritte Personen frei zugänglichen Personenkreises über gemeinsame Interessen. Oder sachlich besser, wenn auch in der Formulierung schwerfälliger: öffentliche Meinung ist ein sprachlicher Ausdruck für die Tatsache der (bewußten oder unbewußten) Übereinstimmung der Personen eines für Dritte frei zugänglichen Kreises mit dem Urteil ihrer führenden Persönlichkeiten über gemeinsame Interessen [1]).

IV. So viel über den Begriff der öffentlichen Meinung. Über ihren Wert zu sprechen, ist hiernach nicht mehr schwer. Da sie in Wahrheit nicht die Meinung eines — von den einzelnen unabhängigen — Ganzen ist, dem man ja ohne weiteres eine gewisse Berechtigung zusprechen könnte [2]), sondern nur die Meinung einiger Individuen, die die Menge mehr oder weniger mit sich

[1]) Treffend für die Sozialpsychologie Broenner a. a. O. 36 ff.: die Kollektivpsyche beruhe auf der Tatsache der Gleichförmigkeit des psychischen Geschehens, sowie Simmel im Arch. f. Sozialwissensch. u. Sozialpolitik **26** (1908): der einzige Gegenstand der Sozialpsychologie sei die Tatsache der seelischen Beeinflussung des einzelnen durch das Vergesellschaftetsein. Nicht unbedenklich derselbe Über soziale Differenzierung (1890) 16.

[2]) Aristoteles (Politik **3** 11) meint, in Angelegenheiten der Musik und der Dichtkunst sehe der eine die eine, der andere die andere Seite der Sache, das Ganze alles. — Dies ist nicht die Wirklichkeit.

fortzureißen wissen, so leuchtet ein, daß der öffentlichen Meinung ohne weiteres noch kein Wert zukommt und daß sie insbesondere nicht als Maßstab für die Bewertung anderer Ansichten herangezogen werden kann. Wenn letzteres gleichwohl mit Erfolg versucht wird, so hat man unversehens einen — aus dem Zwecke und dem Werte des Gemeinschaftslebens überhaupt entlehnten — Maßstab herbeigezogen, sie selbst hieran gemessen und eventuell berichtigt. Man spricht dann genauer von der berechtigten öffentlichen Meinung, wie man ja unter öffentlichem Interesse oftmals das berechtigte öffentliche, d. i. das staatliche Interesse [1]) versteht. Nur unter Hinzufügung des Merkmals des Berechtigten ist die vox populi die vox dei. Und ein ähnlicher Gedanke mag unserem § 186 StGB vorgeschwebt haben, wenn er der öffentlichen Meinung das Vertrauen schenkte, ein strafrechtlich schutzwürdiges Werturteil über den einzelnen zu fällen. Dann handelt es sich aber nicht mehr um die tatsächliche Meinung, sondern um die gedachte Meinung des objektiven Beurteilers, also um eine Kritik der tatsächlichen Anschauungen [2]).

Daß nur nach Einführung des Begriffs des Berechtigten, des Richtigen, eine zutreffende Wertung möglich ist, daß man sonst bei der geschichtlichen und psychologischen Betrachtung stehen bleibt, sollte keinem Zweifel unterliegen. Wenigstens prinzipiell. Leider geht es aber in der Praxis auch hier ohne Irrtum nicht ab. Denn der vielgepriesene objektive Beurteiler ist in Wirklichkeit ja auch nur ein Mensch und menschlichen Schwächen unterworfen; er ist je nach dem zu beurteilenden Gegenstand Histori-

[1]) StPO 416, WettbewG § 22 (nur beim Vorliegen eines „öffentlichen Interesses" wird von der Staatsanwaltschaft Anklage erhoben).

[2]) Nur diese berechtigte öffentliche Meinung hat Toennies offenbar im Auge, wenn er sagt, die öffentliche Meinung sei ihrer Tendenz und ihrer Form nach die wissenschaftliche und aufgeklärte Meinung (Gemeinschaft und Gesellschaft [1887] 270). Sonst wäre seine Ansicht gar zu optimistisch. Treffend Schollenberger 116: „Der innere Wert der öffentlichen Meinung hängt von ihrer Richtigkeit und Beständigkeit ab. Dieser Wert kann ihr abgehen, weil sie sich vielfach irrt oder ändert. Einer irrigen ... öffentlichen Meinung gegenüber aber hat die Staatsregierung Stellung zu nehmen; die Staatsregierung hat das, was sie als das Gute oder als das Bessere erkannt hat, womöglich durchzusetzen ...." Vgl. auch v. Holtzendorff 144: „Die Wissenschaft hat den Beruf, Erzieherin der öffentlichen Meinung zu sein."

ker, Moralphilosoph, Politiker, Naturforscher, Kunstkritiker, Journalist, und je mehr er selbst im öffentlichen Leben steht, je mehr seine Ansicht in das Volk dringt, desto näher tritt er dem tatsächlichen Vertreter der öffentlichen Meinung, dem Führer der Menge. Verdient da nicht der letztere größere Berechtigung, weil er wenigstens den handgreiflichen Erfolg auf seiner Seite sieht? Hat doch der Erfolg nach Moltkes Wort eine richtende Stimme. Und dann noch eines. Wie schwer zu handhaben ist der objektive Maßstab, den wir schon theoretisch nicht anders bestimmen können, als daß wir nach dem Zwecke des Gemeinschaftslebens überhaupt forschen! Wird das praktische Ergebnis nicht oft recht fragwürdiger Natur sein?

Gleichwohl müssen wir an unserem Prinzip festhalten. Wir glauben nicht, daß die — oft gewiß leichter festzustellende — öffentliche Meinung es zu ersetzen vermag. Zunächst sei an unsere frühere Ausführung erinnert, daß die öffentliche Meinung gänzlich fehlen kann, und zwar gerade auf einem Felde, wo eine gerechte Beurteilung dringend nottut. Und dann vergegenwärtige man sich Vorkommnisse, wie wir sie täglich erleben, wo wir uns vergeblich bemühen, die wahre öffentliche Meinung zu ermitteln. Wer will entscheiden, ob die öffentliche Meinung des neutralen Staates X dem einen oder dem anderen der beiden Kriegführenden zuneigt! Aber selbst, wo der Inhalt der öffentlichen Meinung klar auf der Hand liegt, wie steht es da mit ihrer Zuverlässigkeit?

Es ist oft darauf hingewiesen und es erscheint beinahe selbstverständlich, daß große Männer, die in das Triebrad der Geschichte gewaltig eingriffen, keine sehr hohe Achtung vor der öffentlichen Meinung hatten, so Hesiod, Heraklit, Dante, Goethe, Schelling, Hegel, Lassalle [1]), J. St. Mill [2]), Bismarck [3]), und sehr wohl verstehen wird man, daß der große Kämpfer Richard Wagner [4]) die öffentliche Meinung geradezu als den „unzugäng-

[1]) Vgl. die Zitate der Vorgenannten bei Schaeffle Bau und Leben **1** 201 ff. und Soziologie 75.

[2]) Zitat bei v. Holtzendorff 67.

[3]) Zitat bei Gusti 53.

[4]) Gesammelte Schriften und Dichtungen 4. Aufl. **8** 15—17. Die weiteren

lichsten Tyrannen“ bezeichnet. Auf der anderen Seite neigen die von hoher Warte das Weltgeschehen ruhig betrachtenden Historiker leicht zu einer Überschätzung der öffentlichen Meinung, die zu ermitteln doch ganz besonders ihnen obliegt. Hierher dürften auch — namentlich ältere [1]) — juristische Schriftsteller gehören, die sich mit dem Recht als einer — nun einmal vorhandenen — Volksüberzeugung abfinden; dann aber auch die, die der konservativen Staatsauffassung zuneigen. Und schließlich ist es Sache des Temperaments. Wer Ruhe und Behaglichkeit einem häufigen Wechsel vorzieht, wird sich gewiß leichter der öffentlichen Meinung anzupassen wissen und sie daher für die richtige halten.

Was ist nun das Richtige über den Wert der öffentlichen Meinung? Die Frage des Richtigen drängt sich ja überall auf, und wir wollen nicht etwa die öffentliche Meinung über die öffentliche Meinung wiedergeben — das dürfte ein vergebliches Bemühen sein —, sondern vom Standpunkt des objektiven Beobachters mit wenigen Worten darauf hinweisen, daß das Richtige sich auch hier nach den Besonderheiten des konkreten Falles richten wird.

Eine gewisse Garantie für die Zuverlässigkeit der öffentlichen Meinung ist dort gegeben, wo die Menge organisiert ist [2]) und wo die Organe tatsächlich die Anschauungen des einzelnen beherrschen; hier sind die Organe dazu berufen und werden regelmäßig dazu befähigt sein, die ihnen Unterstellten dem Zwecke ihrer Gemeinschaft gemäß zu leiten. Im übrigen scheint es mir, daß über gewisse Dinge, namentlich solche, die weniger die Leidenschaft der Menge erregen, daß ferner zu ruhigen Zeiten und daß endlich in allmählicher Weise sich leichter eine richtige öffentliche Meinung bilden wird. So wirkt auf dem Gebiet des Anstands, des Geschmacks

Ausführungen daselbst über die öffentliche Meinung interessieren weniger in sachlicher Hinsicht als um des Autors willen.

[1]) Vgl. v. Wick Über Ehrenstrafen und Ehrenfolgen der Verbrechen und Strafen (1853) 2 mit weiteren Zitaten.

[2]) Für die Sozialpsychologie Broenner 37: Die Gleichförmigkeit des Handelns sei größer bei der organisierten Masse, weil zu der gewöhnlichen Bedingung der Wechselwirkung noch der Einfluß der Organisation trete. Auf „Gleichförmigkeit“ der Einzelhandlungen beruht nach Broenner die Volkspsyche.

und der guten Sitten die öffentliche Meinung segensreich, ja sogar befruchtend, wenn nicht schöpferisch, und es ist vielleicht eine dankbare Aufgabe, von diesem Gesichtspunkt aus das Gegenstück des Rechts, die Sitte (die Konventionalregeln), als einen Unterbegriff der öffentlichen Meinung zu behandeln.

Meist anders steht es mit dem Wert der öffentlichen Meinung auf dem Gebiet der Politik und der Kunst. Namentlich in aktuellen Tagesfragen. Dort blitzt das Urteil der Menge wie ein Feuerstrahl auf, im Winde hin- und herschwankend, um im Augenblick wieder zu erlöschen. In Dingen aber, die die Phantasie der Menge nicht erhitzen, bewegen sich die Führer gern in Extremen, weil sie nur so wirken können; was der Menge vorgesetzt wird und was ihr gefällt, ist dann übertrieben und verfälscht. Und werden nicht auch die Führer der Masse — Zeitungspolitiker wie Theaterrezensenten — selbst und noch dazu mitunter käuflich gewonnen, um erst ihrerseits die Menge zu gewinnen? Und gibt nicht auch manchmal — im Parlament wie im Konzertsaal — die entscheidende Wendung allein die stärkere Lunge oder die kräftigere Hand? So entstehen oft Meinungen, die durch die Presse — diese „erste Großmacht als Macherin der öffentlichen Meinung“ [1]) — hinauswandern in die Welt, sich ausgebend als das Urteil einer Stadt, eines Landes, eines Volkes.

Und nun unsere Wissenschaft, in der man sich so gern auf die „herrschende Meinung“ beruft. Für Effekthascherei ist natürlich hier weit weniger Raum als in Politik und Kunst. Aber es kann doch nicht geleugnet werden: die herrschende Meinung ist nicht immer die allgemeine Meinung, geschweige denn die richtige Meinung. Freilich beruft man sich nicht zu Unrecht auf historisch bewährte Ansichten; doch die richtige Erkenntnis dringt oft erst nach Jahrhunderten durch. So lange darf uns aber die öffentliche Meinung nicht zum Narren haben.

Um zu unserem Ausgangspunkt zurückzukehren: In Sachen der Ehre ist das Objekt der Wertung ein sehr hohes, es ist nicht eine einzelne Leistung, sondern der Mensch als solcher; er als Ganzes wird von den Mitmenschen bewertet und ist ihrem Lob wie ihrem Tadel auf Gnade und Ungnade ausgeliefert. Sollte da

[1]) Schaeffle 1 201.

nicht doppelt sorgfältig die öffentliche Meinung, diese Meinung der Führer einer Gemeinschaft, auf ihre Richtigkeit nachgeprüft werden?

5. Ehrbewußtsein und Ehrgefühl.

I. Unter Ehrbewußtsein ist das Bewußtsein des Menschen von seiner Ehre zu verstehen, wobei sowohl das Wissen wie die Ehre die verschiedensten Bedeutungen und Nuancierungen annehmen können.

Das Bewußtsein kann sich auf das bloße Wissen von der Ehre beschränken, oder es kann einen weiteren Inhalt erhalten, wie wir ihn bei der Besprechung des subjektiven Moments im Ehrbegriff (Abschn. I Kap. 4) als möglich bezeichneten: das Wollen der Geltung vor sich selbst oder vor anderen — das bedeutet m. E. Ehrgefühl [1]) —, die Billigung der Wertung oder das Interesse an der Wertung überhaupt. Die Ehre dagegen kann die wirkliche Ehre, die Verkehrsehre oder der Ruf sein.

So entstehen die verschiedensten Varianten. Nach unserer oben entwickelten Ansicht ist in der wirklichen Ehre das Interesse an der verdienten Geltung bereits enthalten, scheidet es aber aus der Verkehrsehre aus, und später werden wir dartun, daß die Rechtswidrigkeit der Beleidigung in der Verletzung des Interesses besteht, gemäß seiner Verkehrsehre behandelt zu werden.

II. Hier wollen wir nur zu den Schriftstellern Stellung nehmen, die das Ehrbewußtsein oder das Ehrgefühl in einer der oben bezeichneten Bedeutungen — in welcher, bleibt nicht selten verborgen — als das oder als ein Schutzobjekt der Beleidigung ansehen [2]).

[1]) Ähnlich Frank vor § 185 I: Das Ehrgefühl sei der Wille, der auf die Erhaltung des Wertes oder Rufes halte, und Kattenbusch 55: wir wollen kraft des Ehrgefühls wirklich etwas gelten; dagegen sind die übrigen Erklärungen durch Kattenbusch nicht treffend („wir sprechen mit in Hinsicht dessen, was wir gelten", „wir sind abhängig von dem Maßstab der Kreise, denen wir angehören"). Nach Wahlberg, Ehrenfolgen (1864) 35 ist Ehrgefühl das Streben nach persönlicher Geltung im Urteil anderer, nach Jos. Kraus 7 das Wertbewußtsein und die Scheu vor dessen Beeinträchtigung durch das öffentliche Urteil. Näheres über das Ehrgefühl bei E. v. Hartmann 329 ff. und bei Jodl Psychologie **2** (1903) 335. Vgl. auch Schaible-Spohn 10.

[2]) Frank mit der oben angegebenen Definition; Liepmann 228; Stooß § 110;

In erster Linie ließe sich gegen jene Ansichten derselbe Einwand erheben, den wir im 3. Kapitel dieses Abschnitts gegen die herrschende Meinung geltend machten; denn wenn schon Dritte über den Wert des einzelnen sich irren können, so ist ein Irrtum des Ehrenträgers über seinen Wert oder über das Urteil anderer noch viel leichter möglich und ist daher das Ehrgefühl um so weniger schutzwürdig. Aber diesem Einwand [1]) wird von jenen Schriftstellern zum Teil selbst begegnet. So legt Frank mit Recht Gewicht darauf, daß nicht ein in der Einbildung jemandes bestehender, sondern nur ein objektiver Wert geschützt werde.

In Frage könnte aber das Bewußtsein nur von der wirklichen Ehre oder der Verkehrsehre kommen; denn wenn schon der Ruf selbst nicht schutzwürdig ist, so kann es auch der in das Bewußtsein des Ehrenträgers reflektierte Ruf nicht sein, womit die Liepmannsche Grundauffassung hinfällig wird [2]). Und doch wird das subjektive Moment, sei es Ehrbewußtsein, sei es Ehrgefühl oder Gefühl schlechthin, von jenen Schriftstellern in der Hauptsache gerade als Aushilfe benutzt, um die von uns im 3. Kapitel dieses Abschnittes erwähnten Fälle, in denen der Ruf nicht verletzt

---

Heß Ehre 20 und ähnlich schon Stahl **2** 261; anscheinend auch Hälschner **2** 159; ferner aber auch die S. 33 Anm. 1 zitierten Schriftsteller, die das Gefühl als das Angriffsobjekt bezeichnen. Die gewundenen Ausführungen v. Bars 95 zeigen, daß dieser Schriftsteller im Grunde neben dem Gefühl auch den Ruf („das Spiegelbild der Persönlichkeit in der Auffassung Dritter") als Schutzobjekt betrachtet.

[1]) Von Binding Lehrb. 138 zu Unrecht erhoben.

[2]) Den umgekehrten Weg wie Liepmann nimmt Bluntschli **1** 560; er geht von der Ehre als „Selbstgefühl der Person" aus, erst in zweiter Linie werde die Ehre in der Anerkennung des Wertes durch andere offenbar. Bezeichnend ist, daß auch in den militärwissenschaftlichen Definitionen der Ehre entsprechend dem gesteigerten Selbstgefühl des Soldaten das Bewußtsein der eignen Würde an erster Stelle genannt wird. Vgl. Militärhandwörterb. a. a. O. und Handwörterb. der gesamten Kriegswissensch. a. a. O. Denselben Standpunkt nimmt mit Rücksicht auf ihr ethisches Individualinteresse die Theologie ein. Vgl. Handwörterb., Die Religion in Geschichte und Gegenwart a. a. O. Die soziologisch orientierten sowie juristischen Werke schlagen lieber den anderen Weg ein. Jede Einzelwissenschaft richtet sich begreiflicherweise nach ihren eigenen Interessen; um so notwendiger war es, einzig und allein der grundlegenden Wissenschaft zu folgen, d. i. der Wissenschaft, deren Interesse gerade darin besteht, den Einzelwissenschaften methodisch den Weg zu ebnen.

oder gefährdet wird, als Beleidigung erklären zu können. Aber selbst als Aushilfsmittel ist es nicht geeignet.

Die Ansicht läuft auf die seltsamerweise von Liepmann [1]) selbst abgelehnte und widerlegte v. Barsche Theorie von der Leidzufügung hinaus. Alle gegen diese erhobenen Einwendungen treffen auch hier zu. Überempfindliche müßten geschützt, übermäßig Bescheidene oder Abgestumpfte schutzlos gelassen werden, was sicher nicht dem Standpunkt des Rechts, das mit Durchschnittsnaturen rechnet, entsprechen kann.

Konsequent durchgeführt müßte diese Meinung ferner dahin gelangen, zur Beleidigung eine wirkliche Verletzung des Ehrbewußtseins oder Ehrgefühls zu fordern, so daß die Beleidigung erst mit der Kenntnis des Verletzten vollendet wäre, was die herrschende Meinung mit Recht ablehnt.

Die genannte Konsequenz wird nun von den Vertretern der hier besprochenen Ansicht nicht gezogen und zwar zufolge ihrer Auffassung der Beleidigung als eines Gefährdungsdeliktes. Die Äußerung soll nur objektiv geeignet sein, das Ehrbewußtsein oder Ehrgefühl zu verletzen. Nach Liepmanns [2]) näherer Erklärung soll dies dann vorliegen, wenn die Äußerung rufgefährdend ist. Nach ihm hat also der Angriff gegen das Ehrgefühl, das doch anfangs als Angriffsobjekt auftritt, keine besondere Bedeutung und läuft auf Rufgefährdung hinaus. Er ist gewissermaßen nur eine Umschreibung für diese. So definiert auch Frank, der neben der tatsächlichen sozialen Geltung auch das Ehrgefühl oder Ehrbewußtsein als Angriffsobjekte, und zwar speziell für § 185, nennt, die Beleidigung des § 185 als Handlung, die geeignet ist, den Eindruck einer ungerechtfertigten Mißachtung einer Person hervorzurufen, und bezeichnet die Mißachtung dann als ungerechtfertigt, wenn sie im Widerspruche zu dem dieser Person zukommenden sozialen Wert (!) steht [3]). So verflüchtigt sich auch bei Frank das Angriffsobjekt des Ehrgefühls und des Ehrbewußtseins in das des sozialen Wertes, der freilich auch bei diesem Schriftsteller nicht über den Ruf hinausgelangt.

---

[1]) 242

[2]) 232, 265.

[3]) Zu § 185 I.

Endlich gibt es Beleidigungsfälle, z. B. vertrauliche Kundgebungen hinter dem Rücken des Beleidigten, wo eine Rufgefährdung wie auch eine Verletzung des Ehrbewußtseins oder des Ehrgefühls ausgeschlossen ist. Daß derartige versteckte Verletzungen nicht straflos ausgehen, auch wenn der Täter erst später von ihnen Kenntnis erlangt, dürfte dem allgemeinen Rechtsempfinden [1]) entsprechen. Zur Not ließen sich diese Fälle nach der hier abgelehnten Meinung von der bloßen Gefährdungsnatur der Beleidigung befriedigend erklären.

Anhang [2]). Die Ehre der Kinder, Geisteskranken, Kollektivpersonen, Verstorbenen.

I. Während den Kindern und Geisteskranken von der einen (herrschenden) Meinung mit den verschiedensten Begründungen und nicht immer im Einklang mit dem eigenen Ehrbegriff [3]) Ehre zuerkannt, von einer anderen dagegen völlig abgesprochen wird [4]), nehmen noch andere [5]) eine u. E. zutreffende Mittelstellung ein, die weniger ihrem [6]) als unserem Ehrbegriffe entspricht. U. E. kommt den genannten Personen Ehre erst dann zu, wenn sie soziale Pflichten haben und diese als solche erkennen. Denn erst unter diesen Voraussetzungen können die Merkmale unseres Ehrbegriffs, Pflichterfüllung, Tauglichkeit dazu, die erforderliche Gesinnung und das Interesse an der Bewertung durch die übrigen Glieder der Gemeinschaft, in Frage kommen.

Daher können Schulkinder sehr wohl Ehre besitzen. Andrerseits geht es nicht an, bei einem dreijährigen Kinde von Ehre deswegen zu sprechen, weil es gewisse Pflichten, etwa seinen Ge-

---

[1]) Ebenso VE. Begr. 2 705.

[2]) Die anhangsweisen Ausführungen wollen diese ein ganz anderes Interesse erweckenden Spezialprobleme selbstverständlich nicht erschöpfen, sondern lediglich die Beziehungen zu unserem Ehrbegriff klarlegen und dessen Brauchbarkeit auch für diese Sonderfragen dartun.

[3]) Dies gilt namentlich von Kohler 140 gegen 9.

[4]) S. die Literaturnachweise bei v. Liszt 344 Anm. 6.

[5]) v. Liszt a. a. O.; Frank vor § 185 II; Liepmann 334 ff.

[6]) Kinder wie Geisteskranke können sehr wohl einen guten Ruf bei anderen genießen und ausgeprägtes Ehrgefühl besitzen, auch wenn sie soziale Pflichten nicht haben.

schwistern gegenüber, besitzt und erkennt; letzteres geschieht wohl mehr instinktiv. Und anders liegt es oft nicht im Falle schwerer Geisteskrankheit. Auch hier wird Ehre zu versagen sein. Es muß daher in beiden Fällen gefordert werden, daß die Pflichten von den genannten Personen gerade als Pflichten der Gemeinschaft erkannt werden und daß die Möglichkeit ihrer bewußten Erfüllung besteht. Diese Voraussetzungen gelten auch für die Verkehrsehre; denn nur, wenn sie gegeben sind, können die für die Verkehrsehre im besonderen Falle zu unterstellenden Momente (die Befähigung zur Pflichterfüllung, die erforderliche Gesinnung und das Interesse an dem sozialen Werturteil) in Betracht kommen [1]).

II. Aus unserer Grundanschauung ergibt sich ferner, daß auch Kollektivpersonen beleidigt werden können [2]), was seltsamerweise oft von solchen Schriftstellern bestritten wird, die unter Ehre die tatsächliche soziale Geltung verstehen. Allerdings besitzen Kollektivpersonen wirkliche Ehre in unserem Sinne um deswillen nicht, weil das subjektive Moment der zur Pflichterfüllung erforderlichen Gesinnung nur dem Menschen eignet; aber die Verkehrsehre ist, wie wir sahen (S. 23), geradezu eine Ehre der Gemeinschaft selbst. An sich wären passiv beleidigungsfähig nicht nur die juristischen Personen [3]) und sonstige rechtlich gleichgestellten Gebilde, wie die offene Handelsgesellschaft [4]), sondern auch jede andere — durch die Gleichheit oder Ähnlichkeit der Zweckbestrebungen und deren Bewertung zusammengehaltene — Gemeinschaft, die eine Ehre herausgebildet hat, also auch z. B. die hanseatischen Kaufleute, die preußischen Offiziere, die

---

[1]) Über das Moment der Interessenverletzung bei der Beleidigung von Kindern und Geisteskranken vgl. unten Teil II, Abschn. 1, Kap. 4 II.

[2]) So insbesondere Kohler, Frank, Hammeley. Dagegen insbesondere Binding und Finger. Literaturnachweise bei Frank vor § 185 II 4. Loewe StPO 14. Aufl. 1914 § 414 no. 6 weist treffend darauf hin, daß die Verfasser der StPO offenbar den Standpunkt von Kohler und Frank geteilt haben, wie der Wortlaut des § 414 Abs. 3 zeige.

[3]) So schon Ahrens Naturrecht **2** 39.

[4]) Nicht aber die Behörde als solche. Die sog. Amtsehre ist unabhängig von Pflichtverletzung der Beamten, sie ist daher nicht die gegen Beleidigungen geschützte Ehre.

Familie Y. Dagegen entfällt die Möglichkeit einer Beleidigung, wenn die Gemeinschaft nicht organisiert ist; denn nur ihre Organe könnten in Frage kommen als die Träger des — für jede Beleidigung vorausgesetzten — Rechtsanspruchs auf Behandlung der Kollektivperson gemäß ihrer Verkehrsehre sowie des gleichfalls erforderlichen Interesses an dieser Behandlung (näheres II. Teil I. Abschn. Kap. 3 und 4); nur sie könnten in diesem Interesse wirklich verletzt sein [1]). Daher dürften im Ergebnis nur die juristischen Personen und die gleichgestellten Gebilde passiv beleidigungsfähig sein [2]). Auch unser geltendes Recht bestimmt nichts anderes [3]).

III. Die heutzutage mit Recht fast allseitig angenommene Beleidigungsunfähigkeit Verstorbener ergibt sich nicht notwendig für die herrschende Meinung, die den Ruf als das Angriffsobjekt der Beleidigung bezeichnet; denn die Rufgefährdung Verstorbener ist sehr leicht möglich [4]). Dagegen folgt zwanglos aus unserer Grundanschauung, daß wirkliche Ehre (Tauglichkeit und Gesinnung zur Pflichterfüllung!) und Verkehrsehre (Maßstab für die gegenseitige Behandlung!) die Verstorbenen nicht mehr besitzen können, daß dagegen die Verkehrsehre der Familie angreifbar und schutzwürdig ist. Sie allein ist u. E. das in § 189 geschützte Rechtsgut [5]). Ob daneben auch das Pietätsgefühl schutzwürdig ist und geschützt wird, ist eine mit der Ehre in keiner Beziehung stehende Frage.

---

[1]) Etwas anderes ist es natürlich, wenn die genannten Personen sämtlich einzeln in ihren Interessen verletzt werden. Dann kommt gar keine Beleidigung einer Kollektivperson in Frage. Hier spielt das Auslegungsproblem hinein.

[2]) Die gern im Zusammenhang mit diesem Problem behandelte Frage nach der Möglichkeit einer Beleidigung unter einer Kollektivbezeichnung gehört an eine ganz andere Stelle des Systems der Beleidigung. Vgl. II. Teil 2. Abschn. Kap. 4 Nr. 3.

[3]) A. M. v. Liszt 344, RG **3** 246. Dagegen Frank a. a. O.

[4]) So in der Tat Liepmann 340.

[5]) Vgl. v. Liszt § 95^{II}, Rosenfeld Nebenklage 103.

II. Teil.

Der Begriff der Beleidigung.

I. Abschnitt.

Die Richtung des Angriffs.

1. Die Beleidigung als Gefährdungsdelikt.

I. Man definiert die Beleidigung oft als den Ausdruck der Mißachtung jemandes, ohne dabei diese Definition zu dem Begriffe der Ehre, den man sich vorher klarzumachen bemüht hat, in irgendwelche Beziehungen zu setzen [1]). Daß eine solche Auffassung nicht genügt oder daß von ihrem Standpunkte der Begriff der Ehre unbrauchbar oder überflüssig ist, leuchtet ein.

Die Schriftsteller, die unter Ehre nur den Ruf, die tatsächliche soziale Geltung, verstehen, neigen dazu, in jeder Beleidigung eine Rufgefährdung zu sehen. Die Formulierung des § 186 bringt dann nur den Gedanken des § 185 zum Ausdruck. Auch diese Auffassung ist unzureichend. Es würde dann eine Reihe von Fällen straflos bleiben, über die oben bereits bei Zurückweisung der Ansicht, die Ruf und Ehre gleichstellt, gesprochen ist.

Man kann nun, wie bereits angedeutet, die Rufgefährdung auch abstrakt verstehen. Man sieht von den konkreten Umständen ab und hofft durch die Fragestellung, ob die Äußerung generell, unter normalen Umständen, geeignet ist, den Ruf zu gefährden, die oben genannten unbefriedigenden Konsequenzen zu vermeiden. So erklärt Kohler [2]) die Beleidigung ausdrücklich als generelles Gefährdungsdelikt. Auch Liepmann [3]) steht im Grunde auf einem ähnlichen Standpunkt. Er will, wie er sagt, die konkrete Sachlage „objektivieren". Dies Objektivieren kann aber nur ein (wenigstens teilweises) Absehen von den konkreten Umständen bedeuten. Objektivieren (generalisieren) und konkret sind ja streng genommen Gegensätze. Und doch kommt es gerade bei der Beleidigung in weitgehendem Maße auf die konkreten

[1]) Dies erkennt Kern S. 27 selbst an; er meint aber, mißachtet sei die Ehre. Vgl. neuerdings Givanovitch S. 198.

[2]) 1, 10. [3]) 232 u. a.

„Umstände" an, wie ein Blick auf die §§ 192, 193 zeigt. Objektivieren könnte u. E. nur soviel bedeuten wie objektiv (nach einem objektiven Gesichtspunkt und nicht nach dem Willen des Täters) auslegen. Nun will aber Liepmann, wie es scheint, nicht nur objektiv auslegen, sondern auch konkrete Gesichtspunkte für die Auslegung ausscheiden, in diesem Sinne also generalisieren. Er will z. B. ausscheiden, daß der Angegriffene viel zu geachtet, der Täter viel zu minderwertig ist, so daß eine Rufgefährdung gar nicht in Frage käme; andrerseits soll aber wieder berücksichtigt werden, daß durch unflätige Ausdrücke nicht ein Mann, sondern eine Frau, und offenbar doch nur eine solche aus besseren Kreisen, angegriffen ist [1]). Weshalb soll nicht auch dieser konkrete Umstand ausgeschieden werden? Wieweit zu generalisieren ist, läßt sich aus den Liepmannschen Ausführungen gar nicht erkennen. So ist in Wahrheit auch für Liepmann die Beleidigung, wenigstens bis zu einem gewissen Grade, ein abstraktes Gefährdungsdelikt. Dies ist um so mehr der Hervorhebung wert, als Liepmann [2]) für die Beleidigung letzten Endes das Charakteristikum in der Rufgefährdung erblickt, auch soweit sie gegen das zweite von Liepmann aufgestellte Angriffsobjekt, das Ehrgefühl, gerichtet ist.

Nicht fern dieser Auffassung stehen diejenigen Schriftsteller [3]), die die Beleidigung als eine Äußerung bestimmen, „die geeignet sei", irgendeinen näher beschriebenen Erfolg herbeizuführen, etwa den Ruf zu verletzen oder das Ehrgefühl zu kränken. Tatsächliche Verletzung des Ehrgefühls wird ja — inkonsequent — nicht verlangt. Diese Schriftsteller müssen, was nicht immer deutlich wird, die Beleidigung ebenfalls als Gefährdungsdelikt, sei es als abstraktes oder als konkretes, auffassen.

II. Daß die Auffassung der Beleidigung als konkreter Rufgefährdung nicht befriedigt, war bereits gezeigt. Nun bestehen aber auch erhebliche Bedenken, wenn man sie als abstraktes Gefährdungsvergehen, sei es als Rufgefährdung allein oder auch

---

[1]) 268. [2]) 265.

[3]) Frank § 185 I, Hammeley 10; Kronecker 490/1; Eisler 84; zum Teil Meyer-Allfeld 428 (für die Fälle, wo der Täter nicht seine eigene Mißachtung zum Ausdruck bringt).

als Gefährdung des Ehrbewußtseins oder Ehrgefühls, ansehen will. Die Mehrzahl der Schriftsteller steht wohl auch auf dem gegenteiligen Standpunkt, ohne allerdings den stichhaltigsten Gesichtspunkt hervorzukehren. Wenn Olshausen [1]) nur erklärt, die Ehre, nach seiner Ansicht also die tatsächliche soziale Geltung, würde durch die Beleidigung nicht bloß gefährdet, sondern auch verletzt, so bleibt er uns die Antwort darauf schuldig, welcher Art die Verletzung sein soll. Da der Ruf nicht notwendig durch die Beleidigung geschmälert wird, kann von Olshausen nur die Richtung des Angriffs gemeint sein. Dann bedarf es aber der Untersuchung, wie sich dabei die Ehre verhält, welche logische Beziehung zur Ehre hergestellt wird durch den Angriff, der zu keiner Substanzverletzung oder -gefährdung führt, und da wird es sich dann später zeigen, daß etwas ganz anderes als die Ehre angegriffen wird. — Nicht durchgreifend ist auch der vielfach erhobene Einwand, die Beleidigung erleide dadurch, daß sie zum Gefährdungsdelikt herabgewürdigt werde, an Strafwürdigkeit Einbuße; es gibt wahrlich Gefährdungsdelikte strafwürdigster Natur.

Entscheidend dürfte aber folgendes sein. Die Auffassung der Beleidigung als eines generellen Gefährdungsdelikts ermöglicht zwar einerseits, die strafwürdigen Fälle mit Hilfe der objektiven Auslegung als Beleidigung zu erklären; umgekehrt aber ist das Gebiet, das sie überspannt, gar nicht zu übersehen. Generell geeignet, den Ruf eines anderen zu verletzten, ist eine übergroße Anzahl von Kundgebungen, ohne damit Beleidigung zu sein. Die bloße Tauglichkeit zur Rufgefährdung kommt manchen Sittlichkeitsdelikten, manchen Wettbewerbsdelikten zu, von Fällen der Körperverletzung und des Hausfriedensbruchs gar nicht zu reden. Wollen die Gegner das Gebiet der Beleidigung einigermaßen sicher umgrenzen, so bleibt ihnen nichts übrig, als die Beleidigung mit v. Bar zu einem — anderen Delikten gegenüber — subsidiären Delikt zu stempeln. Die Eigenart der Beleidigung wird dann aber nicht wiedergegeben; es fehlt eben die Aufdeckung der unmittelbaren Beziehung zur Ehre. Niemandem

[1]) § 185 Nr. 3.

5*

wird doch einfallen, die Körperverletzung als Gefährdung des Lebens zu definieren und dann näher dahin zu erklären, daß zwar nicht dieser eine Schlag das Leben vernichte, aber mehrere solcher Art, ein Schlag also das Leben gefährde, eine Begründung, die der Kohlerschen Auffassung, nach der nicht ein Wort, sondern mehrere die Ehre verletzen, also ein Wort sie gefährde, durchaus entsprechen würde.

III. Die Ehre wird nun aber substantiell weder verletzt noch auch nur gefährdet. Von Ehrverletzung kann nur in sehr übertragenem Sinne gesprochen werden. Die rechtlich geschützte Ehre gibt nur — und das ist das Entscheidende — den Maßstab [1]) an, gemäß dem der Ehrenträger von anderen behandelt werden soll. So gelangten wir ja zu dem Begriff der Verkehrsehre.

Diejenigen, die die Art des Angriffs in der Gefährdung erblicken, übersehen aber die Bedeutung der Ehre als eines bloßen Maßstabes für die Behandlung anderer Menschen. Und dies ist von großer Bedeutung. Eine Reihe von Fällen, die wir später zu einer besonderen Kategorie, der Ehrzuwiderhandlung, zusammenfassen werden, kann von dieser Meinung als Rufgefährdung überhaupt nicht erklärt werden, wohl aber hätte jene Ansicht, wenn sie durchaus an ihrer Auffassung der Ehre als Ruf festhalten will, die Fälle als „Behandlung zuwider dem Rufe" einigermaßen befriedigend auslegen können.

2. Die Beleidigung als Zustandsverletzung.

Nach einigen Schriftstellern wird durch die Beleidigung der gegenwärtige, durch die Ehre charakterisierte Zustand verletzt. So definiert Merkel [2]) die Ehre in zweiter Linie geradezu als einen derartigen Zustand, und ähnlich wird von Meyer-Allfeld [3]) als Gegenstand der Verletzung der tatsächliche Zustand bezeichnet, wonach einer Person von keiner Seite die Anerkennung ihrer Ehre versagt wird.

[1]) So ausdrücklich Binding 135; Finger 161 ff.; Delaquis 164; Bleeck 38.

[2]) 287; ebenso Oppenheim Objekte des Verbrechens 260; v. Gemmingen-Fürfeld 40; Bickert 13.

[3]) 421; ähnlich Meyer 5. Aufl. 514.

Den Zustand selbst als Ehre zu bezeichnen, geht wohl zu weit; jedenfalls ist die Ansicht, daß durch die Beleidigung dieser Zustand verletzt werde, zwar nicht angreifbar, bringt uns aber in der Erkenntnis des Wesens des Delikts nicht weiter. Besonders die Ansicht Meyer-Allfelds grenzt an die Selbstverständlichkeit, daß durch die Beleidigung der tatsächliche Zustand verletzt wird, wonach die Person von keiner Seite beleidigt, nämlich ihr die Anerkennung ihrer Ehre versagt wird. Die Verletzung eines Zustands bringt natürlich in gewissem Sinne jedes Verbrechen mit sich. Man definiert doch nicht die Körperverletzung als Verletzung des tatsächlichen Zustands, wonach jemandem von keiner Seite die Nichtverletzung des Körpers versagt wird. Dergleichen Veränderungen in dem Zustande enthält das Verbrechen in seiner Eigenschaft als „Handlung". Und interessant ist es, zu beobachten, wie manche Schriftsteller bei dem Suchen nach dem wahren Angriffsobjekt von dem eigentlichen Tatbestande abschweifen. Wie Allfeld bei einem hier gar nicht interessierenden Begriffsmerkmal des Verbrechens, der Handlung, anlangt, so gerät, wie wir später sehen werden, eine andere Anschauung auf das Gebiet der Rechtswidrigkeit und verfehlt auch hier das tatbestandliche Angriffsobjekt.

3. Die Beleidigung als Anspruchsverletzung.

Wir sahen, daß demjenigen, der die für seine soziale Bewertung erheblichen Pflichten erfüllt hat, Ehre zugesprochen wird. Hiermit ist ihm ein Anspruch darauf eingeräumt, seiner Ehre (Verkehrsehre) gemäß behandelt zu werden. Dieser Anspruch ist das tatbestandliche Angriffsobjekt der Beleidigung.

So wird von vielen Schriftstellern [1]) schlechthin der „Achtungsanspruch" als Angriffsobjekt bezeichnet. Dies ist im ganzen zutreffend; nur ist das Wort Achtung besser zu vermeiden. Es erinnert an die von uns abgelehnte Meinung, die das Angriffsobjekt

[1]) Köstlin Abhdlgn. 15; Schütze 354; Dochow 337; v. Bülow GerS **46** 269; Binding 135, 141; Loening 108; Doehn Z **21** 501; Frank vor § 185 I Abs. 3; van Calker DJZ (1902) 277; Hurwicz Z **31** 876; M. E. Mayer II 17. Ähnlich schon Stahl **2** 261.

in der tatsächlichen sozialen Geltung sieht. Außerdem wird der Unterschied zu dem in § 89 MStGB normierten besonderen Delikt der Achtungsverletzung verwischt. Der Unterschied läßt sich nach der Schwere der Verletzung nicht bestimmen [1]). Wo sollte denn die Grenze gezogen werden? [2]) Der Gegensatz besteht vielmehr darin, daß dort die Beziehung zur Ehre [3]), und zwar zur Pflichterfüllung und dem Grade einer etwaigen Pflichtverletzung, fehlt. Gemeinsam ist ihnen ja die Beziehung zum Pflichtenkreise; denn je höher die Pflichten und die sich aus ihnen ergebende soziale Stellung, desto größer sowohl die Achtung wie die Ehre. Dagegen begeht eine Achtungsverletzung, aber nicht notwendig eine Beleidigung auch der Untergebene, der dem Vorgesetzten eine Pflichtverletzung wahrheitsgemäß vorwirft.

Wie das Wort Achtung wird auch der Ausdruck Anerkennung besser vermieden. Dieser verleitet zu der Annahme, als würde verlangt, daß der einzelne den Verkehrswert des anderen als berechtigt ansehe [4]). Die Rechtsordnung hat aber nur ein Interesse an dem äußeren legalen Verhalten.

Der Anspruch kann nur auf Behandlung gemäß der Ehre (Verkehrsehre) gerichtet sein. Danach läßt sich die Beleidigung auch definieren als Verletzung des Anspruchs eines anderen, seinem sozialen Werte gemäß behandelt zu werden [5]). Zwecks scharfer Abgrenzung der Beleidigung von anderen Delikten wird aber besser zum Ausdruck gebracht, wodurch die Verletzung des Anspruchs speziell bei der Beleidigung erfolgt; das ist die später zu charakterisierende „Kundgebung". Dann kann zugleich zur Vereinfachung der Definition die beinahe selbstverständliche Be-

---

[1]) a. M. anscheinend v. Koppmann-Weigel § 91 Nr. 3; auch Herz-Ernst 115 und M. E. Mayer 22 Anm. 1. Beachte den Gegensatz von Achtung und Hochachtung, Ehre und Ehrung oben S. 40.

[2]) Vgl. Kern 43. [3]) So RMG **8** 216. Vgl. oben S. 37 Note 3.

[4]) Andere Auffassung bei Kronecker GerS **38** 484.

[5]) Der Ausdruck „Behandlung" eines Menschen findet sich im MStGB § 121. Dort wird ausdrücklich „Beleidigung" und „vorschriftswidrige Behandlung" nebeneinander gestellt. Der Unterschied besteht nur in dem Maßstab der Behandlung; bei der Beleidigung ist er die Ehre, bei der vorschriftswidrigen Behandlung nicht nur die ausdrücklichen Vorschriften, sondern auch allgemein die Zwecke des militärischen Dienstes (RMG **1** 167).

zeichnung des Angriffsobjektes fortfallen und abschließend gesagt werden: Beleidigung ist tatbestandlich eine Kundgebung, die darauf gerichtet ist, einen anderen geringer, als es seiner Ehre entspricht, zu behandeln.

Hebt sich nach dieser Auffassung die Beleidigung genügend scharf von anderen, insbesondere den gegen die Person gerichteten Delikten ab? Gibt die Auffassung auch wirklich das Wesen der Beleidigung wieder? Allerdings kann man einwenden: wer eine Körperverletzung, wer ein Sittlichkeitsdelikt begeht, behandelt den anderen doch auch nicht gemäß seinem sozialen Wert. Zu erwidern ist: die Beleidigung betrifft gerade ausschließlich diese geringwertige Behandlung durch eine auf sie gerichtete Kundgebung; sie ist eine Kundgebung, die unmittelbar die geringere Bewertung zu erkennen gibt. Der Beleidiger braucht die geringere Bewertung zwar nicht notwendig beabsichtigt zu haben, die Kundgebung muß jedoch ihrer Tendenz nach hierauf ausgehen [1]. Diese Tendenz haben dagegen jene anderen Delikte nicht. Will man etwa, was doch gezwungen erscheint, in ihnen auch irgendeine „Kundgebung" erblicken, so kann dies nur eine solche Kundgebung sein, der die bloße Eigenschaft zukommt, eine geringwertige Behandlung auszudrücken. Daher befriedigte ja nicht die Erklärung der Beleidigung durch Frank und Kohler, die eine Tauglichkeit, ein Geeignetsein für ausreichend halten. Bei jenen anderen Delikten braucht aber nicht notwendig der Maßstab der sozialen Wertung angelegt zu werden.

4. Die Beleidigung als Interessenverletzung.

I. Im vorigen Kapitel ist ein Anspruch als Verletzungsobjekt erkannt. Es kann sich noch um die weitere Frage handeln, ob dem Anspruche auch stets ein Interesse entsprechen muß, wobei das bekannte Problem berührt ist, wie sich allgemein das subjektive Recht zu dem Interesse verhält. Wir suchten an anderer Stelle [2] die eine Meinung, die das Interesse nur insofern für erheblich hält, als ein solches bei Erlaß des Gesetzes als regelmäßig vorhanden unterstellt wird, mit der anderen Meinung, daß die

---

[1]) code pénal art. 222: tendant.

[2]) Z **33** 796.

Begründung eines subjektiven Rechts jedesmal ein Interesse voraussetze, dadurch zu vereinigen, daß wir sagten, ein subjektives Recht könne zwar an sich auch ohne ein Interesse bestehen, es sei aber, da die Gesetze doch ihrem Sinne gemäß auszulegen seien, nur insoweit beachtlich, als ihm ein Interesse entspricht. Nun werden gerade für die Beleidigung von Schriftstellern, die prinzipiell auf streng formalistischem Standpunkte stehen, Ansichten vertreten, die unsere Meinung im Ergebnis bestätigen. Nur verlegen sie den Schwerpunkt zu sehr in den Tatbestand statt in die Rechtswidrigkeit der Beleidigung; doch tun dasselbe seltsamerweise auch diejenigen, die eine freiere Anschauung vertreten und einen Begriff der materiellen Rechtswidrigkeit anerkennen.

Wenn nämlich einerseits Binding [1]) das Angriffsobjekt der Beleidigung als „Achtungswürdigkeit, soweit sie Achtungsbedürftigkeit ist", definiert, so bedeutet Achtungsbedürftigkeit doch nichts anderes als das Interesse an der Achtung, und ähnlich bezeichnet er als Angriffsobjekt den Willen, der auf Achtung der Ehre hält [2]). Und wenn Binding [3]) darauf hinweist, daß hier in vollem Umfange der Satz gelte „volenti non fit iniuria", so hätte es besonders nahe gelegen, das Interesse an der Achtung, den Nichtverzicht auf den Achtungsanspruch als Voraussetzung der Rechtswidrigkeit zu bezeichnen, aber nicht in den Ehrbegriff zu verlegen. Durch die Einwilligung wird die Handlung eben eine erlaubte, wenn sie auch gegen fremde Ehre gerichtet ist.

Andrerseits bezeichnet v. Liszt Ehre in zweiter Linie geradezu als das Interesse des einzelnen, seiner Lebensführung gemäß ge-

---

[1]) Ehre 24, 32; Lehrb. 141.

[2]) Die Polemik Meyer-Allfelds 421 Anm. 12 gegen Binding, es sei beim Diebstahl doch nicht der Wille, daß unser Vermögen, bei der Körperverletzung doch nicht der Wille, daß die Unversehrtheit unseres Körpers respektiert werde, das verletzte Rechtsgut, trifft nicht zu. Die Parallele zu jenen Delikten ist nicht das Interesse an der Achtung („Respektierung") des Eigentums, des Körpers — die Achtung könnte doch nur der Beleidigung eigen sein —, sondern das Interesse an der Unversehrtheit dieser Objekte, und dieses wird in der Tat durch jene Delikte, wenn sie rechtswidrig sind, verletzt.

[3]) Lehrb. 142.

achtet zu werden [1]), eine Definition, die die Zustimmung des Reichsgerichts [2]) gefunden hat. Und schon ähnlich hatte Merkel [3]) das Angriffsobjekt als „das Rechtsgut der Ehre bzw. des vom Staate vorausgesetzten und von ihm geschützten Interesses an deren Wahrung" dargelegt [4]). Ob man das Interesse selbst noch Ehre nennen darf, erscheint bedenklich; Ehre läßt sich sprachlich wohl nur als Wert oder als Werturteil oder höchstens noch als Ergebnis des Werturteils (als ein „Gut" des Menschen) bezeichnen. Jedenfalls würde es auch der v. Lisztschen Grundanschauung von der Rechtswidrigkeit entsprechen, wenn das Interesse als Voraussetzung einer rechtswidrigen Beleidigung angesehen wird. Hiermit würde sich eine Parallele zu dem § 193 ergeben, der nach v. Liszt [5]) die Rechtswidrigkeit dann ausschließt, wenn die Beleidigung das angemessene Mittel zu einem anerkannten Zwecke, d. i. einem materiell berechtigten Interesse ist. Und nach dem Prinzip v. Liszts [6]) für die materielle Rechtswidrigkeit, der Interessenabwägung, würde das Interesse dann materiell berechtigt sein, wenn es höher steht als das Interesse des Verletzten an der Nichtbeleidigung. So würde auch nach v. Liszt das Schutzbedürfnis, die Achtungsbedürftigkeit des Verletzten, in die materielle Rechtswidrigkeit verlegt.

Nach alledem können wir sagen: Rechtswidrig ist die Beleidigung, wenn dem Tatbestand eine Interessenverletzung entspricht. Oder anders ausgedrückt [7]): die mit dem Tatbestande regelmäßig verbundene Rechtswidrigkeit entfällt, wenn keine Interessenverletzung vorhanden ist.

II. Daß ein Interesse im Einzelfalle vorliegt, wird sich im Prozeß meist ohne Schwierigkeit nachweisen lassen. Auch bei scheinbarer Gleichgültigkeit des Betroffenen gegenüber dem

---

[1]) § 95 II. [2]) GoltdA Bd. **38** 435 Anm. [3]) 287.

[4]) Vgl. auch Mirkoff 32: das Interesse (!) auf Anerkennung ... werde zum Rechtsgut erhoben. Ähnlich schon John Rechtslex. **1** 263.

[5]) § 95 IV. [6]) § 32 I (144).

[7]) Für unsere Zwecke ist sachlich bedeutungslos, wie man das Verhältnis von Tatbestand und Rechtswidrigkeit bestimmt, ob man beide als gleichberechtigte Voraussetzungen für ein Verbrechen ansieht oder ob man die Rechtswidrigkeit als Tatbestandsmerkmal (positiv oder negativ) bezeichnet. Über unsere Auffassung vom Tatbestand vgl. Z **36** 463—469.

sozialen Urteil wird man es in den weitaus meisten Fällen bei näherem Zusehen erkennen. Behauptet jemand, es interessiere ihn nicht, was andere über ihn denken, so wird er bald anderen Sinnes werden, wenn man ihm klar macht, daß nicht das Urteil eines willkürlichen Kreises seiner Umgebung, sondern das Urteil der Gemeinschaft, die über ihn zu urteilen berufen ist, daß sein vom Rechte anerkannter sozialer Wert in Frage steht. Sollte er aber wirklich völlige Stumpfheit an den Tag legen, sollte überhaupt kein Interesse, auch nicht das öffentliche Interesse verletzt sein, so ist schlechterdings nicht einzusehen, weshalb der Staat ein Interesse an Bestrafung einer an sich harmlosen Äußerung haben sollte.

Die Auffassung, daß die Verletzung des Interesses gerade in die Rechtswidrigkeit gehört, ermöglicht zugleich die Erklärung von Fällen, die in der Praxis meist Schwierigkeiten erheblicher Art verursacht haben. Ehrenträger und Verletzter brauchen nämlich keineswegs identisch zu sein [1]). Es kann auch das Interesse des gesetzlichen Vertreters des Ehrenträgers oder das Interesse des Staates (das öffentliche Interesse) verletzt sein.

So erklärt es sich, daß unzüchtige, in Gegenwart von Kindern oder Geisteskranken gebrauchte Ausdrücke und Handlungen, Fälle oft strafwürdigster Art, diese Personen beleidigen können, obwohl sie die beleidigende Bedeutung der Kundgebung gar nicht verstehen oder sie ignorieren oder sogar belachen. Man kann diese Fälle nicht schon befriedigend dadurch erklären, daß man die gesetzlichen Vertreter unmittelbar für beleidigt hält. Bei Beleidigung von Kindern wird sich zwar meist auch eine Beleidigung der Eltern feststellen lassen, wohl aber nicht so regelmäßig eine solche des Vormundes, einer dem Mündel oft völlig fernstehenden, ihm manchmal fast unbekannten Person, so daß bei gegenteiliger Auffassung die Waisen schlechter gestellt sein würden. Eine

---

[1]) Wohl derselben Ansicht Binding. Vgl. 142: „Der Wille, der auf die eigene oder die Ehre des gesetzlich Vertretenen hält, ist das wahre Angriffsobjekt der Beleidigung." Wir geben zu, daß die Ansicht nicht unbedenklich ist. Doch steht sie weder mit dem Grundgedanken des Rechts noch mit den Gesetzen im Widerspruch und ermöglicht eine befriedigende Lösung der im Text behandelten Streitfälle.

Verletzung des sich aus der Amtsstellung des Vormundes ergebenden Interesses, daß sein Pflegling seinem sozialen Werte gemäß behandelt werde, wird dagegen meist nachweisbar sein. Sollte aber wirklich der gesetzliche Vertreter nicht verletzt sein, so wäre immer verletzt das Interesse des Staates, das öffentliche Interesse an dem Unterbleiben derartiger unzüchtiger Handlungen gegenüber Personen, denen der Staat Ehre zuspricht. Demgegenüber kann m. E. die Erklärung Liepmanns [1]) nicht befriedigen, der Beleidigung dann annimmt, wenn das Kind oder der Idiot den Sinn der Äußerung verstehen kann, mögen sie diese auch in Wirklichkeit belachen, oder wenn ihr Ruf gefährdet wird; sonst käme nur eine mittelbare Beleidigung der Eltern oder sonstiger Angehöriger in Betracht. Diese Grenzen sind zu eng gezogen. Ein heranwachsendes Mädchen ist vielleicht noch gar nicht in der Lage, die unzüchtige Handlung zu verstehen, und ihr Ruf, wenn sie überhaupt einen solchen besitzt, wird sicherlich nicht dadurch gefährdet, daß die Handlung in ihrer Gegenwart vorgenommen wird; endlich wird ihr Vormund sich nicht immer selbst beleidigt fühlen. Und doch verdient sie Schutz. Liepmann [2]) hält übrigens selbst seine vermeintlich dem Gesetz entsprechende Ansicht für nicht befriedigend, mißbilligt aber andrerseits mit Recht die nicht durchschlagenden Gründe des Reichsgerichts, daß es auf die Verletzung des Willens überhaupt nicht ankäme [3]).

Vor allem kann man zwanglos von unserem Standpunkte aus die im geltenden Rechte (unstreitig wenigstens zum Teil) anerkannte Möglichkeit der Beleidigung von Kollektivpersonen erklären. Hier wird durch die Beleidigung das Interesse der Vorstandsmitglieder oder sonstiger gesetzlicher Vertreter an der Behandlung der Kollektivperson gemäß ihrer sozialen Stellung verletzt. Wer sollte denn Achtungsbedürftigkeit im Sinne Bindings, Interesse an der Achtung im Sinne v. Liszts anders haben als die Vertreter, also Personen, die doch von der beleidigten Kollektivpersönlichkeit völlig verschieden sind?

[1]) 335.

[2]) Vgl. besonders 336.

[3]) Vgl. RG **10** 373, **27** 366, **29** 398.

II. Abschnitt.

Die beleidigende Kundgebung und ihre Auslegung.

1. Die Vollendung der Beleidigung.

Unser Delikt ist, wie wir andeuteten, eine Kundgebung. Diese ist erfolgt, wenn ein Dritter die Beleidigung als solche verstanden hat. Dann gilt der Angegriffene als Mitglied der Gesellschaft verletzt, dann ist seine soziale Stellung angegriffen. Dies ergibt sich zwingend aus unserer Grundauffassung. Während nun die Gegner Vollendung der Beleidigung streng genommen annehmen müßten, wenn das Ehrbewußtsein oder das Ehrgefühl des Angegriffenen verletzt wird, er selbst also Kenntnis erlangt hat, oder wenn diejenigen, bei denen der Angegriffene in irgendwelchem Rufe steht, die Beleidigung erfahren haben, gelangen wir folgerichtig zu der herrschenden und mit gutem Rechte begründeten Auffassung: die Beleidigung ist vollendet, wenn irgend jemand die Kundgebung mit Wissen des Täters [1]) wahrgenommen und ihren beleidigenden Sinn verstanden hat [2]), mag der Täter die Beleidigung auch an eine andere Person haben richten wollen [3]). Dies liegt wohl in dem Worte „Kundgebung", das uns deswegen ganz treffend erscheint [4]).

[1]) Daher keine Beleidigung, wenn der Brief, den ich gar nicht absenden wollte, von einem Dritten erbrochen und gelesen wird. So Binding 146; a. M. RG **26** 205. Auch der belauschte Monolog ist hiernach keine Beleidigung.

[2]) Daher kann die Vollendung erst eintreten, längst nachdem die beleidigende Tätigkeit abgeschlossen ist, z. B. wenn der Wahrnehmende die Pointe erst später versteht. Ebenso Kohler 37; Binding 146.

[3]) Es kann daher Beleidigung sein, wenn der beleidigende Inhalt des zur Beförderung gegebenen Telegrammes oder des zum Drucke gegebenen Manuskriptes von dem Beamten oder von dem Setzer verstanden wird. So Olshausen § 185 Nr. 14 mit weiterer Literatur; a. M. Kohler 21. — Vgl. über ähnliche Fälle im einzelnen einerseits Kohler 22; andrerseits Binding 145/6 und Olshausen a. a. O., die gegen Kohler mit Recht den Vorwurf erheben, in der Anwendung zivilistischer Grundsätze zu weit zu gehen, so daß vollendete Beleidigung u. E. — A. M. Kohler — trotz gleichzeitiger Ankunft eines Widerrufs sehr wohl möglich ist.

[4]) Deswegen scheint mir, wenn man überhaupt eine Legaldefinition der Beleidigung geben will, die ausdrückliche Hervorhebung, daß die Erklärung zu jemandes Kenntnis gelangt sein müsse, nicht notwendig. A. M. Givanovitch 200. Vgl. unsere Vorschläge später.

Wenn Kohler [1]) von der herrschenden Meinung abweicht und ausführt, die an eine bestimmte Person gerichtete Beleidigung sei erst mit Kenntnis dieser Person vollendet, weil sonst eine Erklärung ohne Erfolg vorliege, so scheint zwar diese Begründung zu der Ansicht Kohlers, daß die Beleidigung nur Formalvergehen sei, nicht gut zu stimmen; doch enthält sie einen richtigen Kern: zur rechtswidrigen Beleidigung ist immer die Verletzung eines Interesses, das meist das des Beleidigten selbst sein wird, also Kenntnis des Beleidigten erforderlich. Im Widerspruch hiermit läßt Kohler aber wieder Vollendung der tätlichen Beleidigung eintreten, auch wenn weder vom Verletzten noch von einem Dritten der mißachtende Charakter verstanden wird, eine Auffassung, die sich wohl nur aus dem Bestreben erklären läßt, unzüchtige Handlungen vor Kindern oder Geisteskranken als Beleidigung zu begründen [2]). Vollendung tritt u. E. auch hier erst mit Kenntnisnahme durch irgend jemanden ein, und rechtswidrig ist die Beleidigung erst mit Verletzung eines Interesses. Letzteres wird sich auch in dem von Kohler [3]) erwähnten Falle der Vornahme einer unzüchtigen Handlung mit einem getäuschten Weibe dann leicht feststellen lassen, sobald die Täuschung erkannt wird; selbstverständlich braucht der Abschluß der Tätigkeit mit der Verletzung des Interesses nicht zeitlich zusammenzufallen.

Äußerungen, die im Familienkreise fallen, will Kohler [4]) nicht als Beleidigung ansehen, weil die Familie eine Erweiterung der eigenen Persönlichkeit sei und die Äußerung einem Monologe gleichstehe; dabei zeigt sich, zu wie gezwungenen Erklärungen Kohler greifen muß, wenn er Tatbestand und Rechtswidrigkeit nicht auseinander hält [5]). Tatbestandlich läßt sich in den genannten Fällen eine vollendete Beleidigung nicht leugnen; der

[1]) 15/16.

[2]) Über unsere Erklärung vgl. oben S. 74.

[3]) 16. Auch Arch. RWph. **1** 435. [4]) 19/20.

[5]) Auch in anderen Fällen wird bei Kohler (16/17) der Gegensatz zur Rechtswidrigkeit oder gar zur Schuld verwischt. Kohler will Beleidigung dann nicht annehmen, wenn jemand seine Gedanken zwar völlig geäußert, aber nicht zu Ende gedacht hat, ohne diesen Grundsatz sei eine freie Meinungsäußerung überhaupt nicht möglich. Hier entfällt doch nicht der Tatbestand der Beleidigung, sondern die Rechtswidrigkeit der Tat oder der Vorsatz des Täters.

Ausschluß der Rechtswidrigkeit aber findet seine Erklärung darin, daß die Rechtsordnung das hohe und sehr schutzwürdige Interesse an möglichster Redefreiheit innerhalb der Familie zu gewährleisten hat; dem Äußernden steht dann also der Schutz des § 193 zur Seite [1]).

Der Versuch der Beleidigung ist vom geltenden deutschen Recht nicht unter Strafe gestellt, aber sehr wohl strafwürdig [2]). Weshalb sollte die Strafwürdigkeit entfallen, wenn die beleidigende Äußerung von dem allein Anwesenden nur deswegen (und zwar ohne Wissen des Täters) nicht verstanden wird, weil er taub ist [3]), oder wenn der Täter seiner Mißachtung nicht den adäquaten Ausdruck gegeben hat [4])?

2. Die Notwendigkeit einer objektiven Auslegung.

Schwierigkeiten bei der Entscheidung von Beleidigungsfällen hat von jeher die Auslegungsfrage verursacht. Die Erörterungen hierüber treten aber in der Literatur meist [5]) ganz in den Hintergrund.

Die Beleidigung ist nach dem Vorstehenden eine besonders geartete Kundgebung. Diese Kundgebung kann aber nicht lediglich nach dem Willen des Äußernden, nach der Bedeutung, die er ihr beimißt, sondern sie muß objektiv ausgelegt werden, d. h. nur so, wie die Allgemeinheit sie versteht. Im Privatrecht besteht über solche objektive Auslegung von Willenserklärungen keine Meinungsverschiedenheit. Dort werden Äußerungen im Zweifel nach der Verkehrsanschauung ausgelegt. Wenn auch nach § 133 BGB Willenserklärungen nicht nach dem Buchstaben auszulegen sind, sondern wenn der wahre Wille des Erklärenden zu erforschen ist, so wird gleichwohl gefordert, daß der Wille einen adäquaten Ausdruck erhalten hat. Wäre nur der Wille des Täters ohne Rücksicht auf den objektiven Sinn der Erklärung zu berücksichtigen, so würden sich die Vorschriften über Irrtum, über Dissenz von Wille und Erklärung, zum großen Teil als ganz überflüssig herausstellen.

---

[1]) Vgl. Teil V, Abschn. 2, Kap. 2.

[2]) So Binding 157. [3]) Vgl. Binding 146. [4]) Vgl. Finger 172.

[5]) Außer bei Frank und Liepmann.

Aber auch im Strafrecht gilt nichts anderes. Man kann allerdings geltend machen, der Wille des Täters sei für die Strafwürdigkeit die Hauptsache. Doch auch dieses trifft nur dann zu, wenn der Wille einen entsprechenden Ausdruck gefunden hat. Es besteht durchaus kein Bedürfnis, wegen Beleidigung zu strafen, wenn jemand ein Wort gebraucht, das nur er selbst als Schimpfwort auffaßt, während es die Rechtsgenossen für alles andere als für beleidigend halten. Und auch auf die Anschauung des Wahrnehmenden allein kann es nicht ankommen. Es ist ferner gleichgültig, ob die Äußerung in Gegenwart Dritter oder nur unter vier Augen gefallen ist. Selbst im letzteren Falle liegt eine Beleidigung nicht vor, auch wenn sie die beiden Beteiligten im Gegensatz zu der Allgemeinheit als Beleidigung verstehen. Das Recht hat gar keinen Anlaß, auf derartige Abnormitäten irgendwelche Rücksicht zu nehmen.

Andrerseits bleibt eine objektiv nur als Beleidigung zu verstehende Äußerung auch tatbestandlich Beleidigung, wenn der Täter selbst einen anderen Sinn mit ihr verband, sofern er nur sich dieser objektiven Bedeutung des Wortes bewußt war. Eine Beleidigung liegt also selbst dann vor, wenn er selbst die Beschimpfung für ein Scherzwort hielt, ihren allgemeinen Sinn aber verstand.

Es ist daher nicht zutreffend, wenn die Beleidigung mit der herrschenden Meinung geradezu als Ausdruck der eigenen Mißachtung des Täters definiert wird [1]). So beleidigt der Täter auch ohne den Ausdruck eigener Mißachtung objektiv zweifellos, wenn er selbst so tief steht, daß er als der Angegriffene eine gleiche Kundgebung ruhig hinnehmen würde, ohne auch nur im geringsten beleidigt zu sein; er würde z. B. die Ohrfeigen, die er anbietet, selbst ruhig einstecken. Hierher gehört auch das von Frank angeführte Beispiel [2]), daß eine Hure ein anständiges Mädchen als unkeusch beschimpft, ferner die von Liepmann [3]) angeführten Fälle, wo einem Beamten Bestechlichkeit, einem jungen Manne Päderastie vorgeworfen wird, und zwar von

[1]) So besonders deutlich Merkel 291; v. Liszt § 95 III 1 u. a.; auch wohl Beling Üble Nachrede 38 N. 1.

[2]) § 185 I Abs. 1. [3]) 262 ff. nebst Judikatur.

solchen, die selbst diesen Lastern zugänglich sind und etwas Abfälliges über den betreffenden gar nicht ausdrücken wollten. Nicht hierher gehört aber der in ähnlichem Zusammenhange gern behandelte, aber Schwierigkeiten ganz anderer Art bereitende Fall, wo ein verliebter Diener seine fürstliche Herrin küßt, ein Fall, der sich nicht nur subjektiv, sondern auch objektiv lediglich als ein Ausdruck der Liebe oder alles andere denn als Ausdruck der Ehrabsprechung auslegen läßt, gleichwohl aber Beleidigung ist, wie an anderer Stelle nachzuweisen [1]).

Unser Delikt ist daher nicht eine Handlung, die den Ausdruck der Mißachtung (seitens des Täters) enthält, sondern die, wie besonders Frank und Liepmann mit wünschenswerter Deutlichkeit hervorheben, den Eindruck der Mißachtung (bei anderen) hervorruft. Frank drückt diesen Gedanken auch so aus, die Äußerung müsse die Deutung der Mißachtung zulassen, und Liepmann verlangt, daß die Äußerung nach Objektivierung der konkreten Sachlage als Mißachtung (Rufgefährdung) erscheine. Dasselbe soll auch die von diesen beiden Schriftstellern wiederholt gebrauchte Wendung besagen, die Äußerung müsse geeignet sein, Mißachtung hervorzurufen, den Ruf zu gefährden usw. [2]).

Es sei aber noch einmal darauf hingewiesen, daß diese Formulierungen für die Begriffsbestimmung der Beleidigung nicht genügen. Natürlich muß die Handlung bestimmte Eigenschaften aufweisen. Es ist aber das, wozu sie geeignet sein muß, in den Vordergrund der Definition zu stellen. Man definiert doch nicht die Täuschung als eine Handlung, die geeignet ist, in einem anderen eine falsche Vorstellung hervorzurufen, sondern als eine Handlung, die tatsächlich eine falsche Vorstellung in einem anderen hervorruft. Hier bei der Beleidigung wird aber das Geeignetsein für die Definition benutzt, weil man erkannt hat, daß

[1]) Teil III Abschn. 4. Vgl. auch Kern 33.

[2]) Vgl. auch Kohler 38: Die Behauptung nicht als solche, sondern der aus ihr zu ziehende Schluß sei das Wesentliche. Beachtlich auch Obwalden Polizei-StGB Art. 74 (bei Kohler 38): die indirekte Beleidigung, d. h. die in einen Satz eingekleidete, woraus die injuriöse Absicht vernünftigerweise, den Umständen gemäß, herauszulesen ist.

das, wozu die Kundgebung geeignet sein soll, d. i. nach obiger Definition jener Schriftsteller die Mißachtung, tatsächlich nicht vorzuliegen braucht. Begnügt man sich hiermit, so bleibt man bei der Auffassung der Beleidigung als eines Gefährdungsdelikts stehen.

3. Die Art der Auslegung und die konkreten Umstände.

I. Fragt man zunächst nach der berechtigten Instanz für die objektive Auslegung, so wird man zwar letzten Endes die menschliche Gemeinschaft anrufen müssen; denn nur so ist eine objektiv begründete Auslegung verbürgt. Aber dabei wird auf die besonderen Anschauungen der Kreise, in denen die Äußerung fällt, weitgehende Rücksicht zu nehmen sein [1]). Es bedarf keiner Ausführung, daß das Belegen mit animalischen Namen innerhalb gewisser Volksschichten nicht Beleidigung ist. Es entsteht nun die Frage, welcher Kreis maßgebend ist, wenn die in Betracht kommenden Personen verschiedenen Kreisen angehören, eine in der Praxis als sehr unangenehm empfundene Frage.

In Betracht kommen vier Personen: der Täter, der Kundgebungsempfänger, der Ehrenträger, der Interessent. Man kann nun nicht den Kreis des Täters für entscheidend halten, etwa weil er mit Vorsatz gehandelt haben, sich also des beleidigenden Charakters bewußt gewesen sein muß; ferner nicht den des Empfängers, etwa weil zur Vollendung auch seine Kenntnisnahme von dem beleidigenden Charakter notwendig ist. Denn möglich ist das Bewußtsein beider Personen, daß die Äußerung nach der Anschauung solcher Kreise beleidigen kann, denen sie nicht angehören, während nach Ansicht ihrer eigenen Kreise die Äußerung nicht verletzt. Auf die Kreise dieser Personen wird daher nicht Gewicht zu legen sein. Aber auch der Kreis des von dem Beleidigten verschiedenen Interessenten kann nicht den Ausschlag geben. Wird z. B. ein Geisteskranker aus den untersten Volksschichten angegriffen, so wird man nicht die Anschauung des Kreises für maßgebend halten können, in denen sich sein gesetzlicher Vertreter bewegt; man denke nur an unsere Einrichtung

[1]) Hierüber herrscht Einverständnis; vgl. Olshausen N. 3a mit weiterer Literatur. Givanovitch 199 stellt auf die „Auffassung des Publikums" ab.

der (oft einem Magistratsbeamten übertragenen) Berufspflegschaft.

Entscheidend für die objektive Auslegung ist vielmehr lediglich der Kreis des Beleidigten selbst. Denn um seine Ehre, um seine Pflichten handelt es sich. Der Knecht, der in Gegenwart seiner Arbeitsgenossen über den Dienstherrn nach ihrer Anschauung harmlose Redensarten gebraucht, beleidigt, wenn die Worte in den Kreisen des Dienstherrn als ehrenrührig gelten. Folgerichtig wird man auch das Umgekehrte annehmen müssen. Wird in einem Gespräch zwischen Hochstehenden ein niedriger Gestellter mit Ausdrücken bedacht, die die ersteren aufs gröblichste beleidigen würden, so wird man keine Beleidigung annehmen können, wenn in den Kreisen des anderen solche Ausdrücke durchaus üblich sind. Das mag auf den ersten Blick nicht befriedigen. Die einfache Frau aus Arbeiterkreisen soll sich von dem Herrn aus den höheren Zehntausend beschimpfen lassen; sie selbst mag in ihrem Gefühle aufs tiefste gekränkt sein, aber die Ausdrücke sind in ihren Kreisen gebräuchlich! Doch man wird eine Beleidigung nicht begründen können. Auf ihr Gefühl, auf eine subjektive Auslegung kommt es nicht an, wie nun schon zur Genüge hervorgehoben sein dürfte. Und wenn sie sich von einem Standesgenossen das Wort straflos vorwerfen lassen darf, so erscheint es nicht ungerecht, wenn man die Äußerung eines Höherstehenden gleich behandelt. Nur darin könnte ein Unterschied zu machen sein, daß die konkreten Umstände verschieden liegen. So mag die Zeit und die Örtlichkeit die Äußerung zu einer beleidigenden machen oder ebenso der Umstand, daß der Täter der angegriffenen Person völlig unbekannt ist und ihren eigenen Anschauungen völlig fremd gegenübersteht. Dann ist aber die Frage, welche Kreise für die Auslegung maßgebend sind, verlassen und eine ganz andere angeschnitten, die uns im folgenden beschäftigen wird.

II. Man darf derselben Äußerung nicht unter allen Umständen die gleiche Bedeutung beimessen. Es gibt keine objektiv beleidigenden Ausdrücke, deren Beleidigungsfähigkeit nicht bei einer gewissen konkreten Sachlage entfallen würde. So können Schimpfworte unter Umständen selbst als Schmeichelworte erscheinen. Immerhin muß zugegeben werden, daß man unterscheiden kann, ob ein Wort als solches, d. h. nach seiner allgemeinen Bedeutung, seinem Sprachsinne, beleidigend wirken, daß die Beleidigung aber bei Berücksichtigung der konkreten Sachlage entfallen kann, ferner umgekehrt, daß ein Wort, z. B. die Mahnung an eine Schuld, regelmäßig nicht beleidigen, wohl aber unter bestimmten Umständen beleidigen kann. Es entsteht also jedesmal nach der ersten Frage, was die allgemeine Bedeutung eines Wortes sei, die weitere, ob nicht die konkreten Umstände eine abweichende Beurteilung notwendig machen.

Folgende Umstände kommen hauptsächlich in Betracht:

1. Umstände, die der Täter vorfindet, also ausnutzt:
   a) hinsichtlich der Persönlichkeit,
   b) Begleitumstände,
   c) vorausgehende oder nachfolgende Umstände,
2. Umstände, die der Täter schafft:
   a) die eigene Willensrichtung,
   b) eigene Äußerungen und Handlungen, die allein noch nicht beleidigen.

Nur einige kurze Erläuterungen. Immer ist aber daran festzuhalten, daß die Äußerung objektiv auszulegen, daß zu fragen ist: wie würde der Kreis des Beleidigten die Äußerung unter Berücksichtigung der konkreten Umstände auslegen? Von einer Generalisierung oder Objektivierung (= Absehen von irgendwelchen ganz speziellen Umständen des konkreten Falles) ist hier gar keine Rede.

Zu 1. a) Die Person des Angegriffenen kann für eine Beleidigung entscheidend sein. Achselzucken oder Lächeln eines Untergebenen gegenüber einem höheren Beamten, der ihm Vorhaltungen macht, kann beleidigen. Andrerseits braucht der Gebrauch des Wortes „Dummkopf" (einem Offiziersburschen gegenüber) nicht Beleidigung zu sein. Umgekehrt gibt oft die Person des Täters den Ausschlag. Ein Gebildeter, ein Untergebener kann mich mit denselben Worten beleidigen, ein Landstreicher nicht. — Ferner kann auch das Verhältnis zwischen beiden Personen entscheiden; besteht zwischen ihnen Gehässigkeit und Feindschaft, so mag ein Wort beleidigen, das unter guten Bekannten keine Beleidigung bedeuten würde. — Endlich mag auch die Person des Kundgebungsempfängers von Einfluß sein; eine Äußerung mag nur deswegen beleidigen, weil sie gegenüber dem Dienstboten des Angegriffenen getan wird.

Zu 1. b) und c). Meist wird nur den Begleitumständen, die in §§ 192 und 193 ausdrücklich erwähnt werden, Bedeutung beigemessen. Diese Einschränkung ist nicht zu billigen [1]). Es ist nicht einzusehen, weshalb nicht auch dasselbe für die vorhergehenden und nachfolgenden Umstände gelten soll. Wenn jemand trotz vorheriger Warnung eine Äußerung tut, die für sich allein vielleicht nur tölpelhaft erschienen wäre, so mag sie gerade unter Berücksichtigung der vorher erfolgten Ermahnung strafwürdig erscheinen; der Täter hatte Gelegenheit, bei sich Gegenvorstellungen aufkommen zu lassen, sein auf das Verletzende zielender Wille war gleichwohl stärker. Und wenn man die vielbesprochene Wegnahme der Kleider eines Badenden nicht als Beleidigung gelten lassen will, so weiß man sich hier wohl nicht ganz mit der auf anderem Gebiete liegenden Schwierigkeit abzufinden, wie sich eine solche Handlung ihrer inhaltlichen Art nach als Beleidigung erklären läßt, worüber später zu sprechen; aber möglich ist doch die Auslegung: durch das vom Täter absichtlich herbeigeführte hilflose Umherirren des Nackenden hat er ihn dem Gespött der Passanten preisgegeben und damit seiner sozialen Stellung zuwider behandelt.

Unter den „Umständen" dieser Art verdienen besondere Erwähnung die Örtlichkeit und insbesondere die Öffentlichkeit (die Äußerung wird erst dadurch zur Beleidigung, daß sie in einer Zeitung veröffentlicht, der säumige Schuldner auf einer Postkarte gemahnt wird [2]), so daß jedermann die Äußerung erfahren kann) sowie ferner die Zeit (an dem Hochzeitstage jemandes werden seine Jugendsünden aufgedeckt) [3]).

Zu 2. a). Auch das Willensmoment des Täters kann den

---

[1]) Die geltenden §§ 192, 193 sind allerdings streng auszulegen, da sie ausdrücklich nur den „Umständen, unter denen die Beleidigung geschah", Bedeutung beimessen. So RG **21** 158 (im Gegensatz zu der sachlich begründeten früheren preußischen Praxis) und **34** 80.

[2]) Vgl. Olshausen § 185 Nr. 3. [3]) Vgl. Frank § 192 Abs. 2.

Ausschlag geben. Bei einem zweifelhaften objektiven Tatbestand mag die Frage nach dem Vorhandensein einer Beleidigung im Falle der Erregtheit des Täters eher verneint, im Falle der Frivolität oder einer reinen Schädigungsabsicht eher bejaht werden, und nur insoweit erscheint die bekannte Ansicht des Reichsgerichts, daß es im Falle der Schlußsätze der §§ 192, 193 StGB auf die Absicht der Beleidigung ankomme, zutreffend, eine Auffassung, die in der Literatur insbesondere von Liepmann [1]) verfochten wird, ebenso wie die allgemeinere Auffassung v. Bars [2]), nach der die Beleidigungsabsicht sogar dem Begriff der Beleidigung eigentümlich ist. Man darf aber nicht eine Rechtsfrage von einem ausschließlich der Moral angehörenden Element abhängig machen; nimmermehr kann ein bestimmtes äußeres Verhalten allein durch die böse Absicht zu einem rechtswidrigen, allein durch den guten Willen zu einem rechtmäßigen werden, und wenn besonders neuerdings mit Nachdruck die Bestrafung der antisozialen Gesinnung gefordert wird, so kann dies nur unter der Voraussetzung anerkannt werden, daß der böse Wille bereits in die Erscheinung getreten ist [3]) oder aller Wahrscheinlichkeit nach in die Erscheinung treten wird; denn eine Rechtsgüterverletzung oder eine Rechtsgütergefährdung ist und bleibt der notwendige Bestandteil aller Rechtswidrigkeit.

Die Willensrichtung des Täters ist also nur insofern ein konkreter Umstand in dem hier behandelten Sinne, als er einen objektiven Tatbestand voraussetzt, der bereits nach der einen Seite (der Rechtswidrigkeit) oder der anderen (der Rechtmäßigkeit) neigt und dessen rechtliche Beurteilung dann erst durch den bösen oder den guten Willen außer jeden Zweifel gestellt wird. Auch hier ist natürlich nicht danach zu fragen, was der Täter ausdrücken wollte, sondern danach, wie die Äußerung bei Berücksichtigung der Willensrichtung des Täters objektiv, nach dem Urteil der Rechtsgenossen, zu verstehen ist.

---

[1]) 324. Vgl. Teil V, Abschn. 1, Kap. 4.

[2]) 86. Unsere eigene Auffassung lehnt v. Bar 121 ab (im Widerspruch wiederum mit sich selbst 100 no. 23).

[3]) Diese Voraussetzung liegt, wie hier nicht einzeln dargetan werden kann, bei den sog. Absichtsdelikten fast durchweg vor.

Zu 2. b). Auch Äußerungen und Handlungen des Täters, die allein noch nicht beleidigen, z. B. eine verächtliche Handbewegung, können allein einer an sich noch nicht beleidigenden Kundgebung den Stempel der Beleidigung aufdrücken.

4. Die mittelbare Beleidigung.

I. Nach dem Gesagten rechtfertigt sich eine Unterscheidung zweier Arten von Beleidigungen.

In Fällen der einen Art liegt die Beleidigung klar auf der Hand; sie ergibt sich unmittelbar aus der Kundgebung des Täters und aus der konkreten Sachlage. Hier hat der Täter den Ausdruck gewählt, der auch vom objektiven Standpunkt nicht anders denn als die von ihm gewollte Beleidigung zu verstehen ist, und er hat auch Umstände benutzt oder (nicht vorgefundene) hergestellt, die zu keiner abweichenden Auffassung nötigen. In diesen Fällen — wir können sie unmittelbare oder direkte oder offene Beleidigung nennen — bereitet die Auslegungsfrage keine Schwierigkeiten.

In Fällen der anderen Art, der mittelbaren, indirekten, versteckten Beleidigung, muß die Form, in der die Äußerung oder Handlung tatsächlich Ausdruck gefunden hat, erst in eine solche Form objektiv umgedeutet werden, die sich unmittelbar ihrem Inhalte nach als Beleidigung darstellt. Gemäß einem dunklen Rechtsgefühl oder in unmittelbarer Entscheidung des Falles nach dem Grundgedanken des Rechts ist uns gewiß, daß dieser konkrete Vorgang in das Gebiet der Beleidigung fallen muß. Es sei an das Schulbeispiel erinnert, wo ein der Veruntreuung verdächtiger Bürgermeister einer kleinen Stadt zu seinem Geburtstage ein Ständchen erhält, in dem auffallend oft die Melodie „Üb' immer Treu und Redlichkeit" gespielt wird. Hier muß die Ausdrucksform erst in die Äußerung „du hast die Unterschlagungen verübt, deren Täter wir bisher noch nicht ermittelt hatten" oder in die andere „du bist der Unterschlagungen usw. verdächtig" umgeformt werden. Die tatsächliche Ausdrucksform (das Musikstück) wird also nach objektiver Auslegung in die Behauptung einer Tatsache oder eines Urteils umgedeutet. Erst diese läßt sich direkt daraufhin prüfen, ob sie Beleidigung ist. Man kann dies vielleicht so ausdrücken: die Beleidigung „lokalisiert" sich in einer Tatsache oder in einem Urteil. Das Wort Lokalisieren und seine Bedeutung sind der medizinischen Wissenschaft entlehnt; wie der Arzt mit einer Krankheit, die im Körper steckt, aber sich noch nicht in einem bestimmten Teile des Körpers lokalisiert hat, oftmals nichts anzufangen weiß, ebenso geht es dem Kriminalisten mit einer indirekten Beleidigung, die er noch nicht umgedeutet hat. Die Akte der richterlichen Tätigkeit vollziehen sich bei der Entscheidung einer indirekten Beleidigung also in folgender Reihenfolge: 1. Feststellung der tatsächlichen Kundgebung, 2. Feststellung der konkreten Verhältnisse, 3. Umdeuten in die unter den Begriff der Beleidigung subsumierbare Form, 4. Subsumtion.

Für uns hat die mittelbare Beleidigung ein besonderes Interesse deswegen, weil die Frage nach der Zulassung des Wahrheitsbeweises sich nicht nach der tatsächlichen Ausdrucksform, sondern nur nach der umgedeuteten Form richtet. Er ist nur zulässig, wenn sich die Beleidigung in einer Tatsachenbehauptung lokalisiert. Ganz nebensächlich ist aber, ob die tatsächliche Ausdrucksform die Behauptung einer Tatsache war.

II. In diesen Zusammenhang gehört eine Reihe von Fällen, die bei einer Systematik der Beleidigung meist nicht recht untergebracht werden können. Sie bieten natürlich auch Schwierigkeiten anderer Natur und werden deshalb in der Literatur meist an anderer Stelle auch in dem hier interessierenden Punkte der Auslegung besprochen.

1. Die sogenannte bedingte Beleidigung[1]. Beispiel: wenn A das und das tut, ist er verächtlich; dies kann zu deuten sein: dem A ist zuzutrauen, daß er das Verächtliche tut. Oder: wenn A das und das getan hat, sehe ich ihn nicht mehr an; dies kann zu deuten sein: A hat dies getan. Im letzteren Falle wäre der Wahrheitsbeweis zulässig; derartige versteckte Beleidigungen dürfen nicht deswegen straflos ausgehen, weil der wortgewandte Täter seinen Gedanken ein harmlos aussehendes Gewand verliehen hat.

2. Das Weitererzählen von Tatsachen. Beispiel: B hat mir erzählt, daß A das und das pecciert habe; dies kann zu deuten

[1]) Vgl. Kohler 38; Frank § 185 I 1.

sein: A hat das und das pecciert, und dann ist nur nebenbei der Zusatz getan: ich habe es von B erfahren. Dies wäre natürlich Beleidigung, der Wahrheitsbeweis wäre zulässig und hätte sich nicht auf die Erzählung des B, sondern auf die Straftat des A zu erstrecken [1]). Umgekehrt kann die Äußerung, A habe das und das pecciert, B habe es mir erzählt, nichts weiter als das Weitertragen eines Gerüchtes sein. Wenn hier eine Beleidigung überhaupt vorliegt — die Äußerung könnte z. B. in beleidigender Form gefallen sein —, so wäre jedenfalls für einen Wahrheitsbeweis kein Raum, obwohl in Wirklichkeit eine Tatsache behauptet ist.

3. Eine Beleidigung unter einer Kollektivbezeichnung, z. B. gegen „alle Personen, die gestern die Versammlung X besucht haben", wäre möglich, wenn die Äußerung sich nach objektiver Auslegung gegen bestimmte Personen richtet, sei es auch gegen alle Personen eines gewissen Kreises oder gegen die Kollektivpersönlichkeit selbst. Wie in obigen Fällen sich die Beleidigung in einer bestimmten Tatsache, so muß sie sich hier gegen eine bestimmte Person lokalisieren. Dies ist aber bei ganz allgemein gehaltenen Äußerungen regelmäßig nicht der Fall [2]).

4. Die Beleidigung ist nur scheinbar gegen eine andere Person gerichtet. Durch eine gegen die Ehefrau, gegen das Kind gerichtete Äußerung ist der Ehemann, der Vater getroffen. Diese namentlich in der älteren Literatur [3]) als mittelbare Beleidigung bezeichneten Fälle bieten keine weiteren Schwierigkeiten.

---

[1]) Etwas anderes hat wohl auch Kohler 39 nicht im Auge. Er meint, eine Beleidigung sei möglich, wenn die Verbreitung eine subjektive Bestätigung, eine zustimmende, steigernde Bekräftigung enthalte, insbesondere wenn die Mitteilung mit besonderer Bosheit verbunden sei, wenn gesagt werde, das Gerücht rühre von Personen her, die genügende Kenntnis der Sache und ein genügendes Maß von Wahrhaftigkeit besitzen. Das Wesentliche ist u. E. doch dabei: lokalisiert sich die Äußerung in der Behauptung der Tatsache, daß A die verächtliche Tat verübt hat? Hier entscheidet eben die objektive Auslegung. Vgl. auch v. Bar 146, der auf die Art des Berichts abstellt und keine Beleidigung annimmt, wenn nichts darauf hindeute, daß der Weitererzählende die Beleidigung billige.

[2]) Ebenso Frank vor § 185 III zum Teil gegen die Praxis. Vgl. auch Binding 143, Liepmann 349 und insbesondere Hammeley 58 ff.

[3]) Vgl. John Rechtslex. **1** 267, aber auch Naendrup (1912) 7.

III. Teil.
Die Arten der Beleidigung.

I. Abschnitt.
Allgemeine Gesichtspunkte.

1. Die bisherigen Einteilungsversuche.

I. Wenn man die Beleidigung aus ihrem Begriffe erschöpfend in Arten zerlegen will, so ist ein Ausgangspunkt von den Gesetzen und Entwürfen nicht lohnend. Aus unserem geltenden Rechte wissen wir nämlich, was üble Nachrede und Verleumdung tatbestandlich bedeuten; ihr Verhältnis zur sogenannten einfachen Beleidigung und vor allem diese selbst läßt sich positiv aber nicht bestimmen. So hat man sich in der Literatur oft damit begnügt, die sogenannte einfache Beleidigung negativ dahin zu bestimmen, daß sie alle Arten der Beleidigung umfasse, die nicht zur üblen Nachrede oder zur Verleumdung gehören.

Daß man auf diese Weise keine oberste Einteilung in — ihrem Wesen nach — verschiedene, sich einander gegenüberstehende Unterarten erhält, leuchtet ein, denn die §§ 185 und 186 unterscheiden sich nicht durch ein Merkmal, sondern durch mehrere. Es bestehen folgende Gegensätze:

a) Beleidigung durch Tatsachen (§ 186) oder durch Urteile, durch die Form oder die Umstände (§ 185),

b) Mitteilung an Dritte (§ 186) oder an den Verletzten selbst (§ 185) [1]).

Die Behauptung von Tatsachen (gegenüber dem Beleidigten selbst) fällt daher unter § 185 ebenso wie die Beleidigung gegenüber Dritten (durch die Urteile, durch die Form oder die Um-

[1]) A. M. Binding 158, der den § 186 auch auf Behauptungen von Tatsachen gegenüber dem Beleidigten selbst ausdehnen will; dies dürfte aber dem Gesetze nicht entsprechen (vgl. die Worte: „in Beziehung auf einen anderen"; dieser andere kann nicht der Kundgebungsempfänger sein).

stände). Und da ferner das Merkmal der Nichterweislichkeit keine ausschließliche Bedeutung für § 186 hat, wie fast allseitig [1]) anerkannt wird, sondern sich auch auf Tatsachenbehauptungen gegenüber dem Beleidigten selbst bezieht, so zeigt sich, daß die üble Nachrede im Sinne des § 186 überhaupt keine selbständige Bedeutung hat und als selbständiges Delikt mit Recht von unseren Entwürfen [2]) aufgegeben ist.

Auch das Ausland hilft uns nicht weiter. Entweder bestimmen die dortigen Gesetze den Begriff der sogenannten einfachen Beleidigung nur subsidiär gegenüber einem von ihnen meist als Nachrede oder Verleumdung ausgestalteten Delikt [3]), oder es liegt ihnen eine der im folgenden zu erwähnenden wissenschaftlichen Einteilungen zugrunde. Gar nicht zu reden von den Gesetzen, die, wie das österreichische (§§ 487 ff. StG), mit einer reichen Kasuistik uns ebenfalls nicht weiterbringen, sondern nur neue Probleme aufwerfen, wie die Abgrenzung der „Schmähung" von der „Beschimpfung", und außerdem von Angriffen sprechen, die nicht ausschließlich gegen die Ehre, sondern auch gegen andere Rechtsgüter, wie die Freiheit, gerichtet sind. Wohl aber scheint uns beachtlich, wenn das österreichische Recht zwischen Beschimpfung und Beleidigung in besonderem Sinne unterscheidet [4]). Dieser Gegensatz wird später, allerdings in anderer Bedeutung, noch einmal berührt werden.

Nicht aufgehört haben auch die Bemühungen, aus dem Begriff der Ehre und der Beleidigung zu einer brauchbaren wissenschaftlichen Einteilung in Arten zu gelangen. Dabei hat man versucht, die auf diese Weise gewonnene Einteilung den Ge-

---

[1]) Vgl. Olshausen § 190 Nr. 4, § 192 Nr. 1.

[2]) DVE § 260; DGE § 283; BgrVE 2 703. Für die Beibehaltung eines besonderen Tatbestandes Köhler Studien z. VE. (1910) 17 Nr. 39.

[3]) So Frankreich Preßges. v. 29. VII. 81 Art. 29 II (injure) gegenüber I (diffamation), Ungarn § 261 (Beschimpfung) gegenüber § 258 (Verleumdung), Spanien Art. 471 (Beleidigung) gegenüber 467 (Verleumdung), ähnlich Portugal Art. 410 gegenüber 407, Japan Art. 291 gegenüber 290 und wohl auch Niederlande Art. 266 („einfache Beleidigung") gegenüber 261 („Schmähung").

[4]) So auch ÖsterrRE (1909) §§ 326 ff.; ähnlich SchweizVE (1908) Art. 108.

setzen unterzulegen [1]); doch dürfte dies wenigstens für die geltenden §§ 185/86 ein vergebliches Bemühen sein.

II. Sehr bestechend ist die Unterscheidung in Ausdruck der eigenen Mißachtung des Täters und Ermöglichung der Mißachtungserklärung für andere durch Verschaffen der tatsächlichen Unterlagen [2]). Letzterer Fall würde sich im wesentlichen mit der üblen Nachrede decken, wenn wir auch das Hineintragen des Rufs als Angriffsobjekts ablehnen müssen.

Der erstere Fall ist aber nicht erschöpfend, und hieran scheitert die ganze Einteilung. Denn wie wir sahen, kann der Täter auch beleidigen, ohne sein eigenes Mißachtungsurteil auszudrücken; es sei an den Fall erinnert, wo eine Hure ein anständiges Mädchen als unkeusch bezeichnet. Und da die Äußerung unter vier Augen gefallen sein kann, so braucht auch der zweite Fall nicht vorzuliegen. Frank sucht nun die Einteilung zu retten, indem er für die einfache Beleidigung (§ 185) eine Kundgebung erfordert, die auf eigene Mißachtung schließen läßt und regelmäßig der Ausdruck eigener Mißachtung ist. Aber auch diese Erklärung ist nicht befriedigend. Dieses Schließenlassen auf Mißachtung ist durchaus nichts dem § 185 Eigentümliches, sondern trifft auch auf die üble Nachrede zu [3]), ja auf Fälle, die gar nicht einmal Beleidigung sind, wie auf manche Körperverletzungen, Sittlichkeitsdelikte usw.

III. Eine weitere sehr beliebte Einteilung der Beleidigung ist die in Rufgefährdung und Ehrenkränkung. Sie wird naturgemäß gern von denjenigen Schriftstellern vertreten, die das Angriffsobjekt der Beleidigung sowohl in der äußeren Ehre (dem Ruf) wie in dem Ehrgefühl oder dem Ehrbewußtsein sehen und die zugleich die äußere Ehre nicht als den Maßstab, sondern als den Gegenstand der Gefährdung betrachten.

Ausdrücklich ausgesprochen findet sich die genannte Ein-

---

[1]) So will Liepmann seine später zu besprechende Einteilung in unseren und vielen ausländischen Gesetzen wiedererkennen. Vgl. auch Auer für Ungarn (Z **36** 389).

[2]) So v. Liszt § 96 II 1, Frank § 186 I; auch Kohlrausch Die Beschimpfung von Religionsgesellschaften (1908) 65, ähnlich Romen-Rissom § 91 Nr. 4 b.

[3]) Vgl. auch Meyer-Allfeld 431 Nr. 1.

teilung bei Norwegen § 246 (Ehrenkränkung) und § 247 (Rufgefährdung). Andere Gesetze sprechen nur von Rufgefährdung („geeignet, den Ruf zu verletzen"[1])), und es bedarf der Auslegung, wie sie den anderen Fall erklären. Es bedarf aber auch der Auslegung, wie sie die Rufgefährdung selbst verstehen; denn es ist keineswegs sicher, daß damit eine Gefährdung der äußeren Ehre in der von uns oben (Teil I Abschn. II Kap. 3) gegebenen Bedeutung gemeint ist; sehr wohl möglich ist, daß in Form einer Umschreibung[2]) auf den wahren Charakter der Beleidigung als einer Behandlung zuwider der Verkehrsehre hingewiesen und ausdrücklich nur ein (objektiver) Maßstab für die Auslegung der beleidigenden Äußerung an die Hand gegeben werden soll. In letzterem Sinne läßt sich sehr wohl der geltende § 186 RStGB und die verwandte Formulierung im Österr. RE §§ 327, 331 verstehen, und wir sind in der Tat geneigt, diese Bestimmungen unserer Grundanschauung gemäß also auszulegen: eine Behandlung jemandes zuwider seiner Verkehrsehre ist dann anzunehmen, wenn die objektive Auslegung der Äußerung ergibt, daß sie die Fähigkeit besitzt, den betreffenden in den Augen der übrigen Gemeinschaftsglieder verächtlich zu machen oder ihn in der öffentlichen Meinung herabzuwürdigen. Jedenfalls dürfte es ein fruchtloses Beginnen sein, aus der nicht sehr viel besagenden Fassung des geltenden § 186 irgendwelche Schlüsse auf die Auffassung des Gesetzes von dem Angriffsobjekt zu ziehen. Denn wenn man nicht von vornherein eine bestimmte wissenschaftliche Grundanschauung vertritt, wird man zu dem — praktisch übrigens

[1]) Italien Art. 393; Frankreich Preßges. v. 29. VII. 1881 Art. 29; Schweiz VE Art. 105/6.

[2]) Vgl. Rubo 712: „Öffentliche Meinung" sei lediglich ein bildlicher, gesetzgeberisch darum nicht empfehlenswerter Ausdruck. — v. Holtzendorff versteht den Begriff der öffentlichen Meinung auch in § 186 StGB in der von ihm allgemein gegebenen Bedeutung (vgl. oben S. 48 Anm. 3); nur so läßt sich die Reihe seiner auf S. 9 aufgeworfenen Fragen verstehen, die für uns gar nicht auftauchen können: Ist ein Beweis über das Vorhandensein der öffentlichen Meinung zulässig? Ist ein Irrtum des Angeklagten über die öffentliche Meinung ein Tatsachenirrtum? Ist eine Wandlung in der öffentlichen Meinung vom Zeitpunkt der Tat bis zur Hauptverhandlung beachtlich? Welches sind die Erkenntnisquellen der öffentlichen Meinung für den Richter?

völlig unerheblichen — Streite, wie die gesetzliche Alternative „geeignet, verächtlich zu machen oder in der öffentlichen Meinung herabzuwürdigen", zu verstehen ist, kaum Stellung nehmen können; man wird weder gutheißen noch widerlegen können die eine Erklärung, der Unterschied sei ein gradueller [1]), oder die andere, der Unterschied beträfe die verschiedenen Arten oder Unterarten von Ehre [2]).

Soviel von den gesetzlichen Bestimmungen. Die oben erwähnte wissenschaftliche Einteilung in Rufgefährdung und Ehrenkränkung kann von uns aber nicht gebilligt werden. Denn wir haben den Ruf und das Ehrgefühl nicht als taugliche Angriffsobjekte und die Beleidigung nicht als Gefährdungsdelikt erkannt. Die Einteilung erledigt sich daher aus den von uns früher (I. Teil II. Abschn. Kap. 3—5, II. Teil I. Abschn. Kap. 1) angegebenen Gründen. Wir verweisen des näheren auf diese unsere Ausführungen und wollen durch die folgende Übersicht nur die Hauptpunkte ins Gedächtnis zurückrufen.

A. Der Ruf ist

1. kein schutzwürdiges Objekt, denn
   a) er ist meist von wenigen Wortführern abhängig,
   b) er kann schlechter (oder besser) als verdient sein;
2. kein ausreichendes Schutzobjekt, er kann fehlen aus folgenden Gründen:
   a) der Angegriffene ist nicht oder noch nicht unter den übrigen Gemeinschaftsgliedern bekannt,
   b) die Führer fehlen, oder mehrere herrschende Meinungen bekämpfen sich dauernd erfolglos;
3. in Wahrheit auch vom Standpunkt der Gegner nicht das Schutzobjekt, denn sonst würde nicht erklärt werden können:
   a) allgemein die Zulassung des Wahrheitsbeweises, sei es auch in ganz engen Grenzen. Erklärt man aber bei Wahrheit der Behauptung die Rechtswidrigkeit für ausgeschlossen, so wird nicht dargetan, weshalb man nicht die Unwahrheit als Tatbestandsmerkmal aufnimmt (also die Rechtswidrigkeit vertypt); hieraus ergibt sich, daß der Ruf nicht das Schutzobjekt ist. Er ließe sich nur vom Stand-

[1]) Olshausen § 186 Nr. 4; v. Lilienthal 394; RG **35** 126.

[2]) Frank § 186 II 2: „verächtlich machen" bedeute: sich mit den Anforderungen der Sittlichkeit in Widerspruch setzen, dagegen besage „in der öffentlichen Meinung herabwürdigen": sich mit den spezifischen Lebensaufgaben in Widerspruch setzen. Ähnlich ebenfalls v. Lilienthal 394.

punkt derjenigen rechtfertigen, die den Wahrheitsbeweis niemals zulassen;

b) die Zulassung des Wahrheitsbeweises bei Äußerungen allein gegenüber dem Beleidigten;

c) der Ausschluß des Richtigkeitsbeweises bei der Urteilsbeleidigung (z. B. beleidigt der Ausdruck „Lügner" auch dann, wenn der betreffende bei seinen Rechtsgenossen im Rufe eines Lügners steht); bei der Beleidigung durch die „Form" oder durch die „Umstände" kommt es nicht darauf an, ob der betreffende die gleiche Behandlung bei seinen Rechtsgenossen erfährt.

B. Die Rufgefährdung reicht für eine Erklärung der Beleidigung nicht aus:

1. die konkrete Rufgefährdung ist zu eng; Beleidigung ist auch ohne konkrete Rufgefährdung möglich. Die Gründe können liegen:

a) in der Person:

aa) der Täter steht zu tief,

bb) der Verletzte steht zu hoch,

cc) der Verletzte steht zu tief,

b) in den begleitenden Umständen: die Verbreitungsmöglichkeit fehlt, Beleidigung unter vier Augen,

c) in der Äußerung selbst:

aa) die Tatsache ist zu harmlos, das Urteil zu milde,

bb) die Tatsache ist ohne Beweise, das Urteil ohne Gründe behauptet, sofern nicht die Person des Täters solche Autorität besitzt, daß diese Belege nicht erforderlich scheinen,

2. die abstrakte Rufgefährdung ist zu weit, da sie auch andere Delikte (Sittlichkeitsdelikte) umfaßt.

C. Das Ehrbewußtsein oder Ehrgefühl ist

1. kein schutzwürdiges Objekt,

a) es ist vom Ehrenträger selbst abhängig; Überempfindliche müßten geschützt werden;

b) es spiegelt im Sinne der herrschenden Meinung das Urteil Dritter im eigenen Bewußtsein wider; daher dieselben Einwände wie gegen den Ruf;

2. kein ausreichendes Schutzobjekt; es blieben schutzlos in den Fällen, die nicht unter Rufgefährdung fallen würden:

a) Abgestumpfte, übermäßig Bescheidene, Geisteskranke, Kinder, Kollektivpersonen,

b) die Personen, die (noch) keine Kenntnis von der sie betreffenden Äußerung erlangt haben, und die, die sie gar nicht erlangen sollen;

3. in Wahrheit auch vom Standpunkt der Gegner nicht das Schutzobjekt, da diese Ansicht auf ein abstraktes Gefährdungsdelikt oder speziell auf Rufgefährdung zurückläuft.

Diese Gründe sollten genügen, um die hier besprochene Einteilung zu Falle zu bringen.

Erkennt man gleichwohl wenigstens den Ruf als etwas Schutzwürdiges an, so ließe sich aber diese Ansicht der Gegner weiter, als sie selbst es getan, ausbauen, und es sei auf folgende Einteilung aufmerksam gemacht:

1. Ehrzuwiderhandlung.

Diese von uns später charakterisierte Art der Beleidigung ist die einfachste Form des Deliktes; des Verständnisses wegen sei hier angedeutet, daß zu ihr die Fälle des sinnlosen Schimpfens gehören, ohne daß dem Angegriffenen ein Wert abgesprochen oder daß sein Ruf angegriffen werden soll.

2. Ehrabsprechung.

a) das Anzweifeln und
b) das Absprechen wichtiger, zur Ehre gehöriger Werte;
c) das Anzweifeln und
d) das Absprechen der ganzen Ehre.

3. Ehrgefährdung (= konkrete Rufgefährdung).

4. Ehrverletzung (= konkrete Rufverletzung, hierher gehört vielleicht Schweiz. VE § 105 II: Untergraben des Rufes).

Nach unserer in den folgenden Abschnitten zu bestimmenden Ansicht kommen dagegen (inhaltlich) nur die Einteilungen zu 1. und 2. in Betracht; denn den Ruf halten wir für kein geeignetes Angriffsobjekt, und die Ehre in unserem Sinne kann weder gefährdet noch verletzt werden — abgesehen von dem früher erwähnten, nicht in Betracht kommenden Falle, daß fortgesetzte Mißachtung den betreffenden selbst innerlich schlechter machen kann, indem sie ihn (mittelbar!) zur Pflichtverletzung veranlaßt. Die Gegner würden dagegen die Arten zu 3. und 4. für erheblich halten, doch können sie mit diesen unmöglich auskommen. Die in dem obigen Schema unter B. 1. erwähnten Fälle zeigen nämlich, daß eine Beleidigung noch nicht notwendig konkrete Rufgefährdung zu sein braucht; daher ist Ehrabsprechung (2.) ein Minus der Ehrgefährdung (3.)[1]. Erkennen die Gegner also die Notwendigkeit der Einteilung zu 1. und 2. an, so würden sie zu der soeben gegebenen, u. E. nicht ganz unbefriedigend aussehenden Staffel geführt werden können: der Kreis verengt sich immer mehr, die Ehrzuwiderhandlung umfaßt die sämtlichen folgenden Fälle, die Ehrabsprechung nur die Ehrgefährdung und die Ehrverletzung, und endlich ist in der Ehrverletzung naturgemäß auch eine Ehrgefährdung inbegriffen.

2. Die beiden erheblichen Einteilungen.

I. Man sieht das Wesen der Beleidigung meist in dem Aberkennen eines zur Ehre gehörigen Wertes oder in der Mißachtung. Dabei erweist sich erstere Formulierung als zu eng. Gewisse Be-

[1]) Wohl aber muß Ehrgefährdung immer eine Ehrabsprechung enthalten. Daher können nach Ansicht der Gegner §§ 185, 186 nicht in Idealkonkurrenz stehen. A. M. v. Liszt § 96 II 1 Note 3. Von seiner Meinung aus, daß § 185 der Ausdruck eigener Mißachtung sei, durchaus mit Recht.

schimpfungen enthalten kein Aberkennen, keine Ehrabsprechung und lassen sich auch nicht so deuten; man denke nur an die unflätigen Redensarten, die man auf der Straße und im Gerichtssaal zur Genüge zu hören bekommt, denen aber irgendwelcher andere Sinn als eben bloßes Schimpfen nicht beigemessen werden kann [1]).

v. Liszt [2]) und Frank [3]) stellen nun richtig der Wertabsprechung (Ehrabsprechung) eine zweite Art gegenüber. v. Liszt nennt sie „jedes andere die Mißachtung zum Ausdruck bringende Benehmen", Frank die „beschimpfende Behandlung". In ersterer Formulierung findet sich der von uns abgelehnte Begriff „Ausdruck der Mißachtung". Die zweite Wendung ist aber zu eng. „Beschimpfung" weist nämlich auf die Roheit der Form [4]) und auf die Schwere der Nichtachtung [5]). Man wird aber die aufdringliche Liebkosung der Herrin durch den Diener zu einer schwereren und als Beleidigung sehr wohl strafwürdigen Art der Ungezogenheit rechnen müssen, ohne jedoch bei einer solchen zärtlichen oder dreisten Behandlung von einer Beschimpfung sprechen zu können. Und dieser Fall läßt sich auch nicht als Mißachtung deuten. Frank scheint übrigens später selbst die Besonderheit dieser zweiten, schwer erklärbaren Art von Beleidigungen wieder aufzugeben. Denn er sieht in der Fopperei [6]) eine Beleidigung dann, wenn sie den Eindruck macht, als werde der betreffende als minderwertiges Mitglied der bürgerlichen Gesellschaft hingestellt. Es scheint, als liefe diese Erklärung wieder auf die erste Art der Beleidigung, die Wertabsprechung, hinaus. Denn wenn jemand als minderwertig hingestellt wird, so wird doch objektiv der Eindruck hervorgerufen, als wäre ihm die Ehre oder ein zur Ehre gehöriger Wert abgesprochen. Jedenfalls gebührt den genannten Schriftstellern das Verdienst, auch für das deutsche Recht auf diese Haupteinteilung ausdrücklich hingewiesen und

[1]) Auf diese Fälle weisen Frank § 185 I 2 und Hammeley 15 ff. mit Recht hin.

[2]) § 95 III. [3]) § 185 I 2.

[4]) So Finger 205 für den gleichlautenden Tatbestand des § 496 Österr. StG.

[5]) Auf diese beiden Momente stellt v. Liszt § 95 III 1 für die Beschimpfung als eine besondere Art der Ehrverletzung ab; zu weit geht wohl Beling Z **18** 285, wenn er den Ausdruck niedriger Gesinnung verlangt.

[6]) Frank § 185 I 2 a.

die beiden Arten der Beleidigung deutlich (auch schon äußerlich durch die Systematik erkennbar) hervorgehoben zu haben [1]).

Auf der anderen Seite gereicht es dem von uns entwickelten Beleidigungsbegriff, in dem das Schwergewicht auf die Behandlung gelegt ist, zum Vorzug, sich unmittelbar auf die hier zweifelhaften Fälle anwenden zu lassen, wie später im einzelnen zu zeigen. An dieser Stelle glauben wir nun folgende Einteilung geben zu können.

Jede Beleidigung bringt, wie wir sahen, zum Ausdruck eine Behandlung, die der betreffenden Person gegenüber sozial geringwertig ist. Der Täter kann sich nun entweder hiermit zufrieden geben, oder aber er kann außerdem in die Behandlung noch etwas hineinlegen, was den Eindruck erweckt, als wäre die Person selbst minderwertig. Im ersten Falle erscheint nur die Behandlung als eine solche, wie sie sonst nur minderwertigen oder sozial niedriger stehenden Personen zuteil wird, im zweiten Falle wird dagegen die Person selbst als zu diesen Personen gehörig gerechnet, die Person selbst erscheint also als minderwertig. Natürlich ist im zweiten Falle dasselbe vorausgesetzt, worin sich der erste erschöpft: die Behandlung entspricht nicht dem sozialen Wert der Person; denn sonst könnte es sich ja gar nicht um eine Beleidigung handeln. Der zweite Fall ist eben nur eine Besonderheit, und zwar eine Steigerung des ersten Falles. Der erste läßt sich zwar sprachlich nicht schön, aber, wie ich glaube, dem Sinne ganz entsprechend als „bloße Ehrzuwiderhandlung" oder schlechthin als „Ehrzuwiderhandlung" [2]), der zweite als Ehrabsprechung (Wertabsprechung) bezeichnen.

Daß die Ehrabsprechung als das Plus strafwürdiger als die Ehrzuwiderhandlung ist, kann nicht allgemein behauptet werden.

[1]) Der Kuriosität halber sei erwähnt, daß in der Enzyklopädie der katholischen Theologie, 2. Aufl. von Kaulen, **4** (1885) Sp. 236, als Arten der Beleidigung in der Tat die „Beschimpfung" und die „Ehrabschneidung" genannt werden, erstere sei gegen die Ehre, letztere gegen den guten Namen gerichtet, sie verhielten sich zueinander — der Jurist wird staunen — wie der Raub zum Diebstahl!

[2]) Jedenfalls ist das Wort empfehlenswerter als das nichtssagende „einfache Beleidigung" oder als das leicht mißverständliche „Form- oder formale Beleidigung". Der Ausdruck „Entehrung" oder „entehrende Behandlung" wäre sprachlich schöner, aber sachlich wohl weniger treffend.

Der verbrecherische Wille wird meist bei der Ehrabsprechung, der sozialschädliche Erfolg dagegen manchmal bei der Ehrzuwiderhandlung stärker sein; außerdem richtet sich letztere stets gegen die ganze Person, während die Ehrabsprechung sich oft nur auf die Absprechung eines einzelnen Wertes beschränkt. Aber in der Mehrzahl der Fälle dürfte die Ehrzuwiderhandlung doch weniger strafwürdig sein.

Die Ehrzuwiderhandlung umfaßt die in der Praxis häufigsten Fälle der Beleidigung. Seltsamerweise hat sich die Theorie aber gerade ihrer wenig angenommen, vielleicht weil sie aus einem gewissen Hochmute sich mit derartigen „juristisch nicht interessanten" Fällen, oft Fällen bloßen Schimpfens, nicht näher befassen will. Gerade sie bergen aber eine Fülle von Schwierigkeiten und werden daher von uns auch eingehender zum Schlusse dieses Teiles besprochen werden. — Die Ansicht, die im Beleidigungsbegriffe nicht auf die „Behandlung" abstellt, kann diese Fälle nicht erklären, wenn sie sich nicht mit bloßen Umschreibungen begnügen will. Vom Begriff der Ehrzuwiderhandlung kann man zwar zu dem der Ehrabsprechung gelangen, niemals aber umgekehrt.

II. Neben dieser Einteilung läuft eine andere her, die mit der bisher besprochenen oft in unzulässiger Weise verquickt wird [1]); sie betrifft die möglichen Ausdrucksformen. So ist es für die Erkenntnis der soeben skizzierten Ehrzuwiderhandlung nicht gerade förderlich gewesen, wenn man einige ihr zugehörige Gruppen als Formbeleidigung bezeichnete und sie der Ehrabsprechung als Inhaltsbeleidigung gegenüberstellte. Hier werden zwei verschiedene Einteilungsprinzipien miteinander vermischt. Denn die Inhaltsbeleidigung kann auch sehr wohl Ehrzuwiderhandlung sein, andrerseits kann die Formbeleidigung, wenigstens eine Äußerung, die in der tatsächlich ausgedrückten Form eine Beleidigung enthält, auch Ehrabsprechung sein, wie später auszuführen. Völlig verfehlt wäre es aber, wollte man der Ausdrucksweise unserer Gesetze folgen und auch eine Beleidigung durch die Form oder durch die „Umstände" unterscheiden. Die

[1]) wie in der sonst so beachtlichen Schrift von Hammeley 15 ff.

Beleidigung durch die Umstände hat einen ganz anderen systematischen Platz und ist bereits früher im Zusammenhange mit der Auslegungsfrage erörtert.

Die Einteilung nach den Ausdrucksformen kann wieder in zweifacher Weise geschehen. Die Kundgebung kann einmal so, wie sie tatsächlich erfolgt ist, sodann so, wie sie objektiv umgedeutet ist, eingeteilt werden. Gerade die letztere Betrachtung interessiert uns; sie ist für die Ausdehnung des Wahrheitsbeweises von großer Bedeutung. Wie erwähnt, kann die Äußerung in der Form einer Tatsachenbehauptung geschehen sein, kann sich aber nach objektiver Umdeutung die Form eines Urteils ergeben; dann ist der Wahrheitsbeweis nicht zulässig. Umgekehrt kann eine Äußerung tatsächlich in der Form eines Urteils erfolgt sein, kann sich aber die Beleidigung schließlich in einer Tatsache lokalisieren, dann ist der Wahrheitsbeweis zulässig.

Bei der objektiven Auslegung ist nun immer auf die Erreichung einer Form hinzustreben, die die Frage nach der Subsumierbarkeit unter die beiden Arten der Beleidigung, die Ehrzuwiderhandlung oder die Ehrabsprechung, zwanglos ermöglicht, wie später im einzelnen an Beispielen vorzuführen. Auch dieses Verfahren ist, wie hier nur angedeutet sei [1]), von großer Bedeutung für den Wahrheitsbeweis. Dieser ist nämlich nur zulässig, wenn sich in der Tatsachenbehauptung eine Ehrabsprechung, nicht aber, wenn sich in ihr eine Ehrzuwiderhandlung lokalisiert.

III. Hiernach ergibt sich folgende Systematik:

Die Beleidigung als die Kundgebung einer Behandlung eines anderen entgegen seinem sozialen Werte kann folgende Arten aufweisen:

A. Die Kundgebung kann

1. tatsächlich ausgedrückt sein: durch die Sprache (Tatsachen-, Urteilsbeleidigung usw.), durch Handlungen oder Unterlassungen usw.,
2. nach objektiver Auslegung eine Beleidigung enthalten, welche liegt
   a) in dem Inhalt der Kundgebung (Inhaltsbeleidigung), und zwar

[1]) Es sei hier vorläufig auf die Leitsätze Teil IV Abschn. 1 Kap. 1 verwiesen.

aa) in einer Tatsache (Tatsachenbeleidigung),
bb) in einem Urteil (Urteilsbeleidigung),
b) in der Form der Kundgebung (Formbeleidigung).

B. Die sozial geringwertige Behandlung kann inhaltlich sein
1. Ehrabsprechung, und zwar Absprechung
a) der ganzen Ehre,
b) eines zur Ehre gehörigen Wertes, und zwar
aa) der Pflichterfüllung,
bb) der Gewährleistung der Pflichterfüllung, und zwar 1. der erforderlichen Tauglichkeit oder 2. der erforderlichen Gesinnung,
2. bloße Ehrzuwiderhandlung, und zwar
a) Beschimpfung,
b) grobe Taktlosigkeit.

Am wenigsten interessiert uns der Gesichtspunkt zu A 1; für eine beschreibende Wissenschaft wäre er allerdings von großer Bedeutung [1]). Es ließe sich unterscheiden, ob die Äußerung durch die Sprache (Worte, Schrift, Druckwerke) oder durch bildliche Darstellungen oder sonstige Handlungen (Gesten, Tätlichkeiten usw.) oder Unterlassungen erfolgt ist. Bei sprachlichen Äußerungen ließe sich weiter unterscheiden, in welcher Form (ob durch Behauptungen von Tatsachen oder von Urteilen) und in welcher Umgebung (ob dem Beleidigten oder Dritten gegenüber, ob öffentlich) die Äußerung geschehen ist. Endlich ließe sich auch eine Einteilung nach dem Motiv oder dem Zweck geben.

Wichtig ist dies hauptsächlich insofern, als auf diese Weise Strafschärfungsgründe gewonnen werden können. Als solche lassen sich, wie es in unseren und in ausländischen Gesetzen zum Teil geschehen ist, z. B. aufstellen: die Tätlichkeit (§ 185) oder Bedrohung mit Tätlichkeiten (Österr. RE. § 326), die Öffentlichkeit (§ 186), die Verbreitung durch Schriften, Abbildungen, Darstellungen (§ 186) oder speziell in einer Druckschrift oder in öffentlicher Versammlung (Österr. RE. §§ 327 II, 331 II, 332 II),

---

[1]) In dieser Hinsicht sehr ergiebig Rogowski 387 ff.

durch die Presse [1]); ferner die ausschließliche Absicht zu schaden, Schmähsucht (Österr. RE. § 332 speziell für den Vorwurf einer Strafe), oder der Zweck, jemanden zum Zweikampf zu reizen [2]). Ausdrückliche Erwähnung verdient aber auch als möglicher Qualifikationsgrund die Anwesenheit des Beleidigten (so Italien Art. 395 Abs. 2). Sie kommt als strafschärfend wohl weniger deshalb in Betracht, weil sie eine Reaktion hervorrufen und die Gelegenheit zu weiteren Delikten gegen die Person des Beleidigten bieten kann [3]), als deswegen, weil die Anwesenheit des Gegners den Täter eher von der Äußerung hätte abhalten sollen, sein verbrecherischer Wille also um so größer war.

Als gesetzliche Qualifikationsmomente würde ich die angeführten Formen aber sämtlich für entbehrlich halten [4]). Insbesondere würde ich die von Liepmann [5]) befürwortete Aufnahme des Moments der „Anwesenheit des Beleidigten" als eines Strafschärfungsgrundes bedenklich finden; in vielen Fällen wird strafwürdiger erscheinen, wer heimlich hinter dem Rücken jemandes Schlechtes sagt. Nur die Verleumdung wird ihren historisch begründeten, allseitig anerkannten Platz als Sonderdelikt wegen der höheren Strafwürdigkeit des Dolus behaupten [6]). Sachliche Besonderheiten sind für unsere Abhandlung mit diesen Unterscheidungen aber nicht gegeben [7]). In den folgenden Kapiteln beschäftigen wir uns daher nur mit den übrigen Arten, und zwar mit

1. der Inhalts- und der Formbeleidigung (oben A 2),
2. der Ehrabsprechung (oben B 1),
3. der Ehrzuwiderhandlung (oben B 2).

---

[1]) Bei Verbreitung durch die Presse wird vielfach die Einschränkung des Wahrheitsbeweises gefordert.

[2]) Von Liepmann 370 als Strafschärfungsgrund befürwortet.

[3]) So Liepmann 287.

[4]) Ebenso DVE, DGE und KE (DJZ **17** (1912) 1369 ff.). [5]) 370.

[6]) Die Praxis behandelt die Verleumdung meist zu milde. Vgl. dazu Aschrott Z **35** 525 Anm. 13 auf statistischer Grundlage.

[7]) Es sei nur erwähnt, daß in Tatsachen umgedeutet werden können auch bildliche Darstellungen und Gesten (Kopfnicken auf die Frage jemandes, ob X die Straftat, von der die Rede ist, begangen hat). Der Wahrheitsbeweis wird aber im ersten Falle wohl ausgeschlossen sein, weil zugleich die Form beleidigt; dagegen würde er im zweiten Falle m. E. nicht ohne weiteres abzulehnen sein.

II. Abschnitt.

Die Inhalts- und die Formbeleidigung.

1. Die Begriffe Wahrheit, Tatsache und Urteil.

Von grundlegender Bedeutung für das Beleidigungsrecht ist der Gegensatz von Tatsache, die auf ihre Wahrheit, und von Urteil, das auf seine Richtigkeit nachprüfbar ist. Die praktische Bedeutung zeigt sich darin, daß zwar der Wahrheitsbeweis in gewissem Umfange, nicht aber der Richtigkeitsbeweis zulässig ist. Dies ist nun des näheren darzulegen.

Im folgenden dürfen wir einerseits nicht mit den gesicherten Ergebnissen der philosophischen Forschung in Widerspruch geraten, andrerseits nicht vergessen, taugliche Begriffe für das Beleidigungsrecht zu liefern. Wenn wir zunächst unsere Ansicht über die Begriffe Wahrheit, Tatsache und Urteil entwickeln, so kann dies angesichts des gewaltigen, jahrtausendelang durchdachten Problems selbstverständlich nur höchst skizzenhaft geschehen [1]).

I. Unsere Erkenntnis vollzieht sich in Gestalt von Urteilen. Die Urteile lassen sich einmal, ohne daß wir sie zu den Gegenständen der Erkenntnis in Beziehung setzen, lediglich für sich allein auf ihre „Gültigkeit", „Richtigkeit", nämlich Widerspruchsfreiheit, prüfen (wohl schlecht „formelle Wahrheit" genannt). Sodann können wir die Urteile auch mit den von uns wahrgenommenen Gegenständen in Verbindung bringen: das ist „Erfahrung". Besteht dieser Bewußtseinsvorgang die Probe der Richtigkeit, so bedeutet er Erkenntnis der (materiellen) Wahrheit des Gegenstandes. Nur für die naive, von der Kantschen Denkweise unberührt gebliebene Weltanschauung kann die „Wirklichkeit an sich" Wahrheit sein. Eine objektive, von unserem Wahrnehmungs- und Erkenntnisvermögen unabhängige

[1]) Die folgenden erkenntnistheoretischen Ausführungen halten sich absichtlich frei von allen philosophischen Kunstausdrücken. Sie verdanken ihre Anregung den Werken namentlich von Windelband, Rickert, Cohen und Natorp, glauben aber selbständige Arbeit zu liefern.

Wahrheit gibt es für uns nicht. Wahrheit ist nur möglich, soweit unsere Erkenntnis reicht, und Erkenntnis ist Urteil vom wahrgenommenen Gegenstand. Wahrheit ist aber ein solches Urteil vom wahrgenommenen Gegenstand, das ihn allgemeingültig bestimmt, m. a. W.: Übereinstimmung von Wahrnehmung und Urteil.

Allgemeingültigkeit in diesem Sinne von logischer Widerspruchslosigkeit [1]) hat also die tatsächliche Zustimmung aller oder wenigstens der meisten Menschen zwar nicht zur Voraussetzung, wohl aber zur Folge. Die allgemeine Billigung ist die Probe auf das Exempel. Die Sonderwissenschaften greifen gern dieses empirisch leicht faßbare Merkmal heraus und sprechen wohl von Wahrheit dann, wenn sich die Gegenstände übereinstimmend für alle oder doch die meisten Menschen bestimmen lassen.

Von den möglichen Gegenständen der Erkenntnis interessieren für unsere Zwecke insbesondere die Tatsachen. Unter Tatsachen verstehen wir wahrgenommene einzelne [2]) Gegenstände, die zu unserem urteilenden Bewußtsein [3]) dadurch in Beziehung gesetzt werden, daß wir sie miteinander vergleichen und in ihrem Zusammenhange, insbesondere ihrem kausalen (genetischen) oder speziell kausal-teleologischen, zueinander bestimmen. Durch die soeben beispielsweise hervorgehobene kategoriale Beziehung wird der Gegenstand zum (historischen) Vorgang, den man daher, wie man ganz treffend sagt, auf seine „historische Wahrheit" prüft. Zu den Tatsachen gehören auch

---

[1]) Den Begriff „gelten" treffen wir in dieser Abhandlung hier in seiner dritten Bedeutung an. Einmal hieß gelten das tatsächliche Gelten (so wenn Ehre und Ruf gleichgesetzt werden; vgl. auch den folgenden Text); sodann kann gelten auch geltensollen bedeuten (so im Begriff der wirklichen Ehre).

[2]) Das Merkmal „konkret" (vgl. Liepmann 256, Stein ZPO 11. Aufl. zu § 282 II 1 mit Lit.) besagt entweder dasselbe wie „einzeln" oder etwas Ähnliches wie das nach dem Text zu vermeidende Merkmal „wirklich". — Die Zusammenfassung mehrerer untereinander verbundener einzelnen Vorgänge ergibt den Begriff des Tatbestandes (im Sinn von Prozeßstoff).

[3]) Dieses Merkmal scheint Binding Lehrb. **I** 346 allein hervorzuheben, wenn er unter Tatsache (viel zu weit) versteht „alles, was gewußt werden kann".

sogenannte „Zustände", die von den Juristen [1]) bei der Bestimmung des Tatsachenbegriffs meist selbständig neben den „Vorgängen" genannt werden; im Grunde stellen auch sie nur historische Geschehnisse dar. Ob die Tatsache der Gegenwart oder Vergangenheit angehört, ist einerlei. Sogenannte zukünftige Tatsachen sind dagegen keine Tatsachen [2]); Tatsache kann aber die Meinung jemandes sein, ein Ereignis werde eintreten; dann ist Tatsache natürlich nur die Meinung als solche, nicht etwa ihr Inhalt (der mutmaßliche Eintritt). Denn daran muß festgehalten werden: auch dem Innenleben angehörende Vorgänge [3]) können Tatsachen sein; stets ist aber erforderlich, daß es sich um einen einzelnen, d. i. individuell umgrenzten und bestimmbaren

---

[1]) Von der reichen juristischen Literatur über den Begriff „Tatsache" vgl. die Kommentare und Lehrbücher zu StGB §§ 131, 186, 263, 271, ZPO §§ 282, 445 u. a., auch zur Lehre vom Beweis und von der Revision in beiden Prozessen, insbesondere Rupp Beweis im Strafverfahren (1884), Stein Das private Wissen des Richters (1893) und Hegler Die Unterscheidung des Sachverständigen vom Zeugen, Arch. f. ziv. Pr. **104** (1909) 151. Fast in allen Werken macht sich eine methodische Unsicherheit bemerkbar; ihr letztes Kriterium ist oft nur der „Sprachgebrauch des täglichen Lebens" (vgl. Frank § 263 II 1) oder die durch Beobachtung der Einzelfälle induktiv gewonnene Erfahrung (beachte Steins Begriff der „Erfahrungssätze"). So bemerkenswerte Einzelheiten jene Untersuchungen auf Sondergebieten bieten mögen, so wenig Vertrauen erwecken sie wegen des Fehlens einer gesicherten Grundlage. Wenn man sie liest, gewinnt man den Eindruck, als wenn Kant überhaupt nicht gelebt hätte. Sie dürften uns die Antwort auf die Frage schuldig bleiben, weshalb sie gerade den von ihnen gewählten Ausgangspunkt nehmen und nicht einen solchen, den eine andere Schrift nimmt, weshalb sie ihre Ergebnisse für richtig halten und nicht die Ergebnisse jener anderen Schrift, die doch auf Grund ihres Ausgangspunktes logisch durchaus einwandfrei zu ihren eigenen Ergebnissen gelangt; die schwierige Frage ist eben, welcher Ausgangspunkt zu nehmen ist. Der Anfang läßt sich aber nur bei der Erkenntnistheorie machen, bei jener Wissenschaft, deren Aufgabe es ist, den Grund für andere Wissenschaften zu legen. Mit voller Absicht geht Stein Privates Wissen 11 Anm. 34 an der Philosophie vorüber, und v. Lilienthal 390 Anm. 8 führt ein anderswo gefundenes Zitat Kants an!

[2]) A. M. Binding 346 Anm. 6, Rommel Betrug 18 ff. Daß aber die Sonne am 21. September um 6 Uhr auf- und untergehen, daß die Schwangerschaft mit dem 9. Monat endigen wird, ist nicht, wie Binding meint, eine Tatsache, sondern eine naturwissenschaftliche Erkenntnis. Gegen Binding mit Recht v. Lilienthal 391 Anm. 4; ungenau aber 391: „bewiesen werden kann die Berechtigung (?), den Eintritt eines zukünftigen Ereignisses zu erwarten".

[3]) A. M. RG **41** 194 (nur in Verbindung mit äußeren Vorgängen).

Vorgang handelt. Gerade der Jurist sollte an dieser Erkenntnis nicht vorübergehen. Verallgemeinerungen sind daher keine Tatsachen. So erklärt es sich, daß Vorgänge im Bewußtsein des Urteilenden selbst, daß aber nicht sogenannte Beziehungen, Eigenschaften [1]), Rechts- und Vermögensverhältnisse [2]) als solche (als abstracta) Tatsachen sein können. Einige dem Juristen geläufige Beispiele aus dem Gebiet des Betruges und der Beleidigung mögen dies erläutern. Meine Absicht, in den Dienst des A zu treten, meine Hoffnung, zu zahlen, sind Tatsachen, wie auch mein eigenes Beurteilen einer Tatsache als solches eine Tatsache ist, während der Inhalt der Beurteilung (als Schlußfolgerung) keine Tatsache zu sein braucht. Daher sind mein voraussichtlicher Dienstantritt, meine vermeintliche Zahlungsfähigkeit keine Tatsachen. Keinem Zweifel sollte es unterliegen, daß keine Tatsachen, sondern Denk- oder Anschauungsformen sind sogenannte konkrete Beziehungen [3]) wie Verwandtschaft, Abstammung, Rasse, Identität einer Person, sofern der Urteilende diese abgezogenen Begriffe als solche meint und nicht etwa in abgekürzter Form berichten will, A sei der Sohn des B, er sei der Nachkomme eines Juden, er sei identisch mit der bisher nicht bekannten Persönlichkeit X. Keine Tatsachen sind daher ferner Eigenschaften, z. B. Faulheit, Impotenz; Tatsachen sind dagegen die Nichtabgabe der Examensarbeit des X, die Erkrankung des X an dem betreffenden Organ. Sodann rechnen nicht zu den Tatsachen Eigentum, Darlehn, wohl aber die grundbuchliche Eintragung jemandes als Eigentümers und die leihweise Hingabe von Geld durch A an B. Keine Tatsache ist endlich die schlechte Vermögenslage des Großkaufmanns A, wohl aber seine Konkursanmeldung oder sein Jahresabschluß mit einem Defizit von 100 000 M.

Diese historischen Vorgänge fallen unter den Begriff der Tatsachen, dieser unter den weiteren des Gegenstandes. Nun sind wir einer Festlegung des letzteren Begriffs bisher ausge-

[1]) A. M. Liepmann a. a. O., v. Lilienthal 392.

[2]) Nicht genau Frank §§ 263 II b β—δ, 186 II 1.

[3]) A. M. Liepmann a. a. O. Daß jemand einer bestimmten Partei angehört, ist aber eine Tatsache (RG **26** 71).

wichen. Das so schwer zu fassende „Reale" läßt sich aber, was der transzendentalen Betrachtungsweise durchaus selbstverständlich ist und die naive Weltanschauung immer wieder stutzig machen wird, nicht anders definieren als in Beziehung zu dem Bewußtsein; beide sind gleichzeitig gegeben, keines von beiden ist das logische Prius vor dem anderen, so daß — vielleicht sprachlich ganz zutreffend — sich das urteilende Bewußtsein als die Form, der Gegenstand als der Stoff bezeichnen läßt. Und während ersteres als das Bestimmende zu kennzeichnen ist, bleiben für den Gegenstand nur zwei Definitionen übrig: er ist das Bestimmte oder das Bestimmbare. Beide Begriffsbestimmungen sind der Philosophie durchaus geläufig, und es ist interessant, zu sehen, wie auch in der Rechtswissenschaft in ähnlicher Weise zwei Tatsachenbegriffe vorkommen: Tatsache ist einmal das Bewiesene [1]), also identisch mit (historischer) Wahrheit, sodann das (für einen idealen Beobachter) Beweisbare [2]) [3]). In der letzteren, schon von Kant [4]) hervorgehobenen Bedeutung sprechen unsere Gesetze von „unwahren Tatsachen", eine Wendung, die vom Standpunkte der ersteren Auffassung als ein Widerspruch in sich erscheinen und durch den korrekteren Ausdruck „unwahre Tatsachenbehauptung" ersetzt werden müßte. In jenem Sinne verstehen wir unter Tatsachen solche Einzelvorgänge, die wahrnehmbar, beweisbar sind. Wenn wir uns der oben erwähnten, von den Sonderwissenschaften dem Begriff „allgemeingültig" oftmals beigelegten Bedeutung erinnern, können wir Tatsachen im Sinne der Rechtsordnung definieren als solche Einzelvorgänge,

---

[1]) Vgl. Haelschner **2** 261 („alles, was geschehen ist, darum als Gegebenes feststeht"), RG **41** 194 („trägt eine Behauptung das Gepräge der freien Erfindung so unverkennbar an sich, daß sie ihrer Beschaffenheit nach den Eindruck der Wirklichkeit nach außen hin nicht hervorzurufen vermag, so versagt der Begriff der Tatsache"), auch RG **22** 159.

[2]) v. Lilienthal 391 („alles, was bewiesen werden kann"), RG **24** 388 („Geschehnis, dessen Existenz ... sich dartun läßt").

[3]) In diesem Sinne meint man, daß auch etwas Unmögliches als Tatsache hingestellt werden kann. Vgl. v. Liszt § 96 II 2.

[4]) Nach Kant Kr. d. Urt. **2** § 91 sind Tatsachen „Gegenstände für Begriffe, deren objektive Realität, es sei durch reine Vernunft oder Erfahrung ... bewiesen werden kann."

die sich für alle oder doch die meisten Menschen im wesentlichen übereinstimmend feststellen lassen, m. a. W. solche Einzelvorgänge, deren historische Wahrheit an sich beweisbar ist. Eine solche Begriffsbestimmung mag streng wissenschaftlich anfechtbar sein. Ob sie allgemein für unser prozessuales Beweisrecht (vgl. § 282 ZPO) zu verwerten ist, soll nicht untersucht werden; jedenfalls scheint sie uns für das Beleidigungsrecht fruchtbar zu sein.

II. Das Urteil kann sich entweder auf die Tatsache selbst beziehen — dann ist es lediglich beschreibender, berichtender Natur — oder es kann an die Tatsache selbst wieder ein Urteil, und zwar ein solches über die Tatsache, knüpfen — dann hat es beurteilende, bewertende Funktion. Die Tatsachen sind recht eigentlich die Objekte der Bewertung, wie ja zutreffend die Geschichtswissenschaft (im Gegensatz zu den normativen Wissenschaften) als „wertbezogene" Wissenschaft bezeichnet wird. Allein für das Urteil im zweiten Sinne (Urteil über das Urteil, Beurteilung, Werturteil) sparen wir uns künftig den Ausdruck Urteil auf, während wir statt Urteil, das die Tatsache lediglich berichtet, fernerhin Tatsachenbehauptung sagen.

So klar in methodischer Hinsicht die Scheidung zwischen Tatsachenbehauptung und Urteil ist, so unsicher vollzieht sie sich im Leben, das ja an Übergängen so reich und an ungetrübter Widerspiegelung der Begriffe so arm ist. Das Urteil dient oft nur der Vereinfachung der Redeweise; es ist dann nur eine „abgekürzte Tatsachenbehauptung". Oft bringt aber der Sprechende dabei auch seine eigene persönliche Ansicht zum Ausdruck, knüpft an die Tatsache eine Schlußfolgerung, an diese wieder eine Schlußfolgerung und so fort, bis das Werturteil immer durchsichtiger, die Tatsache immer verschwommener wird, bis letztere schließlich ganz verschwindet und das Urteil einem solchen gleichsteht, das gar nicht an eine Tatsache anknüpft, sondern gänzlich losgelöst von der historischen Wahrheit als Urteil in die Welt tritt [1]. Jedes Urteil hat nun die Tendenz der Verall-

[1]) Vgl. RG **27** 96, **37** 372 (Einfachheit der Schlußfolgerungen, leicht übersehbarer Kreis der Tatsachen). — Die Kompliziertheit der Urteilsbildung ist auch für die Abgrenzung des Sachverständigen- vom Zeugenbeweis wenigstens insofern ent-

gemeinerung. Je abstrakter es wird, desto mehr Tatsachen kann es in sich begreifen, und es wird um so leichter abstrakt, je besser es geeignet ist, eine Tatsachenbehauptung abzukürzen. Daher sind im Verkehr der Menschen untereinander Urteile oft beliebter als Tatsachenbehauptungen, und das Recht wird dieser Gepflogenheit Rechnung zu tragen haben. Worauf die Rechtsordnung aber ferner wird achten müssen, ist der Umstand, daß nach außen — und gerade für das Beleidigungsrecht hielten wir ja eine objektive Auslegung der Äußerung für geboten — das Urteil in seiner soeben beschriebenen Entwicklung aus der Tatsachenbehauptung weit früher als Urteil erscheinen wird als im Kopfe des Sprechenden; die Tatsache, die dieser im Sinne hat, mag den Zuhörern verborgen sein, oder diese achten auf sie weniger, weil sie ein größeres Interesse für die vermeintlich persönliche Ansicht des Sprechers haben. Und wo es sich um übles Gerede über den lieben Nächsten handelt, da ist ja die Tendenz zur Verallgemeinerung um so größer, in je weiteren Kreisen die Äußerung bekannt wird, so daß die Verdunkelung der ursprünglichen Tatsache und das Auftreten aller möglichen, unter das Urteil noch gerade fallenden Tatsachen um so näher liegt.

Wo ist nun die Grenze zwischen Tatsachenbehauptung und Urteil zu ziehen [1])? Hier dürfte unser Tatsachenbegriff einzusetzen sein. Liegen der (objektiv ausgelegten) Äußerung bestimmte, individuell umgrenzte Einzelvorgänge [2]) zugrunde, die

scheidend, als ersterer in den meisten Fällen eine besondere Sachkunde voraussetzt; ferner gibt sie ein Merkmal für die Grenzen des Tatsacheneides, dem Schwurpflichtigen darf nicht zugemutet werden, über das Schlußglied einer verwickelten Kette von Schlußfolgerungen den Eid zu leisten.

[1]) Der Gegensatz wird zu Unrecht von v. Lilienthal 392 bestritten. Er besteht auch für den Betrug. In dem Beispiel v. Lilienthals Anm. 2 (Verkauf einer Amatigeige unter der Vorspiegelung, der berühmte Geigenkenner X halte sie für echt) kommt Betrug nur in Frage bei Vorspiegelung der Tatsache, X habe seine Meinung ausgesprochen, die Geige sei echt. Um Vorspiegelung eines Urteils handelt es sich gar nicht; der Gegensatz ist, ob der Täter sein Urteil oder eine Tatsache fälschlich behauptet.

[2]) Ganz treffend Italien: fatto determinato, Belgien: fait précis. Vgl. v. Lilienthal 393. Im übrigen versagen die Gesetze hier ganz, wenn sie — was gar nicht nötig wäre — zu dem Problem des Tatsachen- und Urteilsbegriffs Stellung nehmen. Einige Gesetze sprechen wohl von Tatsachen neben den „Handlungen",

sich auf ihre historische Wahrheit nachprüfen lassen, die also für alle Menschen wesentlich übereinstimmend festgestellt werden können, so handelt es sich um die Behauptung einer Tatsache. Dagegen haben wir es mit Urteilen zu tun, wo Einzelvorgänge den Schlußfolgerungen gar nicht zugrunde liegen oder wo die Kette der Schlußfolgerungen so weitläufig, so kompliziert ist, daß bestimmte Einzelvorgänge nicht mehr als Grundlage der Äußerung erscheinen, oder wo zwar Einzelvorgänge zugrunde liegen, aber nicht solche, die historisch beweisbar sind. So erklärt es sich, daß keine Tatsachenbehauptungen, sondern Urteile darstellen verallgemeinernde, von bestimmten Einzelvorgängen absehende Behauptungen, wie „niedere Herkunft", „Jude" (wenn die Rasse nur als solche behauptet werden soll), „Dummheit", „Krankheit", „schlechte Vermögenslage", „Dieb", „Zuchthäusler" und dergleichen. Behauptet jemand einen (fremden oder eigenen) Bewußtseinsvorgang als solchen, so ist dies eine Tatsachenbehauptung; sie ist an sich (historisch) beweisbar, wenn auch prozessual vielleicht im Einzelfall schwer oder gar nicht beweisbar. Urteile, nicht Tatsachenbehauptungen, sind aber Angaben über (fremde oder eigene) innere Eigenschaften, Fähigkeiten und Gesinnungen (grob, geizig, lügnerisch, praktisch veranlagt, atheistisch gesonnen); dies sind Verallgemeinerungen, die sich historisch gar nicht feststellen lassen, wenn nicht bestimmte Tatsachen behauptet werden, die einen solchen Schluß zulassen. Wir kommen auf diese letzteren Fälle zurück, wenn es gilt, sie daraufhin zu prüfen, ob sie inhaltlich eine Beleidigung enthalten.

III. Die vorstehenden Erörterungen über die Begriffe Tatsache und Urteil sind von besonderer Bedeutung für die Frage, wieweit ein Richtigkeitsbeweis zuzulassen ist. Die Rechtsordnung wird nämlich regelmäßig richtige Äußerungen nicht verbieten dürfen. Rechtswidrig können solche Äußerungen erst dann sein, wenn ein fremdes Rechtsgut, z. B. fremde Ehre, verletzt wird; doch kann auch hier die Rechtsordnung um entgegen-

---

rechnen also zu den Tatsachen anscheinend die Handlungen nicht — im Gegensatz zu Haelschner **2** 191, der unter Tatsachen nur Handlungen versteht. Beides ist unrichtig.

stehender höherer Kulturinteressen willen richtige Äußerungen wiederum erlauben. Diese Gedankengänge verfolgen wir später. An dieser Stelle interessiert uns ein anderes Problem. U. E. kann eine jede Rechtsordnung — schon mit Rücksicht auf die Natur des Rechts selbst, und zwar insbesondere aus technischen Gründen — einen Richtigkeitsbeweis nur innerhalb gewisser Grenzen zulassen.

An sich ist ein Urteil genau ebenso auf seine Richtigkeit nachprüfbar wie eine Tatsachenbehauptung. Die Rechtsordnung muß aber notgedrungen beiden gegenüber eine verschiedene Stellung einnehmen; sie kann den Richtigkeitsbeweis zulassen zwar in bezug auf Tatsachen (d. i. den Wahrheitsbeweis), nicht aber in bezug auf Urteile (d. i. den Richtigkeitsbeweis i. e. S.) [1]). Eine Tatsache wurde von uns gerade als das Beweisbare charakterisiert; sie mag trotz ihrer historischen Beweisbarkeit zwar im Einzelfalle bei der dem Menschen einmal angeborenen Schwäche und aus prozessualen Gründen unbeweisbar sein, aber die Rechtsordnung hat allein deswegen keinen Anlaß, das Streben nach der Wahrheit prinzipiell aufzugeben oder einzuschränken. Ganz anders bei Urteilen. Ihr Wesen erkannten wir in der Abgezogenheit von (historisch nachprüfbaren) Einzelvorgängen und in ihrer Tendenz zur Verallgemeinerung. Diese Tendenz fanden wir bei Beleidigungen besonders stark ausgeprägt. Hier müßte nun ein ganzes Bündel von Tatsachen auf ihre Wahrheit geprüft werden, da doch zunächst der Gegenstand der Wertung zu betrachten ist, ehe die Wertung selbst auf ihre Richtigkeit untersucht wird. Auf ein solches Beweisverfahren kann sich eine Rechtsordnung dann nimmermehr einlassen, wenn der Äußerung erkennbar gar keine Einzelvorgänge, die historisch nachprüfbar sind, zugrunde

[1]) Vgl. RG **24** 388, **31** 281 (Wahrheitsbeweis nur über erkennbare konkrete Tatsachen), RMG **13** 182 (der Wahrheitsbeweis für die Richtigkeit des Urteils sei rechtlich unmöglich), Olshausen § 190 Nr. 4. Beachtlich, aber nicht zutreffend v. Bar 123 (auch 174). Zu der gegenteiligen Ansicht werden diejenigen neigen, die auch für das Beleidigungsrecht einen Begriff der inneren Ehre ohne jede Einschränkung und ohne Anerkennung einer besonderen Verkehrsehre vertreten. Andere, die bei Wahrheit der behaupteten Tatsache die Rechtswidrigkeit der Beleidigung ausschließen, mögen ein Gleiches bei Richtigkeit des erhobenen Vorwurfs tun; vgl. Liepmann 254 Nr. 4.

liegen. Bei den leicht hingeworfenen Vorwürfen der Dummheit, Faulheit, Krankheit, Armut denken meist weder der Beleidiger noch die Zuhörer an individuell umgrenzte Tatsachen, und der objektive Ausleger wird eine etwaige Beleidigung nur in dem (generalisierenden) Urteil erblicken. Je reiner das Urteil ist, desto mehr Tatsachen wären nachzuprüfen, und der Beleidiger wird im Lauf des Strafverfahrens gern nach den sämtlichen Belegen suchen, die er zur Zeit der Tat gar nicht kannte und die doch allein ein Urteil in dieser Allgemeinheit zu rechtfertigen vermögen — wer zwei- oder dreimal über das übliche Maß dem Weine zugesprochen hat, verdient noch nicht die Bezeichnung „Trunkenbold". Hier kann unmöglich dem Gericht zugemutet werden, in eine Verhandlung über die Wahrheit aller Tatsachen einzutreten, die nur in ihrer Gesamtheit die vom Täter gezogene Folgerung rechtfertigen würden. Ferner ist — entsprechend unserem Begriff des Urteils — ein Richtigkeitsbeweis dann ausgeschlossen, wenn zwar der Äußerung bestimmte beweisbare Einzelvorgänge zugrunde liegen, die Kette der Schlußfolgerungen aber äußerst weitläufig und kompliziert ist, z. B. bei Äußerungen über Weltanschauungsfragen, politische Ideale. Hier ist die Richtigkeit oder Unrichtigkeit des Werturteils in dem Sinne, daß wesentlich alle Menschen übereinstimmen würden, gar nicht feststellbar; das Gericht wäre vor eine unlösbare Aufgabe gestellt. Die vermeintlich zugrunde liegenden Tatsachen hat der Richter aber deswegen gar nicht nachzuprüfen, weil die Kette bis zu dem (allein beleidigenden) Schlußurteil nicht auf ihre Schlüssigkeit nachgeprüft werden kann; wir setzten ja hier den Fall, daß nicht die Behauptung der Tatsache als einer solchen, sondern der Ausspruch einer persönlichen Ansicht des Täters beleidigt. Ein Wahrheitsbeweis über die Tatsachen wäre also überflüssig, da er an dem Vorhandensein der Beleidigung nichts ändern würde.

In vereinzelten Fällen mag prozessual der Richtigkeitsbeweis leicht, der Wahrheitsbeweis schwer zu führen sein. Gleichwohl ist an unserem prinzipiellen Standpunkt ein- für allemal festzuhalten. Die Rechtsordnung generalisiert auch hier, und wir werden im Lauf dieses Teils der Abhandlung sehen, wie diese Art des Generalisierens durchaus jener anderen entspricht, die zur Bildung einer rechtlich geschützten Verkehrsehre führte. Das Gesetz verbietet durchweg den Ausspruch rein persönlicher, fremde Ehre antastender Anschauungen, weil es mit der Wahrscheinlichkeit rechnet, die persönliche Ansicht lasse sich nicht nachprüfen. So wird vielleicht manchem, der temperamentvoll und schlagfertig sein Urteil fällt, statt ängstlich und trocken zu berichten, Unrecht angetan. Aber das Gesetz mutet ihm auch nicht zu, in schwierigen Lebenslagen selbst zu prüfen, wie er seine Mitmenschen zu behandeln hat. Wenn es erlaubt wäre, nur das im Einzelfall Richtige und Beweisbare zu äußern, so würde gerade der Gewissenhafte in steter Besorgnis schweben, daß eine die Verkehrsehre seines Mitmenschen betreffende Äußerung falsch sein könne, und mit der Rechtssicherheit im Verkehr durch Rede und Schrift wäre es übel bestellt. Daher rechtfertigt sich der Grundsatz: sofern fremde Ehre angetastet wird, dürfen nur die nackten Tatsachen substantiiert [1]) vorgebracht, nicht aber unsubstantiierte persönliche Ansichten kundgetan werden [2]). Urteile wirken wegen ihrer Tendenz zur Verallgemeinerung immer schädlicher, als es der Beleidiger selbst wollte. Und so erklärt sich auch die vielleicht auf den ersten Blick nicht einleuchtende bessere Stellung desjenigen, der die Verfehlung eines anderen in allen ihren Einzelheiten genau schildert, gegenüber dem, der vorsichtig und schonend eine allgemein und unbestimmt gehaltene Wendung gebraucht.

---

[1]) Vgl. Naendrup 8 (Unterscheidung zwischen substantiierten und unsubstantiierten Äußerungen).

[2]) natürlich so, wie sie bei objektiver Auslegung erscheinen würden, nicht so, wie sie in Wirklichkeit behauptet werden. Vgl. Frank § 186 II 1 (nicht erforderlich sei, daß die Tatsache als eine konkrete, substantiierte behauptet sei), Olshausen § 186 Nr. 2 c (wenn es sich um einen konkreten Vorgang handle, sei es gleichgültig, ob der Vorwurf direkt erhoben oder durch Schlußfolgerungen vermittelt werde, ferner ob der Vorgang durch Worte „nach meiner Meinung" oder „es scheint" verschleiert werde, andrerseits enthalte das Aussprechen eines allgemeinen Urteils selbst dann nicht die Behauptung einer Tatsache, wenn es sich in eine positive Form kleide). Nur in diesem Sinne ist m. E. RG GoltdA (1900) 460 zu verstehen: in dem Worte „Dieb" sei kein Schimpfwort zu sehen, wenn die Bezeichnung zuträfe; das kann doch nur heißen: wenn es auf eine bestimmte wahre Tatsache schließen lasse.

2. Die Tatsachen- und die Urteilsbeleidigung.

Eine Tatsachenbeleidigung liegt vor, wenn sich das (inhaltlich) Beleidigende ausschließlich in einer Tatsache lokalisiert, also wenn die objektive Auslegung der Äußerung ergibt, daß schon die Behauptung der Tatsache als einer solchen eine Beleidigung enthält, daß dagegen die daraus gezogene Schlußfolgerung (das Urteil) oder die Ausdrucksweise (die Form) keine neue Beleidigung bedeutet. Dagegen sprechen wir von einer Urteilsbeleidigung, wenn nach objektiver Auslegung allein in einem Urteil das Beleidigende zu erblicken ist. Und ähnlich werden wir von einer Formbeleidigung dann reden, wenn allein die Ausdrucksweise eine Beleidigung objektiv erkennen läßt.

Hiernach kann aber auch eine und dieselbe Äußerung sowohl eine Tatsachen- wie eine Urteils- wie eine Formbeleidigung enthalten; doch ist zu beachten, daß in einem solchen Falle die Beleidigungen inhaltlich voneinander verschieden sein müssen. So mag in einem gewissen Zusammenhang das Wort „Lump" dahin verstanden werden, daß jemand einen bestimmten Diebstahl ausgeführt hat (Tatsachenbeleidigung), daß er aber zugleich (allgemein) eine ehrlose Gesinnung zeigt (Urteilsbeleidigung), wozu endlich noch das Beleidigende der Ausdrucksweise (Formbeleidigung) treten kann. Derartige „gemischte" Beleidigungen, wie wir sie vielleicht bezeichnen dürfen, bieten kein besonders geartetes Interesse. Wir handeln im folgenden allein von den „reinen" Beleidigungen.

Tatbestandsmäßig ist der Wahrheitsbeweis nur bei Tatsachenbeleidigungen zulässig. Das heißt: für das Vorhandensein (den Tatbestand) einer Beleidigung wäre ein Nachforschen nach der Wahrheit unerheblich und daher unzulässig, wenn dieser beleidigende Inhalt nicht in der Tatsache, sondern in dem Urteil oder in der Form objektiv zu erkennen ist. Könnte doch die Wahrheit der Tatsache eine solche Beleidigung nimmer aus der Welt schaffen. Wird behauptet, die Ehefrau des Bürgermeisters sei früher Dienstmädchen gewesen, so ist für den Wahrheitsbeweis kein Raum, wenn in der Äußerung der Vorwurf liegt, sie verstehe nicht, sich so zu benehmen, wie man es von einer Dame in ihrer jetzigen Stellung erwarten sollte. In diesen und ähnlichen Fällen dürfte eine Verhandlung über die Wahrheit der behaupteten Tatsache höchst unerwünscht sein. Den inneren Grund für den Ausschluß des Wahrheitsbeweises glauben wir hiermit klargelegt zu haben, und es bleibt später nur noch auszuführen, daß der Wahrheitsbeweis tatbestandlich bei Ehrabsprechungen, nicht aber bei Ehrzuwiderhandlungen zulässig ist, ferner daß die Wahrheit der behaupteten Tatsache unter Umständen die Rechtswidrigkeit der Beleidigung ausschließen kann.

Die Strafzumessung kann aber in den erörterten Fällen der Urteilsbeleidigung ebenfalls eine Verhandlung über die Wahrheit der behaupteten Tatsache notwendig machen. Wer die Tatsachen, aus denen er den beleidigenden Schluß zieht, völlig aus der Luft greift, kann unter Umständen strafwürdiger erscheinen als der andere, der wahre Tatsachen dem beleidigenden Urteil zugrunde legt. In manchen Fällen ist aber auch für die Frage der Strafzumessung die Wahrheit der behaupteten Tatsache ohne Belang. Dies namentlich dann, wenn das Urteil sehr allgemein gehalten ist, so daß ihm eine ganze Reihe von Tatsachen zugrunde liegt, von denen nur einige für die Frage der Wahrheit in Betracht kommen könnten; ferner dann, wenn die Kette der Schlußfolgerungen sehr weitläufig und undurchsichtig ist, wie in dem oben erwähnten Fall, wo behauptet wird, die Bürgermeistersgattin sei früher Dienstmädchen gewesen; denn der Schluß auf ihr jetziges nicht anständiges Verhalten ist alles eher denn zwingend.

Zur Übersicht sei hier, was in den folgenden Kapiteln auszuführen ist, das Verhältnis der Tatsachen-, Urteils- und Formbeleidigung zu den inhaltlichen Arten der Beleidigung zusammengestellt:

1. die Tatsachenbeleidigung kann sein
   a) Ehrabsprechung, und zwar Absprechung der Pflichterfüllung,
   b) Ehrzuwiderhandlung, und zwar grobe Taktlosigkeit,
2. die Urteilsbeleidigung kann sein
   a) Ehrabsprechung, und zwar Absprechung der erforderlichen Tauglichkeit oder Gesinnung,
   b) Ehrzuwiderhandlung, und zwar grobe Taktlosigkeit,

3. die Formbeleidigung kann sein nur Ehrzuwiderhandlung, und zwar Beschimpfung oder grobe Taktlosigkeit.

3. Die Formbeleidigung.

Jede Kundgebung erscheint in einer äußeren Form, einer Ausdrucksform, einem Gewande. Das Innere kann eine Tatsachenbehauptung, ein Urteil oder ein sonstiges menschliches Verhalten sein. Nach objektiver Auslegung der Kundgebung kann die Beleidigung sich ausschließlich in der Ausdrucksform herausstellen: Formbeleidigung [1]).

Zu der Form in diesem Sinne gehören die Worte, Redewendungen, der Satzbau, Zusammenhang der einzelnen Worte, aber auch der Tonfall, die Stärke des Ausdruckes, bei bildlichen Darstellungen die Striche, die Farben usw.

Man darf die Form nicht mit den begleitenden Umständen verwechseln, insbesondere nicht mit den Beigaben durch Wörter, Redewendungen usw., durch die erst etwas anderes, sei es der Inhalt oder die Form des Inhalts, zu etwas Beleidigendem gemacht wird [2]). Sind diese Beigaben selbst beleidigend, so interessieren sie uns natürlich nicht als die „Umstände", sondern kommen selbst als Inhalts- oder Formbeleidigungen in Betracht. Die Praxis der Untergerichte leidet oft daran, daß nicht genügend zwischen „Form" und „Umständen", die ja in den §§ 192 und 193 nebeneinander genannt werden, unterschieden wird; ihre Urteile

---

[1]) Die Ausdrücke „Formbeleidigung" oder „Formalbeleidigung" werden in der Literatur und der Rechtsprechung in den verschiedensten Bedeutungen gebraucht. Man kann darunter verstehen:

1. die Beleidigung nach § 185 im Gegensatz zu § 186,
2. die Fälle der §§ 192, 193, in denen das Vorhandensein der Beleidigung sich aus der „Form" ergibt,
3. die von uns genannte Ehrzuwiderhandlung,
4. die von uns genannte reine Formbeleidigung (oder auch die gemischte Formbeleidigung),
5. den Gegensatz zur Tatsachenbeleidigung, also die Form- und Urteilsbeleidigung,
6. die Beleidigung, die nicht durch Worte, sondern durch Handlungen gewisser Art, z. B. Gesten, Tätlichkeiten, geschieht.

[2]) Nr. 2 b unseres Schemas S. 83.

8*

werden oft nur aus diesem Grunde aufgehoben und zur anderweiten Verhandlung und Entscheidung in die Vorinstanz zurückverwiesen. Die Obergerichte verlangen dabei mit Recht die genaueste Feststellung des Sachverhaltes und Wiedergabe der gesamten Unterhaltung der streitenden Parteien in den Urteilsgründen, wobei dann genau anzugeben ist, in welchem Bestandteil der Äußerung die Beleidigung erblickt wird.

Ein Beispiel. Äußerung: „Sie scheinen gestern beim Vortrag nicht zugehört zu haben ... (jetzt folgen lange Unterredungen unwesentlicher Natur) ..., ein Bekannter von mir sagte öfters: Schlafmützen gehören nicht in derartige Veranstaltungen." Der erste Teil braucht an sich nicht zu beleidigen. Äußert jemand die Ansicht, der A wäre einem Vortrage, dessen Besuch durchaus nicht wichtig für ihn ist, nicht gefolgt, so ist dies keine Urteilsbeleidigung. Der erste Teil enthält auch keine Formbeleidigung. Der zweite Teil, in dem eine Äußerung des Freundes wiedergegeben wird, ist an sich ebenfalls nicht beleidigend. Er kann aber als „Umstand" den ersten Teil oder umgekehrt dieser jenen zu einer Formbeleidigung machen (der A sei eine Schlafmütze) oder zu einer Urteilsbeleidigung (der A sei zu bequem, sich Mühe zu geben, dem Vortrage zu folgen, oder er gehöre aus irgendwelchen Gründen nicht in derartige Veranstaltungen usw.).

In diesem Sinne wären derartige Fälle langer Unterhaltungen von unserem Standpunkte aus zu entscheiden. Schwierigkeiten entstehen dagegen für die herrschende Praxis, die nur eine Beleidigung nach der Form oder nach den Umständen unterscheidet und daneben nur eine Tatsachenbeleidigung kennt, während sie gern die Urteilsbeleidigung ebenfalls als Formbeleidigung bezeichnet. Welche dieser Beleidigungen von ihrem Standpunkte in dem oben wiedergegebenen Falle vorliegen und ob sie etwa, sich an den Wortlaut der Äußerung haltend, eine Tatsachenbeleidigung mit Zulassung des Wahrheitsbeweises annehmen würde, mag begründeten Zweifeln unterliegen, zumal da sie sich um die Methode der objektiven Auslegung nicht viel bekümmert.

Eine Formbeleidigung kann vorliegen, wenn etwas an sich nicht Beleidigendes mit erhobener Stimme oder in akzentuiertem, ironischem, sarkastischem oder lächelndem Tone oder unter

Nachahmung des Dialektes oder der Ausdrucksweise des anderen, der z. B. „mir“ und „mich“ verwechselt, gesagt wird, außerdem wenn etwas aus dem Leben eines anderen erzählt und dabei gerade bei einem heiklen Thema in auffallenden Flüsterton verfallen wird, obwohl der Inhalt selbst nicht beleidigt (reine Formbeleidigung). Würde der Inhalt aber gar nicht verstanden werden und sollte er nach Absicht des Erzählenden auch nicht verstanden werden, so kann das Flüstern auf das Urteil schließen lassen, daß bei dem anderen an dieser Stelle seines Lebens etwas nicht in Ordnung ist (Urteils- und Formbeleidigung). Eine Formbeleidigung kann auch darin gesehen werden, daß für gewisse diskrete Themata die Schriftform oder die bildliche Darstellung gewählt wird. Diese wenigen Beispiele mögen genügen. Gerade dieses Gebiet der Beleidigungsfälle ist überreich.

Das Verhältnis der Formbeleidigung zum Wahrheitsbeweis erscheint von dem hier eingenommenen Standpunkte durchaus klar und einfach. Für das Vorhandensein (den Tatbestand) einer Beleidigung ist es unerheblich, ob die mit einer Formbeleidigung etwa verbundene Tatsachenbehauptung auf Wahrheit beruht oder nicht, und für die Frage der Strafzumessung ist zu unterscheiden. Es gilt also dasselbe wie für die Urteilsbeleidigung. Der geltende § 192 RStGB zwingt aber zu einer anderen Auffassung, die wir legislatorisch nicht billigen können. Danach ist der Wahrheitsbeweis selbst dann zuzulassen, wenn bereits feststeht, daß nur die Form der Äußerung beleidigt und wenn es für den Richter ohne Zweifel ist, daß die Höhe der Strafe durch die Aufnahme des Wahrheitsbeweises nicht im geringsten beeinflußt werden würde [1]). In dem Falle [2]), wo jemand einem Geistlichen nachgesagt hatte, gelogen zu haben, und daran die Äußerung knüpfte: „ein Geistlicher, der lügt, ist in meinen Augen ein Schweinehund“, ist allerdings der Wahrheitsbeweis von großer Bedeutsamkeit. Wie wäre es aber, wenn nur eine ganz geringfügige Verfehlung nachgeredet würde — die Nachrede müßte aber selbstverständlich noch immer beleidigen —, wenn die mit ihr

---

[1]) Vgl. RG. **1** 260, Olshausen § 190 Nr. 4 nebst weiterer Rspr.

[2]) mitgeteilt von Sontag Arch. RWph. **2** 553.

verbundene Formbeleidigung dagegen eine äußerst starke Beschimpfung enthalten würde? Sollte hier eine vielleicht sehr umfängliche und für die sämtlichen Beteiligten höchst unerwünschte Beweisaufnahme über die Wahrheit stattfinden, die doch für die richterliche Entscheidung völlig unerheblich sein würde [1])? Dann ließe sich allerdings verstehen, wenn nach einer gesetzlichen Beschränkung der allgemeinen Zulassung des Wahrheitsbeweises verlangt wird.

III. Abschnitt.

Die Ehrabsprechung.

1. Begriff und Arten.

Die Beleidigung kann Absprechung der ganzen Ehre oder eines zur Ehre gehörenden Wertes sein. Erstere bietet keine Schwierigkeiten. Sie geschieht in Gestalt der Urteilsbeleidigung; der Wahrheitsbeweis ist also stets ausgeschlossen. Schwieriger zu behandeln ist das Absprechen einzelner Werte. Aus unserem Ehrbegriff [2]) ergeben sich ohne weiteres folgende Arten:

1. Behauptung der Pflichtverletzung oder [3]) Verneinung der Pflichterfüllung,
2. Zusprechen von Eigenschaften, die die Gewährleistung der Pflichterfüllung ausschließen, oder [3]) Absprechen von Eigenschaften, die zur Pflichterfüllung erforderlich sind, und zwar kann die Äußerung betreffen
   a) die erforderliche Gesinnung,
   b) die erforderliche Tauglichkeit.

Die Unterscheidung bringt Österr. VE. § 327 im wesentlichen zum Ausdruck, wenn er von der Beschuldigung einer „Handlung,

---

[1]) Die Untergerichte helfen sich hier meist, indem sie die Wahrheit „dahingestellt" sein lassen (richtiger: „als vorhanden unterstellen") und dann die Formbeleidigung begründen. Dies dürfte aber dem § 192 und dem sonst in Strafsachen üblichen Feststellungsverfahren wenig entsprechen.

[2]) Vgl. oben insbesondere Teil I Abschn. I Kap. 3.

[3]) Diese Scheidung in positiv und negativ tritt bei Frank § 185 I 1 a und b hervor.

Unterlassung, Eigenschaft oder Gesinnung, die geeignet sind" usw. spricht. Aber auch Schweiz. VE. Art. 105 läßt eine ähnliche Einteilung erkennen. Die „Nachrede von unehrenhaftem Verhalten" ist etwa mit der Absprechung der Pflichterfüllung gleichbedeutend, die Nachrede von schweren sittlichen Gebrechen würde dagegen so ziemlich unserer Absprechung der zur Pflichterfüllung erforderlichen Gesinnung entsprechen, während die Nachrede rufgefährdender Tatsachen allerdings weiter wäre als die Absprechung der zur Pflichterfüllung erforderlichen Eigenschaften.

Statt Ehrabsprechung ließe sich auch „Mißachtung" sagen. Doch scheint uns dieses Wort auch hier nicht empfehlenswert. Es bezieht sich wohl auf die ganze Person, auf die ganze Ehre, nicht auch auf einen zur Ehre gehörigen einzelnen Wert; zudem ist eine Verwechslung mit der bloßen Ehrzuwiderhandlung oder der Achtungsverletzung zu leicht möglich. Der Ausdruck „Anzweiflung" besagt gegenüber der Ehrabsprechung nur ein Minus. Das Bezweifeln der Pflichterfüllung würde nur unter Absprechung der erforderlichen Gesinnung oder Tauglichkeit fallen.

Bei der Absprechung einzelner Werte kann sich das Beleidigende in einer Tatsache, in einem Urteile oder zugleich auch in der Form lokalisieren. Es braucht nicht immer, wie es scheinen könnte, in der Abstraktion der Auslegung bis auf ein Urteil vorgedrungen zu werden, obwohl der Ausdruck Ehrabsprechung unmittelbar ein Urteil voraussetzt. Aber man darf sich nicht an den Ausdruck klammern. Es kann sich die Behauptung einer Tatsache, z. B. einer Straftat, unmittelbar der Unterart zu 1. des obigen Schemas (Behauptung einer Pflichtverletzung) einfügen. Diese Art der Ehrabsprechung erfolgt sogar ausschließlich durch Tatsachenbehauptung. Geschieht sie in Wirklichkeit durch Urteile, wie z. B. durch die Äußerung „ich bin der Ansicht, daß X gestohlen hat", so lokalisiert sie sich entweder in der Tatsache „X hat gestohlen" (Behauptung der Tatsache der Pflichtverletzung) oder, wenn der Täter seine Erklärung in Wahrheit abschwächen wollte, in dem Urteil: „ich traue dem X zu, daß er gestohlen hat" (Behauptung des Urteils mangelnder Gesinnung). Die Ehrabsprechung zu 2. des obigen Schemas kann nur durch ein Urteil oder zugleich durch die Form geschehen; stets ist aber ein Urteil erforderlich. Die nur durch die Form beleidigende Äußerung (reine Formbeleidigung) beschränkt sich daher auf die Ehrzuwiderhandlung [1]. Niemals geschieht diese Art der Ehrabsprechung durch Behauptung von Tatsachen. Der Täter mag lange Geschichten erzählen und nur Tatsachen behaupten; das Beleidigende kann aber, wenn es eine Verneinung der Gesinnung oder der Tauglichkeit zur Pflichterfüllung enthält, sich nur in einem Urteil lokalisieren. Es sei an das im vorigen Kapitel erwähnte Beispiel erinnert, in dem wir aus dem Sachverhalt die Formbeleidigung herauslasen, X sei eine Schlafmütze; ebenso können wir aus dem Erzählen endloser Tatsachen den Schluß ziehen, X sei faul. Wenn die Tatsachen als solche noch nicht beleidigen, sondern erst dieses Urteil, ist natürlich für einen Wahrheitsbeweis kein Raum.

Die Ehrabsprechung ist Tatsachenbeleidigung also nur im Falle, daß die Pflichterfüllung abgesprochen wird. Nur in diesem Falle ist daher der Wahrheitsbeweis zulässig.

2. Das Absprechen der Pflichterfüllung.

Wie wir soeben sahen, erfolgt das Absprechen der zur Ehre erforderlichen Pflichterfüllung durch Tatsachenbehauptungen. Die Tatsachen müssen natürlich unwahr sein; die vielumstrittene Frage, ob die Unwahrheit Tatbestandsmerkmal sein müsse, ist also hiernach zu bejahen. Denn sind die Tatsachen wahr, so sind die Pflichten eben verletzt und kann ihre Erfüllung nicht abgesprochen werden [2]. Das Problem des Wahrheitsbeweises ist somit für uns eigentlich erledigt, und es tritt die allerdings nicht einfache Beantwortung der Frage heran, ob die Pflichten, deren angebliche Verletzung behauptet ist, für die (gegenwärtige) Bewertung des Angegriffenen überhaupt erheblich sind [3]. Sind

---

[1]) Insofern ist die Einteilung Hammeleys 15 ff. nicht ganz unberechtigt.

[2]) Nach unserem Sprachgebrauch kann also nur etwas wirklich Vorhandenes abgesprochen werden und bedeutet „absprechen" stets „zu Unrecht absprechen". Vgl. zu der Frage des Textes auch Delaquis Schweizer Protokolle der 2. Expertenkommission **2** 436.

[3]) Voraussetzung ist natürlich in erster Linie, daß eine Pflicht des Ange-

sie es nicht, so kann tatbestandsmäßig zwar eine Ehrzuwiderhandlung vorliegen, aber keine Ehrabsprechung.

Die Ehre kommt tatbestandsmäßig, wie gezeigt, nur für die Frage, ob die Pflichten erfüllt sind, in Betracht, nicht aber für die Frage nach dem Grade der Pflichterfüllung. Wer daher einem anderen vorwirft, er habe nicht Hervorragendes geleistet, beleidigt nicht [1]), und schon deshalb ist eine Beleidigung ausgeschlossen in dem vom Reichsgericht [2]) behandelten Falle, wo über eine Rede Bismarcks geäußert ist, ebenso habe auch ein Schornsteinfeger sprechen können.

Im übrigen muß die heikle, aber nicht zu vermeidende [3]) Untersuchung angestellt werden, ob die Erfüllung der Pflicht, deren Verletzung behauptet wird, für die günstige Beurteilung des Menschen als solchen unumgängliche Voraussetzung ist, ob ihre Verletzung den Menschen als soziales Wesen minderwertig macht. Das ist der richtige Kern des von § 186 formulierten Maßstabes, die Tatsache müsse geeignet sein, einen anderen verächtlich zu machen oder in der öffentlichen Meinung herabzuwürdigen. Daher sahen wir keine Beleidigung in dem Vorwurf der Verletzung einer zwar rechtlich vorgeschriebenen, aber für die Beurteilung eines Menschen als solchen unerheblichen Pflicht [4]). Es sei an den früher erwähnten Fall erinnert, wo behauptet wird, X habe als Hauswirt nicht für Anmeldung von Dienstboten gesorgt. Die Beispiele lassen sich leicht vermehren. Man denke nur daran, wie leicht bei der Fülle von Normen zivilrechtlichen und öffentlich-rechtlichen Charakters eine Übertretung ist, die

griffenen abgesprochen wird. Wer jemandem die Verletzung einer Pflicht, die ihm gar nicht obliegt, vorwirft, beleidigt regelmäßig nicht (ebenso Kern 35). Die Äußerung kann aber unter Umständen so auszulegen sein: der Angegriffene nehme es überhaupt mit der Pflichterfüllung nicht genau; der Fall kann also derart liegen, daß der Äußernde nur Beispiele geben wollte und dabei eine Pflicht irrtümlich als dem Angegriffenen obliegend annahm; dann beleidigt er durch Absprechung der erforderlichen Gesinnung; Wahrheitsbeweis also ausgeschlossen.

[1]) Vgl. v. Bar 125. [2]) Rspr. 1 28.

[3]) Auch nach der Formel Liepmanns, mit dem wir im Ergebnis wohl im großen und ganzen übereinstimmen, wenn er verlangt, die Eigenschaften müßten für die Erfüllung der spezifischen Aufgaben des Verletzten unentbehrlich sein, entstehen die gleichen Schwierigkeiten.

[4]) oben S. 13.

man daher dem betreffenden nicht immer wird übel anrechnen dürfen. Anders natürlich, wenn die Behauptung der Tatsache objektiv in ein Urteil zu deuten ist, man nähme es mit den Gesetzen nicht genau und dergleichen; hier steht eine ganz andere Art der Ehrabsprechung in Frage. Im einzelnen mag man je nach den Umständen eine Handlung bald als Pflichtverletzung betrachten, bald nicht [1]). So mag der Vorwurf, gelogen zu haben, nicht immer Beleidigung sein; denn vereinzelte Notlügen dürften nicht immer als wesentliche Pflichtverletzung aufzufassen sein; vielleicht ist dies aber bei einem Geistlichen anders als bei einem Geschäftsreisenden. Selbst die über ein junges Mädchen getane Äußerung, sie sei nicht mehr Jungfrau, dürfte in verschiedenen Kreisen, z. B. auf dem Lande, nicht immer als beleidigend angesehen werden [2]).

Mit dem Gesagten erledigen sich auch einige in der Literatur in diesem Zusammenhange aufgeworfene Streitfragen. Man fragt, ob die Aberkennung einer einzelnen Leistung Beleidigung ist. Sie ist es dann, wenn man unter Leistung dasselbe versteht wie Pflichterfüllung. Wer z. B. dem Bahnbeamten nachsagt, er habe einmal das Blocksignal nicht richtig bedient, spricht ihm eine Einzelleistung in diesem Sinne ab. Meist denkt man wohl aber bei dem Worte „Leistung" an eine hervorragende Leistung, an eine freie, nicht durch die Pflicht gebotene Tat. Dann liegt, wie sich aus unseren früheren Ausführungen ergibt, keine Beleidigung vor [3]). — Ob die Pflicht gerade durch den Beruf geboten wird, ist unerheblich [4]). Das Wort „Berufspflichten" ist einmal zu weit, da diese auch geringfügiger Natur, wenigstens für die Beurteilung des betreffenden unerheblich sein können —,

---

[1]) v. Bar 103 meint, der Vorwurf, einmal verdorbenes Fleisch verkauft zu haben, sei nicht Beleidigung; anders aber, wenn behauptet werde, dies sei oft oder regelmäßig der Fall. M. E. wird man mit Rücksicht auf unsere strenge Nahrungsmittelgesetzgebung und das erhebliche öffentliche Interesse an Zurückhaltung gesundheitschädlichen Fleisches auch schon den einzelnen Fall als erhebliche Pflichtverletzung betrachten müssen.

[2]) A. M. anscheinend v. Lilienthal 398 Nr. 3.

[3]) Zutreffend nimmt Frank § 185 I 1 a Beleidigung dann an, wenn die Kritik der einzelnen Leistung die Person ergreift.

[4]) A. M. v. Bar 105.

wer dem Pförtner unbegründet vorwirft, einmal die Tür nicht pünktlich geöffnet zu haben, beleidigt nicht —, andererseits zu eng — in den Kreisen, in denen auf Etikette außerordentlich viel gegeben wird, mag der unbegründete Vorwurf, diese verletzt zu haben, beleidigen, der Vorwurf steht dem Absprechen der Fähigkeit, sich konventionell korrekt zu benehmen, sicherlich nicht nach.

Immer kommt es für die Entscheidung über die Erheblichkeit einer Pflicht darauf an, ob ihre Erfüllung oder Nichterfüllung gerade für die Beurteilung des Menschen als solchen, als eines sozialen Wesens, erheblich ist. Daß die Pflicht dem Rechte nicht zuwiderlaufen darf, ist in den grundlegenden Ausführungen zur Genüge hervorgehoben[1]. Natürlich können nur Vorwürfe schuldhafter[2] Pflichtverletzung Beleidigung sein. Die Ehre, wenigstens die Pflichterfüllung, kann nicht abgesprochen werden, wenn eine im Zustande der Bewußtlosigkeit oder in entschuldbarer[3] Unkenntnis begangene Pflichtverletzung vorgeworfen wird. Zweifelhaft könnte es scheinen, ob eine Pflichtverletzung überhaupt vorliegt, wenn ein günstiger, aber vom Willen des Handelnden unabhängiger Erfolg eingetreten ist. Kann man einem Staatsmann nicht noch Ehre in demselben Maße wie bisher beimessen, wenn er schuldhaft eine falsche Politik eingeschlagen hat, die schließlich infolge eines äußeren glücklichen Umstandes doch den erwünschten Erfolg hat? M. E. hat die Ehre gelitten. Im gewöhnlichen Leben spricht man wohl davon, das Glück stelle die Ehre wieder her, wie auch die Zeit eine rehabilitierende Wir-

---

[1]) S. 29, 30.

[2]) „Schuld" ist hier im Rechtssinne gemeint, nicht etwa im Sinne der Moral. Wer der Pflicht genügt, aber aus unlauterer Gesinnung, aus Nebenrücksichten usw., dem kann man mit Recht eine Pflichtverletzung in unserem Sinne nicht nachsagen. Wer gleichwohl der Vorwurf der Pflichtverletzung erhebt, begeht eine Ehrabsprechung. Ausgeschlossen also der Beweis der Wahrheit jener nachgesagten unlauteren Gesinnung.

[3]) Unter dieser Voraussetzung (beim Fehlen des „Verschuldens") werden die Äußerungen, der Arzt habe den Patienten X falsch behandelt, der Richter habe den Prozeß Y falsch entschieden, keine Beleidigung enthalten. Anders, wenn fachliche Unkenntnis behauptet werden soll; dann liegt eine Urteilsbeleidigung (Absprechung der zur Pflichterfüllung erforderlichen Tauglichkeit) vor.

kung hat. Aber der Zufall entscheidet nicht darüber, ob eine Pflicht erfüllt ist oder nicht. Wenn diese Pflichtverletzung überhaupt für die soziale Bewertung des Menschen von Erheblichkeit ist, wird man in dem Vorwurf der Pflichtverletzung trotz des Zusatzes, daß das Glück wieder alles gut gemacht habe, eine Ehrabsprechung zu erblicken haben.

3. Das Absprechen der Gewährleistung der Pflichterfüllung.

Ehrabsprechung kann ferner zum Inhalt haben, daß die zur Erfüllung der Pflichten erforderlichen Voraussetzungen, also Tauglichkeit oder Gesinnung, in Abrede gestellt werden. Diese Arten geschehen durch Urteilsbeleidigung und lassen deshalb einen Wahrheits- oder Richtigkeitsbeweis nicht zu. In diesem Zusammenhange werden in der Literatur meist die Fälle besprochen, die wir an anderer Stelle [1]) und zwar insbesondere bei der Stellungnahme zu den Ansichten der Gegner über den sogenannten sittlichen und den sogenannten sozialen Wert, erwähnt haben. Es soll auf sie hier nicht noch einmal zurückgekommen werden. Es seien hier nur einige uns wichtig scheinende Fälle, die in der Literatur und in der Rechtsprechung häufig wiederkehren und zu prinzipiellen Erörterungen Anlaß geben, nachgetragen.

I. Das Absprechen der Tauglichkeit. Beleidigung ist nicht schon das Absprechen einer Eigenschaft schlechthin, die für eine spätere Betrachtung (!) sich als Voraussetzung einer wesentlichen Pflicht herausstellt, sondern nur das Absprechen der Eigenschaft als (!) Voraussetzung der Pflichterfüllung, also die Verneinung der Möglichkeit der Pflichterfüllung wegen Fehlens einer notwendigen Voraussetzung.

Die Behauptung, jemand habe sein Vermögen verloren oder Konkurs gemacht, beleidigt daher nur dann, wenn sie objektiv dahin auszulegen ist, er sei auf diese Weise zur Erfüllung wesentlicher Pflichten untauglich geworden oder es fehle ihm an der erforderlichen Gesinnung. In beiden Fällen ist weder ein Wahrheits- noch ein Richtigkeitsbeweis zulässig.

[1]) S. 16 ff.

Ersterer könnte sich nur auf die Tatsachen des Vermögensverlustes oder des Konkurses beziehen; aber die Behauptung dieser eine Pflichtverletzung an sich noch nicht enthaltenden Tatsachen beleidigt ja noch gar nicht [1]). Würde die Wahrheit oder die Unwahrheit der genannten Tatsachen dargetan, so wäre die Rechtslage tatbestandlich durchaus unverändert. Der oft gewiß recht unerwünschte Wahrheitsbeweis wäre daher unerheblich für die Frage nach dem Vorliegen einer Beleidigung, anders vielleicht mitunter für die Strafzumessung. Es kann sich also nur darum handeln, ob ein Richtigkeitsbeweis für das nach objektiver Auslegung entstandene Urteil zulässig ist, der betreffende sei untauglich, seine Pflichten zu erfüllen, oder es fehle ihm an der zur Pflichterfüllung erforderlichen Gesinnung. Die Zulassung würde aber höchstens im Interesse des Täters liegen. Sicher liegt sie nicht im Interesse des Verletzten; er würde — es sei an unsere früheren Ausführungen (Teil I, Abschn. II, Kap. 2) erinnert — sich hüten, den Schutz des Gerichts anzurufen, wenn dieses über seine Fähigkeiten und seinen Charakter, also über seinen wirklichen Wert, Beweis erheben würde. Ferner liegt sie nicht im Interesse der Rechtspflege; denn die Gerichte würden vor eine unlösbare Aufgabe gestellt; eine Einheitlichkeit in der Rechtsprechung über das bei Feststellung des wirklichen Wertes zu befolgende Verfahren würde stets ein unerreichbares Ziel bleiben, und das Vertrauen des Volkes zu den Gerichten würde starke Einbuße erleiden. Daher verleiht die Rechtsordnung nur der Verkehrsehre ihren Schutz und verbietet im Interesse der Rechtssicherheit, zur Kenntlichmachung der Grenzen der erlaubten Redefreiheit allgemein die Äußerung persönlicher Ansichten ehrenrührigen Inhalts. Wegen der technischen Notwendigkeit dieser Satzung kann auch der Täter den Ausschluß des Richtigkeitsbeweises nicht als ungerecht empfinden. Er muß sich eben hüten, ungünstige Ansichten über seine Mitmenschen zu äußern, mag er von ihrer Richtigkeit auch selbst felsenfest überzeugt sein. Äußern darf er nur dann etwas Ungünstiges über die Ehre der Mitmenschen, wenn es die Gestalt

[1]) a. M. v. Lilienthal 398, der hier Rufgefährdung annimmt, sowie Olshausen § 186 no. 4 mit Rspr. Zutreffend Frank § 186 II, 2.

einer auf ihre Wahrheit feststellbaren Tatsache annimmt, und natürlich nur dann, wenn die Tatsache selbst wahr ist.

Ebenso kann die Mitteilung, jemand sei krank, beleidigen, wenn in ihr das Urteil liegt, er wäre zur Erfüllung wesentlicher Pflichten, etwa ein Rechtsanwalt, ein Arzt zur Erfüllung ihres Berufes, untauglich [1]). Auch hier gelten die soeben angestellten Erwägungen über den Ausschluß des Wahrheits- wie des Richtigkeitsbeweises. Das Aussprechen einer solchen beleidigenden persönlichen Ansicht wäre um so leichtsinniger, als der Kausalzusammenhang zwischen Krankheit und Untauglichkeit meist sehr schwer nachweisbar ist. Wer also jemandem in beleidigender Weise Unfähigkeit zur Berufsausübung wegen Krankheit nachredet, beleidigt selbst dann, wenn das Urteil begründet ist. Dagegen bedarf in allen derartigen Fällen die Frage nach der Rechtswidrigkeit sorgfältigster Prüfung. Bei Mitteilungen an Dritte wird die Rechtswidrigkeit ausgeschlossen sein, wenn sie zum Zweck der Aufklärung geschahen, z. B. zur Warnung, sich diesem Rechtsanwalt, diesem Arzte anzuvertrauen, oder wenn sie auch nur in Form eines Privatgesprächs mit nahen Angehörigen und Bekannten erfolgten, in welchem Falle die Rechtswidrigkeit im Interesse der Redefreiheit ausgeschlossen ist [2]).

Immerhin dürfte die Mitteilung von der Krankheit jemandes in den meisten Fällen nicht beleidigend sein, weil nicht die zur Erfüllung wesentlicher Pflichten erforderliche Voraussetzung verneint werden soll. Entweder fehlt die Beziehung zur Pflichterfüllung überhaupt — so, wenn nur Mitteilungen über Krankheiten anderer gemacht werden, um diese Tatsachen als solche zu verbreiten — oder die Krankheit ist nur notwendige Voraussetzung zur Erfüllung einer für die Beurteilung des Menschen als solchen unwesentlichen Pflicht, oder nicht einmal dieses. Im gewissen Zusammenhange mag die Äußerung, jemand wäre krank, das Urteil enthalten, er wäre geschlechtskrank, und zwar oft nur in dem Sinne, er wäre durch liederliches Leben in diesen

[1]) v. Lilienthal 398 will nur den Vorwurf solcher Krankheit als beleidigend auffassen, die „unsoziabel" macht; vielleicht ebenso Frank § 186, II, 2. Weiter geht zutreffend v. Bar 107.

[2]) Hierüber Teil V, Abschn. 2, Kap. 2.

Zustand geraten; dann liegt die Beleidigung nur in dem Absprechen einer zur Pflichterfüllung unerläßlichen Gesinnung, worüber im folgenden zu sprechen.

II. Das Absprechen der Gesinnung. Die Gesinnung kann hier nur insoweit, als sie sich als Voraussetzung der Erfüllung der sozialen Pflichten darstellt, in Betracht kommen. Daß nicht schon das Absprechen einer besonders hochherzigen moralischen Gesinnung Beleidigung ist, ist bereits erwähnt, sei aber noch einmal hervorgehoben. Man könnte einwenden: es sei möglich, daß der betreffende im entscheidenden Augenblick seine Gesinnung nicht betätigt und seine Pflichten gleichwohl erfüllt; dann käme es doch nach sozialer (!) Beurteilung auf die Gesinnung überhaupt nicht an. Auf derartige Möglichkeiten kann aber keinerlei Rücksicht genommen werden. Eine Gesinnung, die nach normalem Verlaufe eine Pflichterfüllung nicht erwarten läßt, schmälert die Ehre. Das Absprechen der Gesinnung als einer unter normalen Verhältnissen notwendigen Voraussetzung zur Pflichterfüllung ist dann eben Beleidigung.

Die Vorwürfe der Unredlichkeit oder der Lügenhaftigkeit werden wohl stets, die der Grobheit, des Geizes, der Verschwendung wohl nicht so regelmäßig Beleidigung sein. Die Aufforderung zu gewissen verbrecherischen Handlungen wird objektiv oft dahin zu deuten sein, daß dem anderen die Gesinnung, solche Handlungen zu begehen, zugetraut wird, und ist dann Ehrabsprechung, wird aber oft nur Ehrzuwiderhandlung sein. Der Ausdruck „Jude“ kann so zu deuten sein, daß dem anderen eine gewinnsüchtige Gesinnung zugesprochen wird, und ist dann Beleidigung[1]); eine Ehrzuwiderhandlung dürfte nicht in Frage kommen, da mit diesem Worte doch nicht Minderwertige bezeichnet zu werden pflegen.

Die Äußerungen, jemand sei Atheist oder Sozialdemokrat, sind an sich regelmäßig nicht beleidigend, wohl aber, wenn ersteres Urteil etwa über einen Geistlichen, letzteres etwa über einen Staatsbeamten gefällt wird. Hier wird nach unserer Grundanschauung nicht eine bestimmte Tatsache behauptet, so daß

---

[1]) So Frank § 186, II, 2.

die Frage des Wahrheitsbeweises gar nicht in Betracht kommt, sondern ein Urteil über die Gesinnung des betreffenden. Für einen Richtigkeitsbeweis ist aus den nunmehr genugsam erörterten Gründen kein Raum. Die Gerichte sind wahrlich nicht dazu berufen, die noch nicht nach außen kundgetanen Anschauungen jemandes über Religion oder Politik an das Tageslicht zu ziehen und sodann zu untersuchen, ob diese, sollten sie sich auch zur Gewißheit feststellen lassen, den Prinzipien einer philosophischen, religiösen oder politischen Richtung entsprechen. Wohl aber hat der Beleidiger derartige Aussprüche über die Überzeugung anderer zu unterlassen und von seinen Mitmenschen anzunehmen, daß diese die für ihren Beruf unerläßliche Überzeugung besitzen; nur Tatsachen, die eine Pflichtverletzung enthalten, darf er behaupten. Die gegenteilige Ansicht würde die Rechtspflege geradezu lahmlegen und die Gerichte vor eine unlösbare Aufgabe stellen.

---

4. Abschnitt.

Die Ehrzuwiderhandlung.

1. Begriff und Arten.

Die Ehrzuwiderhandlung besteht darin, daß man einen Menschen geringer behandelt, als es seinem sozialen Wert entspricht, ohne ihn selbst als minderwertig hinzustellen oder in den Augen der anderen als minderwertig erscheinen zu lassen. Die Behandlung ist also eine solche, wie sie nur minderwertigen Personen zuteil wird. Dabei ist eine Untersuchung darüber, ob der Angegriffene selbst geringwertig ist, etwa seine Pflichten verletzt oder gar die erforderliche Gesinnung oder Tauglichkeit verloren hat, überflüssig und unzulässig, wie später bei den einzelnen Arten darzutun.

Man könnte versuchen, mit Hilfe der objektiven Auslegung die Ehrzuwiderhandlung in Ehrabsprechung aufgehen zu lassen, und etwa sagen: wenn jemand wie ein solcher behandelt wird, der sozial niedriger steht, so läßt doch eben diese Behandlung objektiv den Schluß zu, als wäre er selbst sozial minderwertig, als gehöre er diesen und jenen Kreisen an; der Täter hat ihn zwar selbst nicht als minderwertig hinstellen wollen, aber auf seinen Willen kommt es ja nicht an. — Wenn man so deduziert, hat man schon das richtige Ergebnis, daß die Handlung Beleidigung sei, im Auge, und weil man in der Theorie unter Beleidigung regelmäßig eine Ehrabsprechung erblickt, so legt man, wie man sagt, die Handlung objektiv so aus, daß sie diesem Erfordernis genügt. Hierbei wird man aber den Umständen des Falles nicht gerecht; nur die konkrete Sachlage soll, wie Liepmann theoretisch einwandfrei bemerkt, objektiviert werden; der gesamte Vorgang ist so auszulegen, wie er objektiv zu verstehen ist. Nun läßt sich zwar eine Ehrabsprechung in dem Falle annehmen, wo die Herrin in der Öffentlichkeit (!) von dem aufdringlichen Diener unter verächtlichen Ausdrücken umarmt wird. Nicht aber, wenn der Diener — die konkrete Sachlage soll nicht weiter ausgemalt werden — im Stillen und mit allen Anzeichen der Liebe die Handlung vornimmt. „Anzeichen" ist gerade der sprachliche Ausdruck für eine objektive Auslegung. Objektiv ist dieser konkrete Vorgang nicht der Ausdruck der Minderwertigkeit, sondern beinahe deren Gegenteil. Ebenso würden den Vorgang auch alle Personen, die ihn etwa als heimliche Zeugen beobachtet haben, auslegen.

Nun besteht allerdings die Möglichkeit, aus der genannten Behandlung auf eine etwaige Minderwertigkeit zu schließen. Denn wenn die Behandlung nur Minderwertigen gebührt, so kann (!) man auch die so behandelte Person als minderwertig ansehen. Aber die bloße Möglichkeit gibt doch kein sicheres Kriterium ab. Welche harmlose Handlung würde nicht diese Möglichkeit bieten! Man denke nur an Unhöflichkeiten geringster Art. Daher trifft ja auch nicht zu die in der Literatur oft gebrauchte Formel, die Äußerung lasse die Deutung des Hinstellens als minderwertig zu oder sie sei hierzu geeignet. Hiernach bleibt also nichts weiter übrig, als die Ehrzuwiderhandlung zu einer besonderen Kategorie herauszubilden.

Die Ehrzuwiderhandlung richtet sich nicht gegen einen einzelnen Wert der Ehre, sondern gegen die Ehre als Ganzes.

Daher ist auch eine Einteilung in Arten, wie sie der oben für die Ehrabsprechung gegebenen entsprechen würde, etwa in Zuwiderhandlung gegen die Pflichterfüllung, gegen die Gesinnung und gegen die Tauglichkeit zur Pflichterfüllung nicht möglich. Wohl aber zeigt sich hier eine Einteilung nach den Ausdrucksformen insofern als zweckmäßig, als diese sich hier sämtlich einfinden und als charakteristisch erweisen. Während nämlich die Ehrabsprechung keine reine Formbeleidigung sein kann, sondern sich auf Tatsachen- und Urteilsbeleidigung beschränkt, spielt gerade hier die reine Formbeleidigung eine große Rolle; aber auch Tatsachen- und Urteilsbeleidigungen können, was auf den ersten Blick vielleicht nicht einleuchtet, Ehrzuwiderhandlungen sein. Ihrem Inhalt nach kann die Ehrzuwiderhandlung „Beschimpfung" oder „grobe Taktlosigkeit" sein. Erstere zeichnet sich, wie wir sahen, nicht nur durch die Schwere der Tat, sondern auch durch die Roheit des Ausdrucks aus; sie beschränkt sich deshalb auf Formbeleidigungen, während die grobe Taktlosigkeit auch Tatsachen- und Urteilsbeleidigungen umfaßt. Wir behandeln im folgenden zuerst die Beschimpfung, dann die grobe Taktlosigkeit als Formbeleidigung und endlich die grobe Taktlosigkeit als Urteils- und Tatsachenbeleidigung. Erwähnung verdient noch, daß die Beleidigung bei den groben Taktlosigkeiten meist durch besondere Umstände hervorgerufen wird, diese Arten also meist mittelbare Beleidigungen sind. Verfehlt wäre es aber, die Umständebeleidigung der Ehrzuwiderhandlung allein zuzuweisen; denn eine solche kann auch Ehrabsprechung sein (vgl. obiges Beispiel, in dem die Aufführung des Musikstückes den Vorwurf der Unterschlagung enthält).

2. Die Beschimpfung.

Bei dem Gebrauch von Schimpfwörtern handelt es sich nicht immer um Absprechen bestimmter Werte, sondern meist nur um ein bloßes Schimpfen mit Ausdrücken, denen sich bei objektiver Auslegung trotz des besten Willens kein bestimmter Sinn abgewinnen läßt. Es sind meist Leute aus den unteren Schichten der Bevölkerung, die ihrem Ärger über den feindlich gesinnten Nachbar Ausdruck verleihen oder die sich für eine im Wirtshaus oder auf der Straße erlittene Kränkung auf der Stelle rächen. Solche oft in Realkonkurrenz mit Körperverletzung, Sachbeschädigung, Hausfriedensbruch, Bedrohung und dergleichen stehenden Beleidigungsfälle füllen nicht selten ganze Sitzungen der Schöffengerichte und Strafkammern aus; die Sachen gehen wegen der großen persönlichen Erbitterung der Parteien, die, obschon ärmlich, hier keine Kosten scheuen, auch meist in die Revisionsinstanz, und oft genug wird die Sache zur nochmaligen Verhandlung und Entscheidung in die Vorinstanz zurückverwiesen, da der Tatbestand der Beleidigung nicht genügend oder nicht richtig festgestellt sei. Hier ist nun die Feststellung einer Beleidigung m. E. gar nicht so schwer. Nur darf man nicht einen der herrschenden, meist auf Ehrabsprechung hinauslaufenden Beleidigungsbegriffe anwenden; dann müßte man sich in endlosen Begründungen ergehen, die vielleicht mit Recht den Vorwurf der Weltfremdheit durch die Laienrichter und durch das Publikum nach sich ziehen. Das Leben ist viel einfacher, und die Theorie hat es nicht unnütz kompliziert zu gestalten.

Meist liegen die Fälle doch so, daß der Angeklagte nur seinem Unwillen über die vermeintliche Kränkung auf seine Art Ausdruck geben wollte; er gebrauchte die Schimpfwörter, nur um zu schimpfen, ohne dem Verletzten einen bestimmten Wert seiner Ehre abzusprechen. Die Äußerung richtet sich gegen die Person als solche, gegen ihre gesamte soziale Stellung und läuft ihrer Ehre zuwider. Die Bezeichnung „Lump" ist ein Wort, wie man es nicht einmal einem Zuchthäusler gegenüber anwenden darf. Wird es aber einem ehrbaren Menschen zugerufen, so entspricht es sicher nicht seiner Ehre. Besonders Frauen der einfacheren Kreise sind bekanntlich erfinderisch genug im Prägen neuer Schimpfwörter. Einen bestimmten Sinn können weder sie selbst noch andere dem Worte beimessen; hier wäre es doch ein vergebliches Bemühen, etwa im Wege einer objektiven Auslegung einen verständigen Sinn dem Worte unterzulegen. Schon eine den Tatsachen gerecht werdende Auslegung des beliebten Schimpfwortes „Schweinehund" wird nicht immer möglich sein. Es wäre lächerlich und eines Gerichtsurteiles beinahe unwürdig, wollte man ausführen, wie das Wort objektiv zu deuten ist, etwa dahin, dem Beleidigten habe vorgeworfen werden sollen, er benähme sich wie gewisse Tiere, denen die und die näher bezeichneten Untugenden regelmäßig innewohnen. Es genügt die Feststellung, daß diese Behandlung nicht der Stellung der Person zukommt, daß vielmehr sich diese Behandlung höchstens gegenüber Menschen, die die größten Gemeinheiten begangen haben, rechtfertigen ließe. Eine nähere Detaillierung wäre nicht möglich, jedenfalls überflüssig und würde nur Revisionsgründe veranlassen. Und daß diese alltäglichen, verhältnismäßig harmlosen, aber trotzdem widerwärtigen Fälle, wie ich es oft erlebt habe, nicht nur drei Instanzen durchlaufen, sondern zweimal zurückverwiesen werden, also die Strafkammer dreimal und das Revisionsgericht zweimal beschäftigen, liegt wahrlich weder im Interesse der Rechtspflege noch der Parteien, denen dann unter verständiger Anwendung des § 503 Abs. 3 StPO. oft beiden die ganz gewaltigen Kosten auferlegt werden. Eine Verhandlung vor dem Schiedsrichter der Gemeinde mit Zulassung der Berufung an das Schöffengericht erschiene in der Tat ausreichend.

Auch das Wort „Hure“ hat nicht immer objektiv die Bedeutung eines Vorwurfs der Unkeuschheit oder überhaupt der Gemeinheit, sondern oft nur die eines bloßen Schimpfwortes, z. B. wenn es einer hochbejahrten, ehrbaren Frau von einem halbwüchsigen Burschen auf der Straße entgegengeschleudert wird. Hier wäre jede Ausführung darüber, was das Wort seinem Sinne nach bedeutet, vom Übel. Und wie will man den Ausdruck „Sie Strolch“ objektiv auslegen? Sollen dem betreffenden etwa die Eigenschaften eines Landstreichers zugesprochen werden, oder soll bezweifelt werden, daß er eine anständige Gesinnung hat, oder soll ihm abgesprochen werden, sich anständig zu kleiden?

Nach unserer Ansicht ist hier, um es nochmals zu sagen, die Frage zu stellen: Entspricht das Wort der Behandlung, die man einem Menschen in dieser sozialen Stellung zuteil werden lassen darf? Nach diesem Kriterium wird man auch leicht erklären können, daß die Anrede fremder Personen mit „du“ oder „Kerl“, daß die Aufforderung zum „Maulhalten“

unter Gebildeten regelmäßig Beleidigung, unter Arbeitern nicht so regelmäßig Beleidigung sein wird.

Niemals aber kommt es darauf an, ob jemand seine Ehre durch Pflichtverletzung selbst geschmälert hat. Denn das Beleidigende liegt hier in der Form und würde auch nicht entfallen, wenn der Angegriffene durch liederliches Leben so weit gesunken wäre, daß die Ausdrücke „Lump" usw. auf ihn zuträfen. Man kann uns nicht den von uns aufgestellten Ehrbegriff mit dem Einwande vorhalten, nach ihm käme es nicht allein auf die soziale Stellung an, sondern auch darauf, ob jemand seine Pflichten erfüllt habe; als wahr unterstellt hätten wir doch nicht die Pflichterfüllung, sondern nur die Gewährleistung hierzu (Tauglichkeit und Gesinnung); dann müßten wir folgerichtig den Nachweis zulassen, der Angegriffene habe seine Pflichten verletzt, und wenn der Nachweis gelinge, habe er die ihm zuteil gewordene Behandlung mit dem Ausdrucke „Lump" usw. verdient. Der Einwand greift nicht durch. Hätte der Täter ihm die Pflichtverletzung selbst vorgehalten und zwar so, daß sich die Beleidigung ausschließlich in bestimmten konkreten Tatsachen lokalisiert, so läge die Sache allerdings anders. Aber wie will sich der Täter anmaßen, den Angegriffenen seiner gesamten Lebensführung nach mit einem Worte gerecht behandeln zu können? Wenn obiger Einwand zuträfe, dann wären selbst die Gerichte nicht entfernt in der Lage, das Leben des Verletzten daraufhin zu prüfen, ob er alle seine erheblichen Pflichten erfüllt hat oder nicht, ob er ein Lump ist oder nicht, vielmehr genauer (denn es beleidigt ja nicht das Urteil, sondern die Form), ob er die beschimpfende Behandlung verdient oder nicht. Entscheidend ist also dieses: Enthält das Schimpfwort nicht den Vorwurf einer bestimmten Pflichtverletzung, so richtet es sich nicht gegen eine bestimmte Pflichterfüllung, sondern gegen die ganze Ehre, also auch gegen die erforderliche Tauglichkeit und Gesinnung, und daß diese letzteren vorhanden sind, wird ja für den Ehrbegriff ohne Zulassung eines Gegenbeweises als wahr unterstellt. Also kommt es auf die Feststellung der Pflichterfüllung gar nicht an. Denn die Beleidigung würde nicht entfallen, wenn er einige Pflichten oder sämtliche Pflichten nicht erfüllt hätte. Notwendig ist im Einzelfalle nur die Ermittlung der sozialen Pflichten des Verletzten, die sich aus seiner Berufs- und Lebensstellung usw. meist ohne Beweisaufnahme ergeben dürften. Damit ist dann seine soziale Stellung ermittelt, und es braucht nur untersucht zu werden, ob der vorgeworfene Ausdruck mit ihr im Einklange steht.

3. Die grobe Taktlosigkeit als Formbeleidigung.

Von jeher hat erhebliche Schwierigkeiten die Abgrenzung der Beleidigung von der Ungezogenheit und der Unhöflichkeit sowie von dem Foppen und dem Necken verursacht, und zwar vor allem denjenigen Schriftstellern, die in der Beleidigung eine Verletzung der durch Achtung bei den Rechtsgenossen begründeten Stellung erblicken. Von diesem Standpunkte aus wäre allerdings in den genannten Fällen oft genug eine Ehrverletzung zu sehen, während sie doch meist ganz harmloser Natur sind und wahrlich keinen Anlaß dazu bieten sollten, daß der Staat strafrechtlich einschreitet. Andererseits wird man sie nicht ohne weiteres beiseite tun dürfen. Denn sie wiegen manchmal schwerer als die unflätigsten Beschimpfungen, ja selbst als Ehrabsprechungen. Es sind dies die groben Taktlosigkeiten, die einem das Leben verbittern können und „bis ans Mark" gehen, die gerade die tiefste Stelle der Ehre, den wundesten Punkt des Menschen als solchen treffen und die daher im Gegensatz zu der vielfach geübten Gerichtspraxis eine nachdrückliche Bestrafung verdienen.

Auszuscheiden sind zunächst die Fälle, wo lediglich das Ehrgefühl Überempfindlicher angegriffen wird. Ferner die Fälle, wo dem Angegriffenen lediglich die Achtung (vgl. oben Teil II, Abschn. 1, Kap. 3) oder gar besondere Hochachtung versagt wird. So wird man die Nichtbeteiligung an einem Fackelzuge zu Ehren des Verletzten [1]) nicht als Beleidigung ansehen können, sollte die Beteiligung auch selbstverständlich und durchaus üblich erscheinen. Zweifelhafter ist aber schon die Entscheidung, wenn sich jemand bei einem „Hoch" nicht beteiligt und, während

[1]) Vgl. Frank § 185, I, 2.

die anderen sich von den Plätzen erheben, ostentativ sitzen bleibt. Hier mögen die Umstände, insbesondere die Absicht, den Schluß gerechtfertigt erscheinen lassen, der betreffende solle als minderwertig behandelt oder es solle ihm gar irgendein bestimmtes Manko an der Ehre vorgehalten werden [1]).

Zu den strafwürdigen Fällen gehören vor allem unzüchtige Handlungen mit oder vor anderen Personen, Handlungen, die nicht notwendig ein Sittlichkeitsdelikt zu enthalten brauchen und die sonst straflos ausgehen würden. Insbesondere Frauen und Kinder bedürfen hier erhöhten Schutzes. Nach unserer Auffassung lassen sich diese Fälle zwanglos als Beleidigung erklären. Des Angriffs auf die Ehre der Kinder haben wir bereits an anderer Stelle [2]) gedacht, ebenso der Liebkosung von Frauen, insbesondere durch niedriger gestellte Männer [3]). Aber auch der Gebrauch von unzüchtigen Redensarten durch Männer in Gegenwart von Frauen dürfte oft als Beleidigung erscheinen. Strafwürdig können diese Fälle nicht selten im hohen Grade sein; man denke nur daran, daß eine Dame durch äußere Umstände, während einer längeren Eisenbahnfahrt, zur Anwesenheit gezwungen ist und die unanständigsten Unterhaltungen mit anhören muß. Liepmann [4]) rechtfertigt die Annahme einer Beleidigung so: der Gebrauch der Redensarten sei dahin zu deuten, daß die Frau, der solches geboten wird, minderwertig erscheint. Diese Deutung lassen solche Fälle aber wohl niemals zu. Alle

[1]) Gar nichts zu tun hat die Beurteilung dieser Fälle mit dem Unterlassungsproblem (a. M. wohl u. a. Frank no. I 2, zutreffend Liepmann 272). Man bestreitet die Möglichkeit einer Beleidigung durch Unterlassung wohl nur deswegen, weil man keinen Unterschied zwischen Beleidigung und Achtungsverletzung, zwischen Ehre und sozialer Stellung oder zwischen Ehre und „Ehren" (Verehren) findet. — Übrigens kann selbst die Achtungsverletzung des § 89 MStGB. durch Unterlassung begangen werden.

[2]) 60, 74 ff. [3]) 96, 129, auch 80.

[4]) 268. Liepmann erwähnt zwar als Besonderheit auch die schimpfliche Behandlung. Wenn jemand dem Spott, dem Gelächter oder dem öffentlichen Gerede preisgegeben werde, so sei dies u. a. Beleidigung, wenn die Behandlung eine beschimpfende sei (270). Die Erklärung findet Liepmann aber doch in seiner mehrfach erwähnten Methode (267/68); wenn unter Objektivierung der konkreten Sachlage der Schluß gerechtfertigt erscheint, daß der Betroffene Mißachtung verdiene, liegt Beleidigung vor. Vgl. auch 255 no. 2.

Angehörigen der Kreise, denen die Dame und denen auch die Mannspersonen angehören, werden die erstere im Gegenteil als viel zu hoch stehend ansehen, als daß sie sich eine derartige Behandlung gefallen lassen könnte. Von einem Ausdruck oder auch nur Eindruck der Mißachtung kann gar keine Rede sein. Alle Personen werden aber das unserer Begründung entsprechende Urteil fällen, daß die Behandlung dem sozialen Werte zuwiderläuft. Solche Redensarten werden wohl in Kreisen von Straßendirnen oder Tagelöhnerfrauen angewendet, nicht aber in den Kreisen Gebildeter mit einer sozialen Stellung, wie sie die Angegriffene einnimmt.

Die genannten Fälle lassen sich auch nach Ansicht derer, die in der Beleidigung eine Rufgefährdung sehen, nicht befriedigend erklären. Nicht gefährdet ist doch der Ruf der Dame, die sich gegen die Behandlung gesträubt, die den Kuß des aufdringlichen Dieners abgewehrt, die den Männern, die die unzüchtigen Redensarten gebrauchten, den Rücken gewendet oder sich wiederholt derartige Gespräche ausdrücklich verbeten hat. Wer endlich auf das Ehrgefühl oder auf das Ehrbewußtsein abstellt, kann die Fälle dann nicht befriedigend entscheiden, wenn die Äußerungen, z. B. die Beschimpfungen, in Abwesenheit des Ehrenträgers fielen oder wenn sie vor einem halberwachsenen unbescholtenen Mädchen getan sind, das sie nicht verstehen konnte.

Hierher gehören auch die Verspottungen unglücklicher Kranker, etwa durch Nachahmung ihrer Gebrechen. Wie wollte man diese Fälle denn sonst dem Rechtsempfinden entsprechend beurteilen als so, daß die Personen ihrer allgemeinen Menschenehre, ihrer Menschenwürde zuwider behandelt werden? Der Täter mißachtet sie als sittliche Persönlichkeit, als Träger der allgemeinen Menschenehre, als Subjekt von sittlichen Pflichten [1]. Denn sittliche Pflichten haben sie trotz ihrer körperlichen Verunstaltung noch immer; sie besitzen vielleicht keine Berufspflichten, weil sie zur Ausübung eines Berufes untauglich sind, aber sehr wohl allgemeine Menschenpflichten wie die Pflicht

[1] S. oben S. S.

zur Wahrhaftigkeit, zur Nächstenliebe. Solange sie diese Ehre nicht durch Pflichtverletzung verloren haben, können sie mit Fug beanspruchen, als sittliche Wesen geachtet zu werden. Dies geschieht aber nicht, wenn ihnen ihre Leiden vorgehalten werden, als hätten sie sie selbst verschuldet. Denn nur dann, also im Falle der Pflichtverletzung, hätte man (in angemessener Form) eine ähnliche Vorhaltung machen dürfen. Ich sehe keine andere Möglichkeit, diese Fälle befriedigend zu erklären. Der Täter spricht ihnen nicht notwendig einen Wert ab. Noch weniger gefährdet er ihren Ruf. Wie sollte denn der Ruf dieser Ärmsten darunter leiden, daß ihnen ihre Krankheit vorgehalten wird? Und strafwürdig sind die Handlungen doch wahrlich [1]). Andererseits zeigen gerade diese Fälle, daß man sich vor zu weit gehendem Schutze hüten muß, daß man die Beleidigung vor allem nicht auf eine Gefühlsverletzung abstellen darf, dann würde gar zu große Empfindlichkeit großgezogen werden. Auch hier können nur ein objektiv bestimmter Ehrbegriff und eine objektive Auslegung der beleidigenden Äußerung zu einem objektiv angemessenen Ergebnis führen.

Schwieriger gestaltet sich die Entscheidung in den etwas harmloser liegenden Fällen. Hier wird eine Beleidigung nur bei ganz besonders gearteten Umständen vorliegen, wobei an das von uns für die „Umstände" früher [2]) gegebene Schema erinnert sei. So werden das Mahnen durch eine Postkarte, das Anbieten eines Geschenkes, etwa einer Zigarre, eine Beleidigung dann sein können, wenn der Angegriffene eine besonders hochstehende Persönlichkeit ist. Auch die Willensrichtung des Täters kann den Ausschlag geben. So kann das absichtliche, jeden Irrtum ausschließende Unterlassen des Gegengrußes auf der Straße Beleidigung sein. Aber auch das absichtliche Unterlassen des ersten Grußes. Dieser Fall kann recht schwer liegen; wo auch nur der Angegriffene sich auf der Straße sehen läßt, wird ihm von dem ihm wohlbekannten Täter der Weg vertreten, er wird nicht pflichtgemäß gegrüßt und deswegen von anderen

[1]) Die Strafwürdigkeit wird von Liepmann 269 mit Recht hervorgehoben.

[2]) 83.

Bekannten verspottet; er mag eine förmliche Furcht empfinden, sich auf die Straße zu begeben. Vor allem ist die Örtlichkeit von Bedeutung. Das Preisgeben dem Hohn, dem Gespött und dem Gelächter der Menge ist zwar an sich noch nicht Beleidigung, kann aber die an sich harmlose Kundgebung zu einer beleidigenden gestalten, z. B. das lächerlich machende Beschmutzen der Kleidung jemandes, die Wegnahme der Kleidung des Badenden [1]). Unter solchen besonderen Umständen kann selbst das Anweisen eines der Stellung der Person nicht entsprechenden Platzes bei einer Tischgesellschaft Beleidigung sein. Man vergegenwärtige sich nur die Situation, wenn zur Feier des Geburtstages des Landesherrn der Tischordner entgegen der sonst streng nach dem Rang und der Würde befolgten Ordnung dem Landgerichtspräsidenten seinen Platz unter den Regierungsreferendaren angewiesen hat! Selbstverständlich ist aber in allen diesen Fällen nur unter den gewichtigsten Umständen eine Beleidigung anzunehmen, will man nicht schon jeden derben Witz nur wegen seiner Derbheit bestrafen. Der Maßstab der Ehre wird uns dabei nicht im Stiche lassen. Beleidigung kann also nur dann vorliegen, wenn die Behandlung nur solchen Personen zuteil werden darf, die sozial (in Sachen der Ehre) niedriger als der Angegriffene stehen, oder wenn sie auch nicht einmal diesen, sondern überhaupt dem Menschen als solchem, als Subjekt von Pflichten, nicht zuteil werden darf. Sodann ist daran festzuhalten, daß es nicht auf die Auffassung des Täters, sondern auf die objektive Auslegung ankommt; die Beleidigung mag von dem Angegriffenen als tiefkränkend, von einem unbefangenen, objektiven Urteil aber nur als Scherz aufgefaßt werden.

Hiernach lassen sich kaum als Beleidigung die bekannten, insbesondere von v. Bar, Kohler und Liepmann behandelten Fälle erklären, wie das Ausdrehen des Gashahnes, das Ausgießen des Farbentopfes auf das Ballkleid, das Anmalen eines Bildes an dem Hausgiebel, das Vertauschen der Stiefel morgens im Hotel vor den Türen u. dgl. Hier fehlt regelmäßig jede Be-

[1]) Vgl. schon oben S. 84.

ziehung zur Ehre. Sollten die konkreten Umstände etwa doch eine solche aufzeigen, so werden die Fälle oft als Ehrabsprechung, nicht als bloße Ehrzuwiderhandlung, erscheinen; z. B. wird der Gastgeber als minderwertig hingestellt, weil das Ausdrehen des Gashahnes den Eindruck hervorruft, er habe es aus Unhöflichkeit seinen Gästen gegenüber veranlaßt, um diese zu einem früheren Nachhausegehen zu bewegen; hier wird ihm eine schwere konventionelle Taktlosigkeit vorgeworfen.

Vor allem darf die Beziehung auf den Menschen als solchen nicht außer acht gelassen werden; daher beleidigen nicht die Angriffe, die sich nur gegen Sachen richten (das Tragen der Kleider der Herrin durch die Zofe) oder in erster Linie nur gegen Sachen (das Verletzen des Lieblingshundes einer alten Jungfer), mag die Person auch ein großes Affektionsinteresse an der Sache haben. Anders liegt der Fall, wenn in der Sache die Person selbst verkörpert wird, etwa bildlich. So wird mit einer Sachbeschädigung zugleich eine Beleidigung begangen, wenn der Diener die auf dem Schreibtisch stehende Photographie der Herrin besudelt, und ebenso mit einem Diebstahl zugleich eine Beleidigung, wenn er die Photographie entwendet und im Gesindehaus neben seinem Bett an die Wand hängt. Auch das Ausstellen der ein junges Mädchen im Badekostüm darstellenden Photographie im Schaukasten ist nicht nur dann Beleidigung, wenn das Mädchen selbst als minderwertig hingestellt und wenn der Eindruck hervorgerufen werden soll, als wäre es mit der Ausstellung einverstanden [1]), sondern auch und gerade dann, wenn der Eindruck hervorgerufen wird, das Mädchen sei mit der Ausstellung nicht einverstanden. Die Handlung unterscheidet sich tatbestandlich (anders natürlich hinsichtlich der Strafwürdigkeit) nicht von dem Fall, wo der Täter das Mädchen in diesem Kostüm oder in nacktem Zustande zeigt, z. B. den Vorhang des Badezimmers fortreißt oder ihr die Kleider hochhebt. In diesen letzteren Fällen versagt die Liepmannsche Erklärung ganz. Man kann hier die Beleidigung selbstverständlich nicht darin sehen, daß der Schluß gezogen werden kann, das

[1]) So Liepmann 266/67.

Mädchen sei mit dem Wegreißen des Vorhangs oder dem Hochheben der Kleider einverstanden. Gerade das Gegenteil ist der Fall. Und nicht anders liegt es in dem besprochenen Falle der Veröffentlichung der Photographie.

Bei unbefugten Geheimnisverletzungen, unbefugten Veröffentlichungen von Briefen, unbefugten Namensanmaßungen wird eine unmittelbare Beziehung zur Ehre meist ganz fehlen. Hier ist die Tat ihrer allgemeinen Tendenz nach gegen ein ganz anderes Rechtsgut gerichtet.

4. Die grobe Taktlosigkeit als Urteils- und Tatsachenbeleidigung.

Die Beleidigung kann sich auch in einem Urteil oder einer Tatsache allein als Ehrzuwiderhandlung lokalisieren.

Eine solche Ehrzuwiderhandlung durch ein Urteil liegt z. B. in der Äußerung, ein jetzt hochachtbarer alter Herr sei früher, vor 50 Jahren, äußerst stark zur Kleptomanie veranlagt gewesen. Bei dem Vorwurf früherer päderastischer Neigungen [1]) liegt der Fall wohl anders. Solche früheren Bestrebungen werfen wohl auch jetzt noch ein schlechtes Licht auf den Charakter des betreffenden. So ganz zweifellos ist dies aber nicht. Wie bei anderen Verfehlungen ist vielleicht auch hier in Sachen der Ehre eine Rehabilitation möglich, besonders wenn der Beleidigte jetzt in einem Alter steht, wo geschlechtliche Regungen irgendwelcher Art nicht mehr in Frage kommen. Doch spielen auch hier die konkreten Umstände, Persönlichkeit, Beruf und Stand des Täters (ist er ein Geistlicher, ein Jurist? oder etwa ein Künstler, ein Kellner?), seine Willensrichtung, Ort und Zeit der Handlung eine Rolle. Hierauf soll nicht noch einmal eingegangen werden.

---

[1]) Die einfache Behauptung, jemand sei homosexuell, wird objektiv seltener als Behauptung einer bloßen Triebrichtung auszulegen sein (dann wohl keine Beleidigung!), meist dagegen als Vorwurf päderastischer Bestrebungen oder gar Betätigungen. Nur wenn eine bestimmte Tatsache behauptet wird, ist für den Wahrheitsbeweis Raum; nicht zu billigen daher die umfangreiche Beweisaufnahme in dem Moltke-Harden-Prozeß. Vgl. die ähnlichen Ausführungen bei Praetorius, Mon. Schr. Krim. Psych. **6** (1909/10) 343/5.

An dieser Stelle kommt es uns darauf an, zu zeigen, daß in dem Aussprechen des Urteils nicht notwendig eine Ehrabsprechung zu sehen ist. Es wird ihm kein die (jetzige) Ehre ausschließender Wert abgesprochen, sondern er wird entgegen seiner jetzigen Ehre behandelt, wenn ihm weit zurückliegende, für seine gegenwärtige Beurteilung unerhebliche Jugendsünden vorgehalten werden. Eine solche Behandlung gebührt nur denjenigen, die auch jetzt zum mindesten ein Manko im Charakter erkennen lassen.

Ebenso ist auch eine Ehrzuwiderhandlung durch Tatsachenbehauptungen möglich, und gerade hier liegt eine hervorragende praktische Bedeutung des Unterschiedes von Ehrzuwiderhandlung und Ehrabsprechung. Der Beweis der Wahrheit der behaupteten Tatsache ist nur bei Ehrabsprechung zulässig; genauer: es liegt überhaupt keine Beleidigung dann vor, wenn der Wahrheit gemäß behauptet wird, jemand habe erhebliche Pflichten verletzt, denn es wird von der Ehre nichts abgesprochen, weil diese durch die Pflichtverletzung schon geringer geworden ist.

Dagegen ist bei Ehrzuwiderhandlungen ein Grund für die Zulassung des Wahrheitsbeweises tatbestandsmäßig nicht ersichtlich. Wer dem alten, angesehenen Manne vorwirft, er habe vor fünfzig Jahren die und die erhebliche Verfehlung begangen [1]), spricht ihm vielleicht keinen seine Ehre ausschließenden Wert ab, da diese Verfehlung für seine gegenwärtige soziale Bewertung möglicherweise unerheblich ist. Er behandelt ihn aber, indem er ihm diese Tatsache vor Augen rückt oder nachredet, schon deswegen seiner jetzigen Ehre zuwider (wobei von der möglichen Auslegung, es solle auch jetzt ein Makel auf seinen Charakter fallen, abgesehen werden soll). Er behandelt ihn so, wie man einen Minderwertigen, auf dessen Ehre die Verfehlung von Einfluß wäre, behandeln würde und dürfte. Ob er selbst minderwertig ist und die Behandlung verdient, ist unerheblich; denn derartige

[1]) Es sei an das bekannte Beispiel erinnert, wo einer ehrbaren Frau nachgesagt wird, sie habe als junges Mädchen in unerlaubten Beziehungen zu dem Manne X gestanden. Gerade hier verlangt man Ausschluß des Wahrheitsbeweises mit Recht, ohne aber den wahren Grund anzugeben.

allgemeine Feststellungen können nicht getroffen werden und brauchen nicht getroffen zu werden. Wichtig wäre nur, ob er durch die vorgehaltene Tat minderwertig geworden ist, und wir behandeln gegenwärtig den Fall, daß er durch sie nicht minderwertig werden würde, wenn sie sich jetzt als wahr herausstellte; wir schließen also eine Ehrabsprechung aus und nehmen nur den Fall einer Ehrzuwiderhandlung an. Dann ist aber auch schlechterdings kein Grund für Zulassung des Wahrheitsbeweises ersichtlich. Denn die Wahrheit würde an dem Tatbestand der Beleidigung, die sich hier gegen die ganze Ehre mit allen ihren Werten, also auch der zur Pflichterfüllung erforderlichen Tauglichkeit und Gesinnung richtet, nichts ändern. Höchstens, was hier nicht interessiert, würde es anders mit der Rechtswidrigkeit und der Höhe der Strafe stehen [1]).

Das Entscheidende ist aber nicht die Gefährdung des Rufes, wie die Vertreter dieses Ehrbegriffes uns vorhalten würden, mit denen wir hier im Ergebnis meist übereinstimmen dürften, sondern das Auftreten gegen seinen jetzigen Ehrenwert. Möglich ist ja vielleicht, daß die Tatsache bei seinen Mitbürgern längst bekannt war, diese aber selbst, wie es auch objektiv begründet ist, der Tatsache keine Bedeutung beimessen, so daß eine Rufgefährdung gar nicht in Frage kommt.

Es sei noch einmal auf die Besonderheit dieser Fälle hingewiesen, daß die Tatsache allein beleidigt. Sie kann in durchaus angemessener Form und unter angemessenen Begleitumständen behauptet sein. Die fernliegende, für die jetzige Bewertung unerhebliche Jugendsünde mag als nackte Tatsache einem Dritten erzählt oder auch dem betreffenden selbst vorgehalten werden. Und sie kann trotzdem beleidigen, auch wenn sie wahr ist. Die Tatsache wird dann nämlich als eine solche vorgebracht, wie sie nur Personen gegenüber behauptet werden darf, für deren objektive Bewertung die Verfehlung erheblich wäre.

---

[1]) Über die Rechtswidrigkeit Näheres 146 (II 1), 211 ff.; für die Strafzumessung gilt dasselbe wie bei der Urteils- und der Formbeleidigung (vgl. 114, 117).

Die Fälle sind durchaus nicht so selten, wie es vielleicht den Anschein hat. Nicht nur weit zurückliegende Pflichtverletzungen, die für die gegenwärtige Beurteilung des Ehrenträgers unerheblich sind, für seine damalige aber erheblich waren, kommen in Betracht, sondern auch Verletzungen solcher Pflichten, die für den betreffenden überhaupt unerheblich sind, die so kleinlich sind, daß sie die Ehre gar nicht schmälern können, für eine Ehrabsprechung oder Rufgefährdung also unerheblich wären, deren Behauptung aber eine Behandlung bedeutet, wie man sie nur jemandem zuteil werden lassen würde, für dessen Bewertung die Pflichtverletzung erheblich wäre, der also niedriger stünde. Beispiele bilden die geringfügigen Verfehlungen, wie sie im häuslichen und Familienleben vorkommen, und zwar solche, die für die objektive Bewertung des betreffenden unerheblich sind, die ihm aber so vor Augen gehalten oder nachgeredet werden, wie man sie nur über Minderwertige behaupten darf. Gerade für derartige Mitteilungen ist der Ruf nach Einschränkung des Wahrheitsbeweises bekanntlich sehr laut geworden. Ein Wahrheitsbeweis wird hier aber schon von vornherein ausgeschlossen sein, weil eine erhebliche Pflichtverletzung gar nicht behauptet ist. Ist z. B. ein Wortwechsel zwischen Eheleuten einmal von einem Dienstboten gehört worden und erinnert dieser — etwa aus Ärger über eine Zurechtweisung — eines Tages die Eheleute an dieses unliebsame Vorkommnis, so soll hiermit nicht etwa der Vorwurf erhoben werden, die Eheleute behandelten einander schlecht, sie erfüllten nicht ihre ehelichen Pflichten usw. Es soll ihnen überhaupt kein Wert abgesprochen, wohl aber soll ihnen vielleicht eine Behandlung zuteil werden, wie sie auf solche paßt, die fortwährend in Unfrieden leben usw., die sich also einer erheblichen Pflichtverletzung schuldig gemacht haben [1]. Ferner gehören hierher Behauptungen von Tatsachen, die überhaupt keine Pflichtverletzung enthalten, aber gleichwohl Be-

[1]) Dagegen würde das Vorhalten einer an sich erheblichen Pflichtverletzung unter Verschweigung einer gleichzeitigen hervorragenden Pflichterfüllung, etwa einer Lebensrettung, nicht hierher gehören. Dies wäre Ehrabsprechung; denn hier hat der Täter zu Unrecht eine schuldhafte Pflichtverletzung vorgeworfen, während nur eine unerhebliche Pflichtverletzung vorlag.

leidigung sein können. So das Aufdecken einer niederen Herkunft. Wer dem Manne, der sich um eine Bürgermeisterstelle bewirbt, nachsagt, er wäre früher Stiefelputzer gewesen, mag keine Ehrabsprechung, kann aber Ehrzuwiderhandlung begehen. In allen diesen Fällen dürfte ein Nachforschen nach der Wahrheit höchst unerfreulich sein.

Selbstverständlich bedürfen in den vorstehenden Fällen die Umstände eingehendster Berücksichtigung. So wird es, um an unser früheres Schema zu erinnern, auf die Persönlichkeit des Täters, des Angegriffenen und des Kundgebungsempfängers, auf die Willensrichtung des Täters, auf Ort und Zeit der Äußerung, auf vorhergehende und nachfolgende Umstände usw. ankommen, und es kann nicht, wie dies die Praxis im Anschluß an § 192 tut, abgesehen von der uns hier nicht interessierenden „Form" nur den Begleitumständen und zugleich der Absicht des Täters ausschließliche Bedeutung beigemessen werden.

Diese besondere Art der Tatsachenbeleidigung, die einen Wahrheitsbeweis nicht zuläßt, sollte m. E. nicht bestritten werden. Die Fälle liegen den Fällen des sinnlosen Schimpfens durchaus gleich, sie richten sich gegen die Ehre als Ganzes und wollen nicht einen Wert oder gar die ganze Ehre absprechen; sie unterscheiden sich von ihnen nur dadurch, daß dort allein die Form, hier allein die Tatsache beleidigt. Sonst besteht kein rechtlicher Unterschied. Und deshalb ist für den Wahrheitsbeweis kein Raum.

IV. Teil.

Der Wahrheitsbeweis in Gesetzgebung und Literatur.

1. Abschnitt.

Das Problem im allgemeinen.

1. Leitsätze.

Die eigene Ansicht über den Wahrheitsbeweis ergibt sich in der Hauptsache aus dem bereits Gesagten. Wir stellen die Ergebnisse hier kurz zusammen [1]).

I. Für den Tatbestand der Beleidigung gilt folgendes:

1. Es kann nur die Wahrheit von Tatsachen bewiesen werden. Die Richtigkeit von Urteilen bleibt außer Betracht [2]).

2. Nur solche Tatsachen kommen in Frage, in denen nach objektiv unter Berücksichtigung der konkreten Umstände erfolgter Auslegung der beleidigenden Kundgebung die Beleidigung ausschließlich enthalten ist.

a) Das Beleidigende darf nicht außerdem oder gar ausschließlich in einem Urteil oder in der Form der Äußerung liegen [3]).

b) Die Tatsache muß sich aus der Kundgebung oder den Umständen nach objektiver Auslegung als eine konkrete, umgrenzte, als ein bestimmter Einzelvorgang, der historisch an sich beweisbar ist, herausstellen. Es darf vor Eintritt in die Beweisaufnahme oder allgemein in die Verhandlung über die Wahrheit nicht ungewiß bleiben, welche Tatsache überhaupt oder welche von mehreren Tatsachen die Beleidigung enthalten soll [4]).

c) Unerheblich ist, ob der Täter die Tatsache selbst aus-

---

[1]) Die folgenden Verweisungen beziehen sich auf die Stellen der Abhandlung, in denen der betreffende Leitsatz vorzugsweise Erläuterung gefunden hat.

[2]) 109 ff., 113 ff., 124 ff., 127, 174.

[3]) S. 113, 117.

[4]) 103/5, 110/1, 140 Anm. 1.

drücklich behauptet hat oder ob sie sich sonstwie aus seiner Kundgebung, etwa aus einem Urteil oder einer sonstigen Handlung, z. B. einer Geste, ergibt [1]).

3. Der Wahrheitsbeweis bezieht sich nur auf solche Tatsachen, die für die objektiv begründete, rechtlich soziale Bewertung des Betroffenen, für seine Verkehrsehre, erheblich sind; und zwar sind dies nur erhebliche Verletzungen erheblicher rechtlich sozialer Pflichten.

a) Es scheiden also solche Tatsachen aus, die von dem guten Willen des betreffenden unabhängig sind, wie Herkunft, Vermögensverhältnisse, Familienangelegenheiten. (Bezieht sich die Beleidigung auf derartige Tatsachen, so kann sie nur Absprechung der zur Pflichterfüllung erforderlichen Eigenschaften oder Ehrzuwiderhandlung sein [2]).)

b) Die Pflicht muß für den Beleidigten erheblich sein. Das trifft einmal nicht auf alle vom Gesetz vorgeschriebenen Pflichten zu, andererseits können rein konventionale Pflichten, auch Standespflichten, erheblich sein, doch müssen sie vom Recht gebilligt sein [3]).

c) Die Pflichtverletzung muß erheblich sein; also kein Wahrheitsbeweis bei früheren Verfehlungen, die für die gegenwärtige Beurteilung des Angegriffenen unerheblich sind, mögen die Pflichten selbst erheblich (gewesen) sein [4]).

II. Auf andere Tatsachen, deren Behauptung beleidigt, bezieht sich der Wahrheitsbeweis nur,

1. wenn die Wahrheit die Rechtswidrigkeit der Beleidigung ausschließen würde; z. B. ist die Wahrheit der Behauptung nachzuprüfen, X habe vor Jahren eine (für seine gegenwärtige Bewertung unerhebliche) Verfehlung begangen (Ehrzuwiderhandlung), wenn die Äußerung zur Wahrnehmung berechtigter Interessen, etwa zugunsten eines unschuldig Verurteilten, geschah [5]);

---

[1]) 87/8, 101 Anm. 7.

[2]) 15 ff., 124/7, 144, 179.

[3]) 11/3, 31/2, 121/3, 168/9, 178.

[4]) 13 (II 1), 141, 143, 175. [5]) 210 ff.

2. wenn die Wahrheit eine geringere Strafe zur Folge haben würde [1]).

2. Die Möglichkeit weiterer Ausgestaltung. Das Recht der Wahrheit.

I. Nach der hier entwickelten Ansicht ist die Unwahrheit der beleidigenden Tatsache

1. Tatbestandsmerkmal,
2. Tatbestandsmerkmal nur bei der Ehrabsprechung, nicht aber bei der Ehrzuwiderhandlung.

In beiderlei Hinsicht ist eine weitere Ausgestaltung möglich.

Zum Punkt 1. nehmen die Gesetze und Entwürfe sogar meist eine abweichende Stellung ein; sie fassen die Unwahrheit als sogenannte objektive Bedingung der Strafbarkeit oder die Wahrheit als Strafausschließungsgrund (im weitesten Sinne) auf oder geben Besonderheiten für den Prozeß (Präsumtion oder sogenannte Umkehrung der Beweislast). Zum Punkt 2. sucht man nach besonderen Rechtssätzen, die entweder ausnahmsweise das Sagen der Wahrheit erlauben, wenn man prinzipiell den Wahrheitsbeweis nicht zuläßt, oder die den prinzipiell unbeschränkt zulässigen Wahrheitsbeweis in Ausnahmefällen verbieten. In solchen Rechtssätzen können wir vielleicht eine typische Ausgestaltung unseres Prinzips entdecken oder wenigstens an der Hand des einen oder des anderen selbst eine typische Ausgestaltung geben, die sich möglicherweise zu einem Gesetzesparagraphen eignet. In dieser Hinsicht ist der erste Punkt, von der Schuldfrage abgesehen, u. E. durchaus unergiebig, und es gilt im übrigen, dem § 186, dessen Todesstunde hoffentlich bald geschlagen hat [2]), sowie verwandten Gesetzen und Entwürfen einige dogmatische Worte zu widmen. Der erste Punkt wird uns im Abschnitt 2, der zweite Punkt im Abschnitt 3 dieses Teiles beschäftigen.

Hier ist noch der Aufstieg in ein Höhengebiet erforderlich,

---

[1]) 114, 117.

[2]) Ablehnend gegen den § 186 insbesondere Beling: Üble Nachrede 10 ff.; Friedmann 8 ff., 38 ff.; Delaquis 165 und schon H. Meyer, 5. Aufl., 527.

dessen eingehende Betrachtung Sache derjenigen wäre, die sich dem Problem des Wahrheitsbeweises nicht mit uns vom Ehrbegriff aus nähern. Von dieser Warte aus wird sich aber für uns ein Überblick auf das beackerte Feld des Beleidigungstatbestandes eröffnen.

II. Es wurde gezeigt, daß nicht nur das Behaupten wahrer Tatsachen in unpassender Form und zu unpassender Gelegenheit, sondern selbst das durchaus sachliche Behaupten wahrer Tatsachen eine grobe Taktlosigkeit bedeuten und die Ehre eines anderen verletzen kann. Insoweit ist also das Aussprechen der Wahrheit unerlaubt. Ob dieses dagegen umgekehrt prinzipiell erlaubt ist, das wurde nicht erörtert und brauchte nicht erörtert zu werden, da wir bereits auf Grund unseres Ehrbegriffs zu dem für den Tatbestand der Beleidigung u. E. befriedigenden Endergebnis gelangten.

Nun drängt sich diese Frage aber notwendigerweise denjenigen Schriftstellern auf, die unter Ehre nur die tatsächliche Geltung verstehen, mag sie begründet sein oder nicht, und es dürfte die Forderung an diese Schriftsteller berechtigt sein, zu der Frage Stellung zu nehmen. Denn wenn die Rufgefährdung verboten ist, wie kommen sie dazu, hier plötzlich der Wahrheit strafausschließende Wirkung zuzuschreiben oder das Verbot nur unter der objektiven Bedingung der Unwahrheit aufrecht zu erhalten? Die Wahrheit als Strafausschließungsgrund und die Unwahrheit als objektive Bedingung der Strafbarkeit zu bezeichnen, sind doch nur dogmatische Erklärungen, die sich sogar aus den Gesetzen nicht immer zweifelsfrei ergeben; wenigstens dürften sie nicht ausreichen, wenn wir zu den Gesetzen und den Entwürfen kritisch Stellung nehmen wollen.

Aber welche Erklärungen werden uns von jener Seite geboten? Es werden entweder nur Umschreibungen gegeben, wie man sie oft liest: die Wahrheit zu sagen, könne unmöglich verboten werden, es sei unbillig, denjenigen zu bestrafen, der die Wahrheit sagt; oder man gibt diese an sich sehr beachtlichen beiden Erklärungen: es gäbe ein Recht, die Wahrheit zu sagen, ein „Recht der Wahrheit", und zweitens: die Wahrheit sei kulturfördernd. Und im Anschluß an die beiden letzteren Antworten entspinnt sich der bekannte, das Problem des sogenannten Wahrheitsbeweises beherrschende Streit, ob man den Gesetzen auf romanischer Grundlage folgen soll, die das Sagen der Wahrheit nicht in vollem Umfange gestatten, oder dem gegenteiligen idealeren Standpunkte der germanischen Gesetze, ganz abgesehen von der rigorosen, sich der Wahrheit gegenüber völlig ablehnend verhaltenden Bestimmung des japanischen Vorentwurfs [1]), und es kann nicht wundernehmen, wenn v. Lilienthal [2]) es „fast für eine Sache des Temperaments" erklärt, für welchen Standpunkt man sich entscheiden will. Nun kann diese interessante und im allgemeinen gewiß hochbedeutsame Frage nach dem Recht der Wahrheit und der kulturfördernden Macht der Wahrheit hier natürlich nur in engen Grenzen behandelt werden; von unserem Standpunkte ist sie ja nur insoweit erheblich, als es sich darum handelt, ob die Beleidigung durch Behauptung wahrer Tatsachen ausnahmsweise aus irgendwelchen Gründen erlaubt ist.

Die Ethik und die Religion erkennen bekanntlich die Wahrhaftigkeit als eine der hervorragendsten Tugenden an und stellen demgemäß eine Pflicht zur Wahrhaftigkeit auf; nur kleine Notlügen werden meist gestattet, deren Erklärung aber, wie bekannt, erhebliche Schwierigkeiten verursacht [3]). Man könnte nun geneigt sein, umgekehrt auch von einem der Pflicht entsprechenden Recht zur Wahrhaftigkeit zu sprechen. Ein solches Recht ist jedoch vielleicht schon für die Moral nicht unbedenklich, sicherlich aber für das Gesetzesrecht. Es wird allerdings vielfach angenommen [4]), doch ohne nähere Begründung, und ich wüßte nicht, wie man eine solche geben soll; wenigstens die deutschen Gesetze bieten keinen Anhalt. Nun ließe sich vielleicht ein sogenanntes materielles Recht aus der kulturfördernden

[1]) Art. 290 bestraft denjenigen, der die Ehre eines anderen dadurch verletzt, daß er ihn öffentlich oder ausdrücklich schlechter Aufführung oder verabscheuungswürdiger Handlungen bezichtigt, „ohne Rücksicht auf Wahrheit oder Unwahrheit".

[2]) 454. [3]) Vgl. des näheren Paulsen: Ethik **2** 195 ff.

[4]) Am genauesten noch Koestlin 316, vgl. auch RG. **2** 381, Freudenstein 61, Spiecker 62 und Hertel 60, dagegen insbesondere Binding 147, v. Lilienthal 454, Lammasch 50, Friedmann 1.

Macht der Wahrheit herleiten. Daß der Wahrheit eine solche Fähigkeit zusteht, wer wollte das bezweifeln? Es wird besonders von den juristischen Schriftstellern, die für unbeschränkte Zulassung des Wahrheitsbeweises eintreten, des näheren begründet, und es ist nicht angezeigt, zur Rechtfertigung dieser Macht der Wahrheit den vielen trefflichen Ausführungen noch etwas hinzuzufügen — wie umgekehrt keiner Widerlegung die gegenteilige Ansicht bedarf, daß die ungestörte Ordnung im menschlichen Zusammenleben, die Ruhe und der Frieden höher stehen als die Offenbarung der Wahrheit; denn da die Wahrheit doch einmal an den Tag zu kommen pflegt, dürfte jener beschauliche Zustand nicht allzu lange währen.

Aber die entscheidende Frage lautet hier gar nicht nach der kulturfördernden Macht der Wahrheit, sondern danach, ob das Aussprechen der Wahrheit durch den einzelnen im Einzelfalle auch stets kulturfördernd ist. Und diese Frage dürfte nicht einmal so regelmäßig zu bejahen sein, daß sich hieraus ein materielles Recht ableiten ließe.

Man darf im Gemeinschaftsleben nicht in jeder Lebenslage unbeschränkt die Wahrheit sagen. Ein moralisches Handeln ist, wie wir an anderer Stelle [1]) andeuteten, in der Gemeinschaft nicht immer möglich. Denn die Gemeinschaft verlangt begrifflich eine Beschränkung von den einzelnen Mitgliedern, um selbst bestehen zu können; wenn jeder nur den Altruismus betätigen wollte, so würde er zwar einer Pflicht der Moral genügen, aber gerade mit seinen Mitmenschen, die dieselbe Pflicht betätigen wollen, notwendigerweise in Konflikt geraten. Und ebenso steht es mit der Wahrhaftigkeit. Die Gemeinschaft verlangt auch in dieser Beziehung Zurückhaltung. Wie viele Beschränkungen muß sich doch in dieser Hinsicht der einzelne auferlegen! Darf einem denn jeder beliebige Dritte die Wahrheit sagen? Die Journalisten nehmen ein solches Recht gern für sich in Anspruch und wollen es aus ihrem Berufe herleiten, der dahin gehe, das Volk oder wenigstens ihren Leserkreis aufzuklären. Wie viele unheilvolle Skandalprozesse sind aber schon hieraus

[1]) Z. **33** 789, **36** 451.

entstanden! Und die Rechtsprechung zu unserem § 193 beschneidet ein solches vermeintliches Recht mit gutem Grunde recht stark. Hier muß vielmehr in jedem einzelnen Falle geprüft werden, ob das Aufdecken der Wahrheit kulturfördernd ist. Und nicht nur unter Fremden, sondern auch unter Bekannten und nahen Angehörigen ist ein solches allgemeines Recht als stets kulturfördernd nicht anzuerkennen. Ist es denn gut, wenn ein Arzt den Schwerkranken über die Natur seiner Krankheit aufklärt? Muß man nicht den nächsten Verwandten gegenüber oft aus Schonung mit der Wahrheit zurückhalten? Es sei an Hebbels ergreifendes Schauspiel „Maria Magdalene" erinnert, wo die Mutter, als sie erfährt, daß ihr Sohn Übles begangen hat, tot niedersinkt.

Wie nun aber, wenn das Aussprechen der Wahrheit zwar auf der einen Seite das größte Unheil erwarten läßt, andererseits dagegen wegen der höchsten Kulturinteressen unbedingt geboten erscheint? Hier wird sich oft die Äußerung in ein Gewand kleiden lassen, das die unliebsame Folge abwendet oder wenigstens abschwächt und mildert. Vor allem darf nicht schon eine Form und eine Gelegenheit („Form" und „Umstände") gewählt werden, die für sich allein bereits Unheil und Leid im Gefolge haben. Dann bedarf es auch nicht immer der krassen Behauptung der nackten Tatsache in ihrer ganzen schaurigen Wirklichkeit. Oft mildert die Einkleidung in ein Urteil, das nur die persönliche, unmaßgebliche Ansicht des Mitteilenden wiedergibt, in ein Urteil mit dem Zusatz des eigenen Zweifels gegen seine Richtigkeit, so daß auch der andere zunächst Zweifel hegt; dann macht er sich allmählich mit der Tragik der Wahrheit vertraut und mag trotz der bangen Ungewißheit im ganzen vielleicht nur weniger zu leiden haben. So sehen wir, daß auch die Pflicht zur Wahrhaftigkeit unter ähnlichen Grundsätzen steht, wie wir sie im Beleidigungsrecht antrafen; die Umstände des Einzelfalls, die Form und der Inhalt der Äußerung verdienen Berücksichtigung, und der Inhalt kann die logische Form einer (wahren) Tatsache oder eines (richtigen) Urteils annehmen. Es scheint, als könnte die Ethik für das Kapitel der Wahrhaftigkeit auch etwas aus dem Beleidigungsrecht lernen.

Wann ist nun das Sagen der Wahrheit erlaubt? Eine juristisch zutreffende Lösung kann uns nur verbürgt sein, wenn wir nach dem Prinzip des Rechts selbst unseren Blick wenden. Das Sagen der Wahrheit ist im Einzelfalle dann nicht kulturfördernd, wenn der aus Inhalt und Form der Aufklärung bei normalem Verlauf der Dinge zu erwartende Nutzen in gar keinem Verhältnis zu dem voraussichtlich eintretenden Schaden steht. Damit ist der später zu erörternde, auch dem § 193 zugrunde liegende Gedanke ausgedrückt: Das Sagen der Wahrheit ist materiell rechtswidrig, wenn es seiner allgemeinen Tendenz nach im Einzelfall schädlicher als nützlicher ist.

Daraus ergibt sich für das Beleidigungsrecht: es ist von Fall zu Fall zu prüfen, ob ein Recht zum Behaupten wahrer Tatsachen besteht (§ 193); an dem von uns umschriebenen Tatbestand der Beleidigung aber kann unbesorgt festgehalten werden, und wir brauchen ihn nicht etwa auf Grund eines vermeintlichen allgemeinen Rechts zum Sagen der Wahrheit dahin zu berichtigen, daß allgemein (d. i. regelmäßig, tatbestandlich), also auch bei der Ehrzuwiderhandlung durch Tatsachenbeleidigung, nur die Behauptung unwahrer Tatsachen verboten ist. Auch die letzte Betrachtung bestätigt die Möglichkeit eines allgemeinen Verbots, rein sachlich (auch bei Angemessenheit der Ausdrucksform) die Wahrheit zu sagen — wenn damit ein fremdes Rechtsgut, die Ehre, verletzt wird.

---

2. Abschnitt.

Unwahrheit, Wahrheit und Nichterweislichkeit.

1. Die Unwahrheit als Tatbestandsmerkmal und als objektive Bedingung der Strafbarkeit.

Nach unserer Ansicht ist bei der Ehrabsprechung die Unwahrheit der beleidigenden Tatsache Tatbestandsmerkmal im engeren Sinne (Deliktsmerkmal), nicht sogenannte objektive Bedingung der Strafbarkeit. An diesem Erfordernis dürfte auch legislatorisch festzuhalten und nur unter den zwingendsten

Gründen abzuweichen sein; denn unserem modernen Empfinden widerstrebt es, die Bestrafung von einem außerhalb der Schuld liegenden Moment abhängig zu machen, wie denn auch der Ruf nach möglichster Einschränkung der rein objektiven Bedingungen der Strafbarkeit oder der erhöhten Strafbarkeit gerade in unseren Tagen besonders laut geworden ist.

I. Aber unser gegenwärtiges Gesetz [1]) steht nicht auf diesem Standpunkt. Dies zeigt, worauf Frank [2]) in seiner Polemik gegen Beling zutreffend hinweist, ein Vergleich der üblen Nachrede mit der Verleumdung. Denn wenn auch für das erstere Vergehen das Bewußtsein der Unwahrheit erforderlich sein sollte, so wäre die ungleich höhere Strafe gegen das letztere Vergehen nicht verständlich und kann der Unterschied zwischen beiden Delikten nicht allein darin gesehen werden, daß für die üble Nachrede auch der dolus eventualis genügt, wie es nach der Ansicht Belings der Sinn des Gesetzes sein müßte. Näher liegt die Erklärung, daß für die üble Nachrede der Nachweis des Bewußtseins der Unwahrheit überhaupt nicht erforderlich ist.

Diese Ansicht läßt sich vielleicht aus der Eigenart der Beleidigungsprozesse begründen, in denen der Verletzte ein erhöhtes Interesse hat, sich von den erhobenen Vorwürfen zu reinigen. Denn die Nichtfeststellung der Schuld des Angeklagten

---

[1]) Nach § 490 Abs. 2 Österr. StG. und § 328 Abs. 2 Österr. RV. entschuldigt, wenigstens bei nicht öffentlichen Beleidigungen, zum Teil der gute Glaube an die Wahrheit. Hiernach läßt sich wenigstens insoweit die Unwahrheit als Tatbestandsmerkmal oder die Wahrheit als Unrechtsausschließungsgrund bezeichnen. Ähnlich England (wenn die Mitteilung an eine Person geschah, der gegenüber eine gesetzliche, moralische oder soziale Pflicht zu einer solchen Mitteilung bestand oder wenn der Täter ein berechtigtes persönliches Interesse an einer solchen Mitteilung hatte; vgl. des näheren v. Lilienthal 442) und Rußland § 537 Nr. 2 (wenn der Täter genügenden Grund hatte, die verbreiteten Umstände für wahr zu halten, und solche Verbreitung staatlichen oder öffentlichen Vorteils wegen ... begangen hat). In Rußland scheint übrigens die Unwahrheit in der Tat als Tatbestandsmerkmal aufgefaßt zu werden; beachte die Formulierung für den Wahrheitsbeweis: „die Verbreitung ehrverletzender Umstände wird nicht als strafbare Beleidigung betrachtet(!), falls der Angeklagte ... die Wahrheit beweist"; unter dieser Voraussetzung liegt also der Tatbestand der Beleidigung gar nicht vor.

[2]) § 186 III.

kann nach außen wie die Feststellung der Schuld des Beleidigten wirken, sie kann zum mindesten auf den letzteren einen Schatten werfen. Das Urteil in einem Beleidigungsprozeß hat daher eine andere Wirkung wie in jedem anderen Prozesse [1]; aus der Beleidigung gewinnt nicht nur der Staat einen Anspruch auf Bestrafung, sondern auch der Beleidigte einen solchen auf Feststellung der Unwahrheit der behaupteten Pflichtverletzung. Wenn man nun auch den letzteren Anspruch einem besonderen Prozeß (Informativprozeß) zuweisen und eine besondere Tatsachenfeststellungsklage einführen will, wie von verschiedenen Seiten [2] für das künftige Recht empfohlen, und wenn man die Gefahr widersprechender Urteile im Strafprozeß und jenem Informativprozeß mit in den Kauf nimmt, so bleibt das Interesse des Verletzten an dem Ausgange des Strafprozesses doch immer bestehen. Denn die rechtswidrige Beleidigung besteht nach der hier vertretenen Ansicht in der Verletzung eines Interesses und regelmäßig des Interesses des Beleidigten, und deswegen beansprucht dieser Schutz. Er wird daher, mag es auch Informativprozesse geben, aus dem Strafurteil und aus der Höhe der Strafe immer Rückschlüsse darauf ziehen, ob und in welchem Maße die Interessenverletzung wieder beseitigt, also „seine Ehre wiederhergestellt" ist. So wird — und nicht mit Unrecht — die Verurteilung des Angeklagten zu einer im Verhältnis zu der Schwere des Vorwurfes auffallend geringen Geldstrafe den Verdacht aufkommen lassen, daß die vorgeworfene Tat nicht ganz unwahrscheinlich ist.

Wenn das Gesetz aber einmal der Schutzbedürftigkeit des Verletzten genügen will, so würde dies nur höchst unvollkommen geschehen, wollte es zur Bestrafung des Schuldigen immer den Nachweis seiner Kenntnis von der Unwahrheit der verbreiteten Tatsache fordern. Gerade diese Feststellung ist äußerst schwer

---

[1] Vgl. Finger GerS. **74** 318.

[2] Friedmann 26 ff.; Beling, Informativprozesse 320 ff. und Üble Nachrede 79 f. (mit weiterem Literaturnachweis); Kohler 115, ArchRWph. I 436, Deutsche Literaturzeitung 1909, S. 1146; Graf zu Dohna, Vergl. Darst. A IV 267; Delaquis 174; Liepmann, Österr. Z. **1** 372.

zu treffen, wie jeder Praktiker bezeugen wird, der einmal aus § 187 bestrafen wollte [1]). Sollte nun für § 186 in der Tat das Bewußtsein der Unwahrheit erforderlich sein, so wird oft genug Freisprechung eintreten, da ein milderes Gesetz, aus dem Bestrafung erfolgen könnte, nicht zur Verfügung steht. In der Praxis behilft man sich ja in ähnlichen Fällen, wo der dolus schwer nachweisbar ist [2]), mit einer Verurteilung wegen Fahrlässigkeit, wenn für sie eine Strafbestimmung besteht.

Um nun dem Verletzten ausreichenden Schutz zu gewähren, verzichtet das Gesetz überhaupt auf das Erfordernis der Schuld des Angeklagten, indem es eine Ausnahme von dem Grundsatz des § 59 macht [3]). Von diesem Standpunkte aus läßt sich das Gesetz wenigstens einigermaßen befriedigend erklären. Die Unwahrheit ist also nur bei der Verleumdung Tatbestandsmerkmal (Deliktsmerkmal), dagegen objektive Bedingung der Strafbarkeit bei den übrigen Tatsachenbeleidigungen oder wenigstens bei der durch unser Gesetz zu einem besonderen Vergehen ausgestalteten üblen Nachrede.

II. Dieser Standpunkt ist aber legislatorisch nicht zu billigen. Wenn die Hauptaufgabe des Strafrechts darin besteht, die Schuldigen zu bestrafen und nicht etwa nur dem Verletzten Genugtuung zu verschaffen, so kann von dem Erfordernis der Schuld nicht abgesehen werden. Das Gegenteil wäre eine unbillige Härte und ließe sich, weil es dem Grundgedanken des Strafrechts zuwider läuft, nur unter den gewichtigsten Gründen gestatten. Solche liegen aber nicht vor. Würde es für den Verletzten nicht auch genügen, wenn im Prozeß und namentlich bei der mündlichen Verkündung der Urteilsgründe durch den Vorsitzenden, worauf allerdings großer Wert zu legen wäre, ausdrücklich erwähnt wird, die Tatsache sei unwahr, der Angeklagte habe sie aber irrtümlich und entschuldbar für wahr

---

[1]) Treffend bemerkt v. Lilienthal 401 bei Bekämpfung der für § 186 das Bewußtsein der Nichterweislichkeit fordernden Ansicht, nach ihr würde § 186 noch seltener zur Anwendung kommen als heute § 187. Wie mit § 187 steht es übrigens auch mit dem analogen § 15 des Wettbewerbsgesetzes.

[2]) z. B. §§ 10, 12, 13 des Nahrungsmittelgesetzes.

[3]) So Frank § 186 III und schon Z. **12** (1892) 307.

gehalten? Dann ist die Ehre des Angegriffenen in den Augen der Mitwelt wieder hergestellt, und das Gesetz hat die Verurteilung eines Unschuldigen vermieden.

Man kann nicht einwenden, der Täter hätte mit der Möglichkeit der Unwahrheit rechnen und die Tatsache nicht anderen mitteilen sollen. Würde dieser Einwand stichhaltig sein, so würde der Gewissenhafte überhaupt nicht mehr wagen, über seinen Mitmenschen eine Pflichtwidrigkeit zu erzählen, mag er auch von ihrer Wahrheit überzeugt sein, und es wäre in der Tat jeder freie Meinungsaustausch unterbunden. Denn er müßte sich sagen, es könne durch irgendwelche nicht vorhersehbaren Umstände sich die objektive Unwahrheit herausstellen. Man kann aber nicht darauf hinweisen, daß der Täter in derartigen Fällen nach § 193 straflos sein kann. Einmal sollte § 193 doch nur eine Ausnahmebestimmung sein, während der Tatbestand (einschließlich der objektiven Bedingung der Strafbarkeit) das regelmäßig Strafbare enthält; und sodann wollte der Täter vielleicht gar nicht berechtigte Interessen wahrnehmen, er erzählte die Tatsache nur um ihrer (vermeintlichen) Wahrheit willen weiter.

M. E. sollte es erlaubt sein, das, was man normalerweise für wahr halten darf, zu sagen. Damit ist aber zugleich die Forderung nach einer Bestrafung der Fälle erhoben, wo der Täter die Unwahrheit auch fahrlässigerweise nicht gekannt hat. Ein derartiges fahrlässiges Delikt wäre leicht auszugestalten. Der Tatbestand der Beleidigung durch Behauptung unwahrer Tatsachen müßte beide Schuldformen umfassen, den Vorsatz in bezug auf die Behauptung der ehrenrührigen Tatsache [1]), die Fahrlässigkeit in bezug auf die Unwahrheit. Es muß also für den Täter die Möglichkeit bestanden haben, die Unwahrheit bei pflichtmäßiger Sorgfalt zu erkennen. Denn es dürfte in der Tat sehr wohl strafwürdig sein, wenn jemand fahrlässig unterläßt, vermeintliche Pflichtverletzungen seiner Mitmenschen — und nur erhebliche kommen nach unserer Grundauffassung

---

[1]) Für entbehrlich halten wir, auch ein fahrlässiges Behaupten unter Strafe zu stellen, etwa ein belauschtes unvorsichtiges Selbstgespräch (vgl. v. Bar 98).

in Betracht —, ehe er sie ausspricht, auf ihre Wahrheit hin zu prüfen. An die fahrlässige Unkenntnis der Unwahrheit einer ausgesprochenen Tatsache werden ja auch in anderen Fällen Rechtsfolgen geknüpft; es sei nur an den fahrlässigen Falscheid erinnert. Und nach § 824 BGB. verpflichtet zu Schadensersatz die fahrlässige Unkenntnis von behaupteten Tatsachen, die geeignet sind, den Kredit eines anderen zu gefährden oder sonstige Nachteile für seinen Erwerb oder sein Fortkommen herbeizuführen. Mit einer derartigen Strafbestimmung wird zugleich die Möglichkeit geschaffen, die Fälle zu bestrafen, in denen es nicht gelingt, die Kenntnis der Unwahrheit der Tatsache im Prozeß festzustellen. Und diese dürften, wie wir sahen, nicht selten sein. Eine Unterscheidung zwischen der Nachrede und der Beleidigung unter vier Augen möchte ich hinsichtlich der Strafwürdigkeit auch hier nicht für empfehlenswert halten und den oben erwähnten, von dem italienischen Strafgesetzbuch eingenommenen Standpunkt, daß das Aussprechen der Beleidigung gerade in Gegenwart des Verletzten besonders strafwürdig ist, nicht verlassen. Daher würde ich hinsichtlich der Schuldform folgende Arten von Beleidigungen unterscheiden:

1. Form- und Urteilsbeleidigung, ferner Tatsachenbeleidigung, sofern sie Ehrzuwiderhandlung ist: ausschließlich Vorsatz,
2. Tatsachenbeleidigung, soweit sie Ehrabsprechung ist:
   a) Fahrlässigkeit und Eventualvorsatz,
   b) Vorsatz unter Ausschluß des Eventualvorsatzes (Verleumdung).

Nur für 2. b) wäre die Androhung einer höheren Strafe geboten.

Die Möglichkeit einer fahrlässigen Beleidigung ist in der Literatur wiederholt, aber nur andeutungsweise, zum Ausdruck gelangt [1]. So soll nach Loening [2] § 186 beide Schuldarten umfassen. Schmid [3] bemerkt, § 186 wende sich seinem Wesen nach gegen die bei Prüfung der Wahrheit einer behaupteten Tatsache an den Tag gelegte Fahrlässigkeit, die Unkenntnis

[1] v. Lilienthal beschränkt sich auf die kurzen Bemerkungen S. 400 Anm. 8, 401; Liepmann auf die Bemerkung S. 333.

[2] 30. [3] 67.

der Unwahrheit müsse auf Fahrlässigkeit beruhen. Rupp [1]) führt aus, das Strafgesetzbuch verwende in dem § 186 aus Praktikabilitätsgründen statt des Momentes der Fahrlässigkeit das äußerliche Moment der Nichterweislichkeit, das zwar häufig, aber keineswegs immer eine Fahrlässigkeit involviere. Legislatorisch mag dies sehr beachtlich sein, aber zum Ausdruck ist der Gedanke der Fahrlässigkeit im § 186 jedenfalls nicht gelangt. Übrigens scheinen auf dem hier vertretenen Standpunkt im Grunde keine geringeren zu stehen als Merkel [2]) und Binding [3]). Ersterer meint, unter § 186 fielen auch solche Fälle, bei denen möglicherweise von einer fahrlässigen Begehung des Deliktes gesprochen werden könne. Und Binding nennt das Vergehen des § 186 charakteristisch genug die „leichtfertig" üble Nachrede, eine Wendung, wie sie auch von anderen Schriftstellern, z. B. von Schwarze [4]) und Friedmann [5]) mitunter gebraucht wird. Im Einklang stehen wir auch mit Beling, in dessen Gesetzesvorschlägen sich ein Vergehen der fahrlässigen Rufgefährdung befindet, und mit den Reformvorschlägen Kroneckers [6]).

Es ließe sich noch erwägen, ob nicht eine Schuldpräsumtion im öffentlichen Interesse gerechtfertigt wäre. Ein solches müßte freilich äußerst schwer wiegen. Unsere Gesetze kennen solche Präsumtionen aber nur in Fällen, die mit den uns hier beschäftigenden nicht das geringste Gemeinsame haben. So z. B. die Preßgesetze, wo ein Bedürfnis besteht, die Preßdelikte bei ihrer großen Tragweite selbst da nicht ungestraft zu lassen, wo der wahre Schuldige nicht entdeckt werden konnte; ferner die Zoll- und Steuergesetze, in denen vielleicht ein gerechtfertigtes fiskalisches Interesse besteht; endlich wohl auch die Bagatellsachen, in denen eine möglichst schnelle und billige Entscheidung erwünscht ist. Man mag schon in diesen Fällen den Standpunkt

---

[1]) Modernes Recht und Verschuldung S. 56.

[2]) 293. [3]) 157.

[4]) 486 („sog. kulpose Verleumdung").

[5]) 36, wo sich dieser Schriftsteller allerdings gegen die Strafwürdigkeit fahrlässiger Beleidigungen ausspricht.

[6]) Reform 324 (die Einführung einer wenigstens teilweisen fahrlässigen Beleidigung sei ein Fortschritt gegen den jetzigen § 186).

des Staates, daß es hier nicht auf den Nachweis des Verschuldens ankommt, nicht billigen [1]). Wenigstens hat der Staat u. E. gar keine Veranlassung, auf den Beleidigten eine derart weitgehende Rücksicht zu nehmen, daß er Strafe auch da eintreten läßt, wo die Schuld nicht nachgewiesen werden konnte.

2. Die Wahrheit als Unrechts- und als Strafausschließungsgrund.

Wie wir sahen, geht das Bestreben unserer modernen Gesetzgebung dahin, dem Beleidigten in möglichst vollem Umfange Schutz zu gewähren. Unter diesem Gesichtspunkt läßt sich auch die Auffassung verstehen, die nicht in der Unwahrheit ein strafbegründendes, sondern umgekehrt in der Wahrheit ein strafausschließendes Merkmal erblickt und im Anschluß hieran fordert [2]), daß bei zweifelhaftem Beweisergebnis der Angeklagte zu verurteilen ist. Nach unserer Grundansicht würde dies aber eine Verurteilung bei einem non liquet bedeuten, und eine Ausnahme von dem Grundsatz in dubio pro reo darf nur unter den gewichtigsten Gründen zugelassen werden. Nur wenn sich im folgenden solche vom Standpunkt der Gegner aufzeigen lassen, können wir vielleicht im Anschluß daran unser Prinzip ausgestalten.

I. Die Auffassung, daß die Wahrheit Unrechtsausschließungsgrund ist [3]), werden besonders die Schriftsteller

---

[1]) Es sei an die Schlußausführungen in Bindings Normen erinnert. Vgl. auch Wach: Vergl. Darst. A VI 35.

[2]) Diese Forderung ergibt sich an sich(!) noch nicht notwendig aus der Negativität des Merkmals. Ob man ein positives Erfordernis für das Vorliegen eines Verbrechens aufstellt oder einen Ausschließungsgrund einführt, hängt davon ab, was man als regelmäßig vorhanden ansieht, oder es entscheiden rein terminologische Gründe.

[3]) Hierher gehören v. Lilienthal 402, Liepmann 234, 258, Romen-Rissom § 91 no. 4 d, auch Glaser, Handb. d. Strafproz. II (1885) 51 u. a., wohl aber nicht Frank, der zwar (zu § 186 III) sagt, die Behauptung wahrer Tatsachen sei nicht rechtswidrig, der jedoch die Wahrheit nicht als einen besonderen Unrechtsausschließungsgrund, sondern das Behaupten unwahrer Tatsachen als regelmäßig verboten ansieht (vgl. Z. **12** 307).

gern vertreten, die unter Ehre die tatsächliche Geltung ohne Rücksicht darauf verstehen, ob sie berechtigt ist. Denn im Grunde muß es doch immer auf das Berechtigte ankommen. So werden sie denn in den Tatbestand der Beleidigung gleichsam von außen ein neues Moment einführen, das das Unbefriedigende ihrer Ansicht über die Ehre wieder gut macht. Diese Schriftsteller können den Unrechtsausschließungsgrund mit einem Recht zur Wahrheit oder damit begründen, daß die Äußerung zur Wahrnehmung berechtigter Interessen geschehen ist. Die erstere Ansicht dürfte, wie bereits im 1. Abschnitt dieses Teils ausgeführt, nicht zu rechtfertigen sein. Die letztere entspricht dagegen zwar nicht dem geltenden Gesetze, das in §§ 186, 192 Bestimmungen über den Wahrheitsbeweis trifft und in § 193 allgemein die Wahrnehmung berechtigter Interessen ordnet; denn die Bestimmungen über den Wahrheitsbeweis wären überflüssig, wenn sie nicht eine gegenüber dem § 193 weitergehende Bedeutung hätten. Aber sie ist im Einzelfalle sachlich zutreffend, wenn man mit uns im Gegensatze zum Reichsgericht den § 193 nicht nur auf Wahrnehmung eigener oder nahe angehender Interessen beschränkt, sondern auch die Interessen Dritter und das öffentliche Interesse einbezieht. Das Aufdecken der Wahrheit ist nach dieser Ansicht also insoweit gestattet, als es letzten Endes dem öffentlichen Interesse entspricht. Dies deckt sich mit unserer Grundanschauung, nach der nur bei Pflichtverletzungen, die für die soziale Bewertung des Ehrenträgers erheblich sind, ein Wahrheitsbeweis zulässig ist. Denn die Öffentlichkeit, hier die staatliche Gemeinschaft, hat immer ein Interesse daran, daß derartige Pflichtverletzungen, von denen sie die Verkehrsehre des einzelnen abhängig macht, aufgedeckt werden. Sie kann zwar auch an Aufdeckung der Wahrheit bei Ehrzuwiderhandlungen ein Interesse haben, also auch über das Interesse an Bewertung des einzelnen hinaus; dann lassen aber auch wir den Wahrheitsbeweis zu (vgl. Leitsätze II 1).

Wenigstens materiell entspricht also diese Ansicht durchaus unserem Ergebnis; denn auf den Unrechtsausschließungsgrund hat natürlich die Schuld insofern einen Einfluß, als die irrtümliche Annahme, daß er vorliegt, den Vorsatz ausschließt.

Den hiermit verbundenen Konflikt mit der Auffassung des Gesetzes [1]) sucht nun die andere Ansicht zu vermeiden, die die Wahrheit nur als objektiven Strafausschließungsgrund betrachtet. Diese Ansicht kann wohl als die herrschende angesehen werden [2]), und so dürften auch VE. § 260 und GE. § 283 zu verstehen sein. Sie ist aber sachlich nicht zu rechtfertigen, da sie jede Beziehung zur Schuld löst. Hierüber ist im vorhergehenden Kapitel zur Genüge gesprochen. Und eine innere Begründung läßt sich vom Standpunkte der Schriftsteller, die den herrschenden Begriff der Ehre als der tatsächlichen Geltung vertreten, nicht leicht geben. Denn weshalb es hier plötzlich auf die Wahrheit ankommen soll, wo doch jede Rufgefährdung auch bei Aufdeckung der Wahrheit tatbestandswidrig ist, das ist nicht ersichtlich. Wenn ein berechtigtes Interesse oder gar ein materielles Recht zum Sagen der Wahrheit angenommen werden soll, müßte die Wahrheit doch ein Unrechtsausschließungsgrund sein, und dann käme es wieder auf das Schuldbewußtsein an. Zur Begründung müßte man sich hier mit der allgemeinen Bemerkung begnügen, daß der Staat ein Interesse an Aufdeckung der Wahrheit hat und daß er daher nicht eine Rufgefährdung verbieten will, wenn die Tatsache objektiv wahr ist. Dies ist dann nur eine Umschreibung des Gesetzes, die uns nicht weiterbringt und auch nichts darüber sagt, wie das Interesse zu werten ist und ob es nicht mitunter dem Interesse des Verletzten an Schutz seiner Ehre nachgesetzt werden muß; so entsteht dann wieder ein besonderes Problem des Wahrheitsbeweises, über das man sich nicht verständigen kann.

II. Dagegen läßt sich vom Standpunkte der Schriftsteller, die unsere Grundauffassung von der Ehre teilen, etwa folgende Begründung geben, die nicht nur die Einführung des Merkmals der Wahrheit rechtfertigen, sondern auch erklären würde, weshalb bei zweifelhaftem Beweisergebnis Verurteilung erfolgt. Wir sprechen Ehre jedem zu, der seine Pflichten erfüllt hat.

---

[1]) Vgl. oben S. 153 ff.

[2]) Vgl. Olshausen § 186 Nr. 7 mit Rechtsprechung. Sachlich übereinstimmend diejenigen, die in der Nichterweislichkeit eine objektive Bedingung der Strafbarkeit sehen (vgl. v. Liszt § 96 II, 3).

Nach unseren grundlegenden Ausführungen könnte man nun nicht nur, wie wir es getan, die zur Pflichterfüllung erforderliche Tauglichkeit und Gesinnung als wahr unterstellen, sondern weiter — und zwar dies natürlich nur unter Zulassung des Gegenbeweises — als wahr unterstellen, daß er seine Pflichten erfüllt hat; diese Auffassung würde etwa dem von Beling für den „Tatbestand" der Beleidigung gegebenen hypothetischen Ehrbegriff entsprechen. Dann muß aber, wenn anders man zu einem gerechten Ergebnis gelangen will, notgedrungen die Feststellung des Unrechtsausschließungsgrundes oder zum allermindesten des Strafausschließungsgrundes ermöglicht werden und zwar eine Feststellung des Inhalts, daß der Angegriffene sich der Pflichtverletzung tatsächlich schuldig gemacht hat. Der Staat würde hiernach gebieten: Du sollst deinem Nächsten keine Pflichtwidrigkeiten nachsagen; ich, der Staat, nehme an, daß die Ehre eines jeden unversehrt ist, und traue keinem eine Pflichtwidrigkeit zu, wenn nicht die Wahrheit festgestellt ist; kann ich mich aus irgend einem Grunde von der Wahrheit nicht überzeugen, so ist es dein Nachteil [1]). Hiermit ist der Kern der sämtlichen Ansichten, die es auf den Ausschließungsgrund ankommen lassen wollen, berührt.

Man glaubt, die Wahrheit leichter feststellen zu können als die Unwahrheit. Daher die Präsumtion der Reinhaltung der Ehre bis zum Beweis des Gegenteils, daher die Präsumtion der Unwahrheit bis zum Nachweis der Wahrheit. Beide Präsumtionen sind aber innerlich nicht begründet. Denn wenn die Präsumtion überhaupt das Normale wiedergeben soll, so würde die erste Ansicht wohl die Menschen durchschnittlich als zu gut, die zweite aber sicherlich als zu schlecht bewerten, beide Präsumtionen würden sich also widersprechen. Gewiß kann das Recht jemandem die Ehre erst absprechen, wenn es weiß, daß er eine Pflichtwidrigkeit begangen hat; aber deswegen die Vermutung aufzustellen, daß ein jeder seine Ehre rein erhalten hat, geht zu weit. Wenn auch das Recht auf dem idealen Standpunkt steht, jedem Ehre zuzutrauen, der seine Pflichten erfüllt hat, wie wir sahen, so muß es doch bei der Frage, ob er seine

[1]) Vgl. RG. **19** 389.

Pflichten erfüllt hat, etwas mißtrauisch sein. Aber die zweite Vermutung geht sicher zu weit. Wer wollte denn, wenn die Menschen einmal eine Pflichtwidrigkeit über einander sagen, prinzipiell annehmen, daß sie die Unwahrheit sagen? So tief ist der Durchschnitt der Menschheit noch nicht gesunken [1]).

Entbehrt sonach diese letztere Präsumtion jedes inneren Grundes, so dürfte nicht einmal der prozessuale Grund, der zu ihrer Aufstellung führte, durchschlagen. Daß Negative meist schwerer zu beweisen sind, soll ohne weiteres zugegeben werden, wenn auch in der Praxis bei unserem Prinzip der freien Beweiswürdigung die Schwierigkeit nicht immer so groß ist, wie es theoretisch scheinen könnte. Wie oft aber behauptet nicht der Beleidiger selbst eine negative Tatsache, z. B. die Unterlassung der Erfüllung einer bestimmten Pflicht! Dann ist doch die Unwahrheit der Behauptung, nämlich die Pflichterfüllung, unschwer festzustellen [2]).

3. Das Merkmal der Nichterweislichkeit.

Wenn die Wahrheit einer Tatsache nicht ermittelt werden konnte, andererseits aber ihre Unwahrheit nicht feststeht — dieser Fall hatte uns im vorigen Kapitel beschäftigt —, kann man auch von Nichterweislichkeit sprechen. Die Formulierung, der Täter sei nur strafbar, wenn die Tatsache nicht erweislich wahr sei, findet sich nicht nur in unserem § 186, sondern auch in vielen Gesetzen und Entwürfen des Auslands [3]), und nachdem unser Vorentwurf die andere Fassung gewählt hatte, der sich auch der Gegenentwurf anschloß, ist in den Beschlüssen der Strafgesetzkommission die Erweislichkeit wieder eingeschaltet [4]).

[1]) Vgl. auch Beling 23.

[2]) Vgl. die Ausführungen Friedmanns 10 ff., der ferner treffend darauf hinweist, daß nicht nur bei Meineid, falscher Anschuldigung und ähnlichen Delikten, sondern auch bei Vermögensdelikten oft genug Negative zu beweisen sind; der Angeklagte schützt z. B. vor, die unterschlagene Sache verloren zu haben.

[3]) Österr. StG. § 490, Österr. RE. § 328, Schweiz. VE. Art. 106 Nr. 1.

[4]) Allerdings ist der Begründung von Lucas, DJZ. 1912, S. 1369, nicht zuzustimmen. VE. lautete: „... der Täter bleibt straflos, wenn die Tatsache wahr ist". Die Beschlüsse haben nun vor das Wort „wahr" das Wort „erweislich" und zwar nach dem Bericht mit der Begründung eingeschaltet, es solle klargestellt werden, daß es auf die Erweislichkeit ankommt, bei zweifelhafter Wahrheit also der Täter nicht straflos ist. Wenn dies der Grund ist, so wäre das Wort „erweislich" überflüssig; denn dasselbe besagt die Fassung des VE. (vgl. auch die Begr. II 707).

Man kann das Merkmal der Nichterweislichkeit verschieden verstehen.

I. Ausgeschlossen ist, daß das Gesetz dem Angeklagten etwa die (formelle) Beweislast für die Wahrheit aufbürden wollte. Derartige Bestimmungen sind bekanntlich unserem Strafrecht durchaus ungeläufig und hätten zweifelsfreier Kenntlichmachung schon durch die Ausdrucksweise bedurft [1]). Daher hat das Gericht alle ihm sachdienlich erscheinenden Beweise zu erheben, ohne an Anträge des Angeklagten gebunden zu sein.

Eine andere Frage ist, ob das Gericht nur auf eine Anregung des Angeklagten in eine Verhandlung über die Wahrheit einzutreten braucht. In diesem Sinne kann man den besonders früher beliebten Ausdruck „Einrede der Wahrheit" verstehen als die Macht, durch einseitige Willenserklärung die Geltendmachung des staatlichen Strafrechts — wie im Zivilrecht des Klagerechts — auszuschließen. Jedoch wird man mangels einer ausdrücklichen gesetzlichen Vorschrift, wie sie für unser Delikt z. B. Österr. RE. § 330 [2]) gibt, dem Gericht die Verpflichtung auferlegen müssen, von Amts wegen die Frage zu prüfen, ohne eine Einrede des Angeklagten abzuwarten [3]). Von unserem Standpunkte ist auch legislatorisch hieran festzuhalten und nicht dem Angeklagten eine „materielle Disposition über staatliches Strafrecht" einzuräumen, mag er vielleicht auch die Bestrafung lieber auf sich nehmen, als eine Verhandlung über die Wahrheit mit anhören, die zum Beispiel andere Personen, etwa seine eigene Ehefrau, bloßstellen würde [4]). Von dem Grundsatz der Erforschung der materiellen Wahrheit eine Ausnahme zu machen, dürfte hier keine Veranlassung vorliegen. Zur Verurteilung bedarf es der Feststellung aller strafbegründenden und des Nichtvorhandenseins aller strafaus-

---

[1]) Vgl. Glaser: Handb. d. StrPr. I (1883) 364. So wird von einigen Schriftstellern nicht einmal die Fassung des § 361 Nr. 8 RStGB. (bestraft wird, wer ... nicht nachweisen kann, daß ...) dahin verstanden, daß den Angeklagten die formelle Beweislast trifft. So Bennecke-Beling: Lehrb. 361 (es fehle jeder Anhalt dafür, daß das Wort „nachweisen" technisch gemeint sei), ebenso Frank § 361 Z. 8 Nr. 4, a. M. Olshausen § 361 Z. 8 c. Die Fassung „wenn der Täter nicht die Wahrheit seiner Angaben beweist" findet sich übrigens in verschiedenen ausländischen Gesetzbüchern (Österr. §§ 490/91 Abs. 2, Rußl. § 537, Bulg. Art. 239, Span. Art. 470). Dagegen gebrauchen Span. Art. 475 wie auch Ital. Art. 394 die Wendung „er wird zum Wahrheitsbeweise zugelassen". Dies mag in den verschiedenen Staaten je nach ihrer Stellungnahme zu dem Prinzip der Erforschung der materiellen Wahrheit Verschiedenes bedeuten, worauf hier nicht näher eingegangen werden kann.

[2]) „Die Aufnahme des Wahrheitsbeweises ist dadurch bedingt, daß sich der Täter auf die Wahrheit der Beschuldigung beruft." Vgl. auch Niederlande Art. 263, wo der Beweis der Wahrheit u. a. gestattet ist, wenn der Richter die Ermittlung der Wahrheit zur Beurteilung der Behauptung des Angeklagten, daß er im allgemeinen Nutzen ... gehandelt habe, für nötig erachtet.

[3]) Ebenso Olshausen Nr. 11 Abs. 2 nebst Rechtspr.

[4]) Vgl. den Fall bei v. Ruber, Österr. Allg. GZ. **46** (1895) 177.

schließenden Umstände [1]). Besteht auch nur in einem Punkt ein Zweifel, so ist Freisprechung geboten.

II. Am nächsten liegt von unserem Standpunkte aus die besonders von Beling [2]) und ähnlich schon vorher von Frank [3]) gegebene Erklärung, die Bestimmung wolle an den materiellen Voraussetzungen nichts ändern, sondern nur zwecks leichterer Beweisführung eine prozessuale Präsumtion aufstellen. Die Präsumtion bezieht sich nach Beling aber nicht nur auf das Tatbestandsmerkmal der Unwahrheit, sondern naturgemäß auch auf das Bewußtsein der Unwahrheit. Würde die Präsumtion nicht auch den Vorsatz betreffen, so wäre, wie Beling mit Recht sagt, die erste Präsumtion bedeutungslos; denn wenn schon objektiv zweifelhaft ist, ob die Tatsache wahr ist, so dürfte ein Beweis der Kenntnis des Gegners von der möglichen Unwahrheit kaum zu erbringen sein. Andrerseits vermißt Beling mit Recht, daß diese letztere Präsumtion im Gesetz einen Ausdruck gefunden hat. Da man aber gerade bei Präsumtionen einen solchen ausdrücklichen Ausspruch des Gesetzes erwarten sollte, so erweist sich die Belingsche Auslegung des § 186 nicht als haltbar, zumal da auch ein Vergleich mit dem Tatbestand der Verleumdung die Belingsche Ansicht nicht bestätigt, worauf bereits hingewiesen.

Man könnte daher, wenn man der Ansicht Franks folgt, die Präsumtion nur auf das Merkmal der Unwahrheit als objektiver Bedingung der Strafbarkeit beziehen. Dies würde dem von uns vorher [4]) gekennzeichneten, dem § 186 vermutlich zugrunde liegenden materiellen Gedanken am meisten entsprechen. Zweifellos ist dies aber keineswegs. Denn Prozeßpräsumtionen sind einmal äußerst selten und hätten außerdem ihren Platz wahrscheinlich in der Prozeßordnung gefunden, wie es auch die Begründung des VE. getan wissen wollte. Dann würde wieder die Annahme näher liegen, das Gesetz habe die Wahrheit als Strafausschließungsgrund angesehen. Damit wäre hier aber schon gesagt, daß bei zweifelhaftem Beweisergebnis der Täter zu verurteilen ist, und wäre das Wort „erweislich" völlig überflüssig. Will man sich nun aber nicht mit einer solchen Auslegung, nach der ein Merkmal des Gesetzes ebenso gut hätte fehlen können, zufrieden geben, so muß man entweder bei der obigen Frankschen Auslegung stehen bleiben oder dem Merkmal der Nichterweislichkeit eine ganz anders geartete Erklärung geben.

---

[1]) Die Feststellung des Nichtvorliegens der dem Strafanspruch entgegenstehenden Umstände muß natürlich ihre vernünftigen Grenzen haben. Vgl. Glaser: Handb. I 365 und Beitr. z. Lehre v. Beweis im Strafproz. 1883, 101: Eine geradezu widersinnige Rechtspflege würde daraus entstehen, wenn ..., ohne daß von irgend einer Seite eine auf einen Strafausschließungsgrund abzielende Behauptung oder Andeutung vorgebracht würde, der positive Nachweis des Nichtvorhandenseins sämtlicher Strafausschließungsgründe geführt werden müßte. — Aber hier bei dem Merkmal der Wahrheit oder der Unwahrheit handelt es sich nicht um derartige fernliegenden Umstände.

[2]) Bennecke-Beling: Lehrb. 323, Beling: Üble Nachrede 8 ff.

[3]) Z. **12** (1892) 307. Ähnlich wie Frank Mandel 23.

[4]) Oben S. 155.

III. Erklärungen der letzteren Art liegen nun um so näher, als man einen Mißstand zu beseitigen bestrebt ist, der mit den obigen Auslegungen notwendig verbunden ist. Nach ihnen ist nämlich der Angeklagte zu verurteilen, wenn die Wahrheit in der Hauptverhandlung nicht erwiesen ist. Dieser Rechtszustand ist nun allerdings höchst unerfreulich. Denn zwischen der Tat und der Hauptverhandlung können wichtige Beweise verloren gehen, Zeugen versterben oder nicht zu ermitteln sein, oder ihre Ladung mag aus einem sonstigen Grunde nicht auszuführen sein, oder der Gewährsmann des Täters kann seine diesem vor der Tat gemachte Mitteilung unter dem Eide nicht aufrecht erhalten. Der Zufall kann dem unschuldigen Angeklagten also außerordentlich schaden, andererseits dem gewissenlosen Ehrabschneider, der erst nach der Tat sich nach Beweisen umsieht, dem Rechtsempfinden zuwider von Nutzen [1]) sein.

Daher hat es an Bemühungen nicht gefehlt, dem Gesetze eine mehr befriedigende Auslegung zu geben. Aber alle diese Auslegungsversuche haben andere Unzuträglichkeiten im Gefolge, wie sofort zu zeigen, so daß wir bei der zuletzt gegebenen Interpretation des Gesetzes stehen bleiben müssen.

Man kann die Nichterweislichkeit mit Binding [2]) als Deliktsmerkmal auffassen. Diese Ansicht befriedigt in doppelter Hinsicht. Einmal wird auf diese Weise wieder eine Verbindung zur Schuld hergestellt, und sodann kommt es nicht auf die Nichterweislichkeit in der Hauptverhandlung, sondern auf die zur Zeit der Tat an. Denn der Vorsatz des Täters kann sich wohl schwerlich auf das ungewisse zukünftige Beweisergebnis beziehen [3]). Andererseits aber — und dies ist ein u. E. sehr gewichtiges Bedenken [4]) — ist diese Ansicht praktisch kaum durchführbar. Denn wie will man in der Hauptverhandlung feststellen, ob die zur Zeit der Tat vorhanden gewesenen Zeugen wirklich die Aussage gemacht, ob sie nicht ihr Zeugnis verweigert hätten? Es müßten Zeugen darüber vernommen werden, was andere Zeugen gesagt haben würden, wenn die Hauptverhandlung früher stattgefunden hätte. Und auch die Aussage des Angeklagten wäre damals vielleicht eine andere gewesen; damals hätte er etwa andere Tatsachen eingestanden, andere bestritten. Also die ganze Hauptverhandlung müßte auf den Zeitpunkt der Tat gedanklich zurückverlegt werden.

Aus dem letzteren Grunde kann man ferner nicht — auch diese Auffassung wäre denkbar — die zur Zeit der Tat vorliegende Nichterweislichkeit als objektive Bedingung der Strafbarkeit betrachten.

[1]) Vgl. Finger a. a. O. 312.

[2]) Normen II 610, Lehrb. 146, 158. Wie Binding Eßlinger 46.

[3]) Darüber, ob ein schuldhaftes Rechnen des Täters mit zukünftigen tatbestandlichen Merkmalen überhaupt möglich ist, vgl. Wach 53 und Binding: Ger.S. **68** 20 ff.

[4]) Auf die Fassung des § 186, in dem die Nichterweislichkeit in engere Beziehung zur Strafdrohung gesetzt ist, woraus sich schließen ließe, daß der Tatbestand schon vorher abgeschlossen ist (vgl. hierzu Gabler 62), soll Gewicht nicht gelegt werden. Die Fassung der Gesetze dürfte, zumal bei dem mißglückten § 186, keine geeignete Grundlage zur Interpretation sein. Vgl. Wach 53.

IV. Hiernach kann es m. E. nur im Sinne des Gesetzes gelegen haben, die Nichterweislichkeit auf den Zeitpunkt der Hauptverhandlung zu beziehen. Von diesem Standpunkte aus kann man auch die Nichterweislichkeit selbst zur objektiven Bedingung der Strafbarkeit erheben [1]) oder umgekehrt die Erweislichkeit als Strafausschließungsgrund bezeichnen [2]), was praktisch dasselbe wäre (theoretisch besteht der Unterschied, daß der Strafanspruch im ersten Fall erst im Prozeß, im zweiten aber sofort entstehen würde). Auch hiermit wären wir einverstanden, wenn es nicht ungeläufig wäre, mit diesen Begriffen Tatumstände zu versehen, die nicht zur Zeit der Tat, sondern zur Zeit der Hauptverhandlung vorliegen müssen [3]). Und ferner: das Hineintragen eines prozessualen Elementes in das materielle Recht ist dem Gesetzgeber doch sonst nicht geläufig, und wenn es geschieht, wählt er eine andere Fassung [4]). Es empfiehlt sich daher u. E. zu solchen Erklärungen nur zu schreiten, wenn andere Erklärungen völlig versagen.

Es bleibt aber noch immer die Erklärung übrig, deren oben berührte Mißstände wir natürlich nicht hinwegleugnen wollen: Die Unwahrheit ist im Sinne des Gesetzes objektive Bedingung der Strafbarkeit, während das Merkmal „erweislich" andeutet, daß bei zweifelhaftem Beweisergebnis der Täter zu verurteilen ist. Das Gesetz stellt also eine Prozeßpräsumtion auf, die aus gesetzestechnischen Gründen in das Strafgesetzbuch hineingeraten ist.

3. Abschnitt.

Die möglichen gesetzlichen Beschränkungen des Wahrheitsbeweises.

1. Das öffentliche Interesse.

I. Eine Gruppe von Rechten läßt den Wahrheitsbeweis prinzipiell nur beim Vorliegen eines öffentlichen Interesses zu [5]). Die Grundlage dieser Anschauung ist, daß ein Schutz gegen

[1]) Vgl. Haelschner 194, v. Liszt § 96 II 3, Gabler 61 ff.

[2]) Vgl. Kohler 119, Mandel 20, auch RG. **19** 388.

[3]) Vgl. die Literaturangaben bei Frank vor § 51 VI sowie Finger: Goltd. A. **50** 33 ff.

[4]) Vgl. den bereits erwähnten § 361 Nr. 8 RStGB.

[5]) So das spätere englische Recht bezüglich der friedensgefährdenden schriftlichen Beleidigung (defamatory libel), während in den übrigen der Zivilklage zugewiesenen Fällen der Wahrheitsbeweis unbeschränkt zulässig ist (vgl. des näheren Kohler 127 ff.; v. Lilienthal 439 ff.). Niederlande Art. 263 Nr. 1 läßt außer bei Beamtenbeleidigungen den Wahrheitsbeweis nur zu zur Beurteilung der Behauptung des Angeklagten, daß er im allgemeinen Nutzen oder in notwendiger Verteidigung gehandelt habe. Auch dies spielt in das Gebiet der Rechtswidrigkeit hinein. Ähnlich

herabwürdigende Äußerungen tatbestandlich stets gewährt, daß aber die Rechtswidrigkeit solcher Äußerungen ausgeschlossen ist, wenn sie wahr und zugleich im öffentlichen Interesse geschehen sind. Dieses Abstellen auf das öffentliche Interesse entspricht durchaus unserem Ergebnis; denn ein öffentliches Interesse liegt immer vor, wenn das Urteil über die Verkehrsehre jemandes in einem wesentlichen Punkte berichtigt werden soll [1]).

Aber dieses Prinzip ist zu allgemein; es läßt sich jedoch sehr wohl ausgestalten, wenn man die Beziehungen zur Ehre nicht außer acht läßt. In dieser Hinsicht kann eine tatbestandliche Vertypung für die Regelfälle gegeben werden, wobei aber auch nach unserer Ansicht ein Rest übrigbleibt, der sich nicht mehr vertypen läßt und der daher der materiellen Rechtswidrigkeit überlassen bleiben muß [2]). Das Prinzip haben wir in dem Satze gegeben, daß der Wahrheitsbeweis tatbestandlich insoweit zulässig ist, als durch die Tatsache, wenn sie wahr wäre, das Urteil der Gemeinschaft über den Angegriffenen ungünstig beeinflußt werden würde. Sodann haben wir den Zusatz gemacht, daß der Wahrheitsbeweis dann nicht ausgeschlossen ist, wenn die Feststellung der Wahrheit die Rechtswidrigkeit der Äußerung (§ 193) ausschließen würde [3]). Endlich dürfte aus Zweckmäßigkeitsgründen noch ausdrücklich hervorgehoben werden, daß die Feststellung der Wahrheit auch in anderen Fällen geboten ist, wenn im Falle der Wahrheit der Angeklagte milder bestraft

Ungarn § 263 no. 5, Bulgarien Art. 239, auch Mexiko Art. 650 Abs. 2. Vgl. ferner Österr. RV. § 329. Ob die genannten Gesetze prinzipiell auf dem Standpunkte stehen, der Wahrheitsbeweis sei zulässig, und von diesem Prinzip Ausnahmen machen oder aber ob sie umgekehrt ihn prinzipiell ausschließen und nur ausnahmsweise zulassen, ist eine hier nicht interessierende Frage. Letzteres sollte man mit Rücksicht auf die kasuistische Regelung eigentlich von Ungarn annehmen, dagegen aber S. Mayer, Das ungar. StGB. 1878, 244 (die Zulassung bilde der Sache nach die Regel, der Fassung des Gesetzes nach die Ausnahme).

[1]) Über die ähnlichen Reformvorschläge Kroneckers vgl. unten S. 202 no. 3. Übrigens wollte schon Ahrens Naturrecht II 40 die Zulassung des Wahrheitsbeweises vom Vorliegen eines öffentlichen Interesses abhängig machen. Ähnlich v. Bar 131 für andere Mitteilungen als rein private an Dritte.

[2]) Daher unser Leitsatz II 1 (oben S. 146).

[3]) Näheres S. 211.

werden müßte; dieses kann selbst bei Formbeleidigungen zutreffen.

Hiernach darf vielleicht folgender Gesetzesvorschlag zur Erörterung gestellt worden:

> Die Nachforschung nach der Wahrheit der beleidigenden Tatsache ist ausgeschlossen, wenn die Tatsache keine Verfehlung enthält oder nur eine solche, die den Beleidigten in der öffentlichen Beurteilung nicht geringer erscheinen lassen würde. Sie ist gleichwohl gestattet, wenn die Feststellung der Wahrheit die Rechtswidrigkeit der Äußerung gemäß § 193 ausschließen würde oder wenn sie für die Strafzumessung von Bedeutung wäre.

Eine Erweiterung wird später noch durch einen anderen Gedanken, der vorläufig nicht interessiert, gegeben werden.

Die obige Formulierung dürfte das Prinzip der richtigen sozialen Bewertung in einer populären Fassung zum Ausdruck bringen [1]) und keinen Zweifel darüber lassen, daß in der Beleidigung nicht notwendig eine Gefährdung des Rufes ohne Rücksicht auf seine Berechtigung zu erblicken ist. Sie klingt allerdings an ein Beweisverbot an; ein solches zu geben, liegt uns fern. Nach unserer Anschauung folgt das vermeintliche Beweisverbot der Nachforschung nach der Wahrheit aus dem Begriffe der Beleidigung selbst. Aber eine Legaldefinition der Beleidigung dürfte sich nicht empfehlen. Sie wäre entweder zu farblos, besonders wenn sie auf eine Erklärung des Ehrbegriffs verzichten würde [2]), oder aber zu wenig populär [3]); dann würde

---

[1]) Sehr beachtlich auch die Fassung von Dänemark § 215 in der Übersetzung: Wer einem anderen Handlungen zuschreibt, die ihn der Achtung seiner Mitbürger unwürdig (!) machen würden.

[2]) Wie die folgende:

Eine Kundgebung, die darauf gerichtet ist, einen anderen geringer, als es seiner Ehre entspricht, zu behandeln (Beleidigung), wird ... bestraft.

[3]) Wie die folgende, die wir relativ noch am meisten empfehlen zu können glauben:

Eine Kundgebung, die darauf gerichtet ist, einen anderen geringer zu behandeln, als es seiner gesellschaftlichen Stellung sowie etwaigen solchen Verfehlungen entspricht, die ihn in der öffentlichen Beurteilung geringer erscheinen lassen würden, wird als Beleidigung mit ... bestraft.

die Strafdrohung nicht voll genügen ihrer Aufgabe, das Handeln der Rechtsunterworfenen zu bestimmen, taugliche Formeln für die Anklageschrift, den Eröffnungsbeschluß, die Fragen an die Geschworenen abzugeben usw.

II. Die im § 192 RStGB. und anderen Gesetzen [1]) getroffene Beschränkung, die auch der Vorentwurf aufgenommen hat, ist überflüssig und vom Gegenentwurf mit Recht weggelassen. Sie ist auch nicht einmal erschöpfend. Denn wenn Form und Umstände erwähnt werden, hätte auch ein aus der Tatsache zu entnehmendes, nicht notwendig wegen seiner Form beleidigendes Urteil der Hervorhebung bedurft [2]) [3]). Daß die Zusammenstellung der „Form" mit den „Umständen" nicht zu billigen ist und daß nicht die Absicht der Beleidigung gefordert werden darf, ist bereits zur Genüge besprochen [4]). Ebenfalls erörtert wurde [5]), daß § 192 beim Vorliegen einer (insbesondere sehr schwer wiegenden) Formbeleidigung zu einer gänzlich überflüssigen Beweisaufnahme über die Wahrheit der behaupteten Tatsache zwingen würde.

2. Die Beschränkungen hinsichtlich der Person und der Willensrichtung.

I. Der Wahrheitsbeweis kann gegenüber bestimmten Personen ausgeschlossen oder nur gegenüber bestimmten Personen zugelassen werden. Ersteres

[1]) Finnland Kap. 27 § 6 (wenn die Wahrheit erwiesen wird, aber aus der Form oder den Umständen, unter denen die Äußerung geschah, die Absicht, zu kränken hervorging, tritt Strafe ein), Italien Art. 394 Abs. 3 und Bulgarien Art. 239 Abs. 2 (wenn trotz Erbringung des Wahrheitsbeweises die Form der Äußerung beleidigt), Serbien VE. 1908/10 § 228 (Form oder „andere Umstände").

[2]) Dies wird von Norwegen § 249 Nr. 3 erkannt. Dort werden nacheinander genannt die Form, die Art und Weise, die Umstände der Äußerung und „andere Gründe". Und dazu tritt Nr. 4: in jedem Falle, wo eine Äußerung ohne Rücksicht auf ihre Wahrheit als ungebührlich der Strafverfolgung nach § 246 (Ehrenkränkung) unterliegt, ist der Wahrheitsbeweis ausgeschlossen. Letztere Bestimmung erinnert übrigens an unseren Begriff der Ehrzuwiderhandlung. Auch die Behauptung wahrer, rufgefährdender Tatsachen kann Beleidigung sein, selbst wenn das Beleidigende nicht in der Form oder den Umständen liegt, sondern wenn nur die Tatsache beleidigt. Dies bedeutet einen großen Fortschritt gegenüber unserem Strafgesetzbuch.

[3]) Dieselbe Forderung ist gegenüber dem § 193 zu erheben. So Schütze, v. Liszt, Wilhelm, Kronecker; vgl. unten S. 200 Anm. 1.

[4]) Insbes. 83/5. Vgl. auch unten S. 200. [5]) S. 117.

ist der Fall gegenüber Monarchen, Oberhäuptern fremder Staaten, diplomatischen Vertretern und anderen Personen und zwar nach einer Reihe von Gesetzen insbesondere des europäischen Ostens [1]), letzteres gegenüber Beamten oder im allgemeinen im öffentlichen Leben stehenden Personen nach Gesetzen insbesondere der romanischen Staaten [2]). Beide Beschränkungen sind aber nicht gerechtfertigt; höchstens im Falle der Majestätsbeleidigung, von der hier nicht des näheren zu handeln ist, mag man anderer Meinung sein [3]). Die ausnahmsweise Zulassung gegenüber bestimmten Personen läßt sich nur bei prinzipiellem Ausschluß des Wahrheitsbeweises, wie dies vorzugsweise in den Gesetzen auf romanischer Grundlage der Fall ist, erklären. Nach unserem Empfinden besteht aber sehr wohl ein öffentliches Interesse daran, auch über den Privatmann, der dem öffentlichen Leben fernsteht, ein gerechtes Urteil zu gewinnen. Wo die Bestimmung gilt, zeigt sich auch bezeichnenderweise das Bestreben der Praxis, den Täter zu entschuldigen bei gutem Glauben an die Wahrheit oder bei mangelnder Absicht zu schaden [4]). Hiermit ist zugleich die weitere Beschränkung berührt.

II. Man kann den Wahrheitsbeweis nur insoweit zulassen, als die Äußerung in guter Absicht oder aus redlichem Motiv geschehen ist [5]). Derartige, allein auf das subjektive Moment abstellende Beschränkungen werden aber meist abgelehnt [6]) mit der zutreffenden Begründung, daß das Gesetz sich bestreben muß, objektiv möglichst greifbare Kriterien aufzustellen; außerdem entbehren die er-

---

[1]) Ungarn §§ 264 Nr. 1, 272, Rußland § 538 Nr. 1, Bulgarien Art. 240 no. 1, Serbien VE. § 227 Abs. 2 Nr. 1.

[2]) So ist in Frankreich der Wahrheitsbeweis bei injures ausgeschlossen, bei diffamations zulässig gegenüber Beamten in bezug auf Amtshandlungen und gegenüber Leitern von finanziellen, kommerziellen und industriellen Unternehmungen, Art. 31, 35 des Preßgesetzes vom 29. 7. 1881. Außer in dem im ersten Kapitel erwähnten Falle läßt auch Niederlande Art. 263 Nr. 2 den Wahrheitsbeweis speziell zu, wenn einem Beamten eine in Ausübung seines Amtes begangene Handlung zur Last gelegt wird. Ähnlich auch Belgien Art. 447, Italien Art. 394, Spanien Art. 475, Portugal Art. 408 Nr. 1, Ungarn § 263 Nr. 1, Türkei Art. 216, Mexiko Art. 650 Abs. 1.

[3]) Die Frage ist bekanntlich bei uns bestritten; vgl. hierüber Olshausen § 95 Nr. 7. U. E. besteht allerdings in dieser Hinsicht kein Unterschied; auch eine Majestätsbeleidigung durch Ehrabsprechung kann nur bei Unwahrheit der behaupteten Verfehlung vorliegen. Ebenso Frank § 95 V 1 (vgl. daselbst weitere Nachweise).

[4]) Vgl. v. Lilienthal 416.

[5]) So stellten die älteren deutschen Juristen bekanntlich auf den animus iniuriandi ab. Ferner Amerika (with good motives, vgl. v. Lilienthal 446), Ungarn § 263 Nr. 5 (wenn der Angeklagte nachweist, daß der Zweck seiner Behauptung die Wahrung oder Förderung öffentlicher oder rechtlicher Privatinteressen war).

[6]) Delaquis 162 fordert bei Vorhandensein einer guten Absicht Strafmilderung. Eine ausdrückliche gesetzliche Bestimmung dieses Inhaltes dürfte sich aber erübrigen; bei jeder Strafzumessung ist die gute Absicht zu berücksichtigen.

wähnten subjektiven Merkmale selbst schon der erforderlichen Klarheit, sie lassen nicht erkennen, ob nur der gute Glaube an die Wahrheit gemeint ist oder ob der Gesetzgeber noch etwas Weiteres im Sinne hatte. Meint er den Ausschluß jeder Schädigungsabsicht [1]) oder das Erstreben eines berechtigten Zweckes? In letzterem Falle wäre jedenfalls besser die objektive Formulierung: der Wahrheitsbeweis ist nur dann zulässig, wenn der Täter ein berechtigtes Interesse an der Mitteilung hatte [2]). Im Ergebnis ist hiergegen nichts einzuwenden; nur wird hier nicht die Frage nach der Zulässigkeit des Wahrheitsbeweises geregelt, sondern allgemein die nach dem Ausschluß der Rechtswidrigkeit der Beleidigung berührt [3]).

3. Die strafbaren Handlungen.

I. Manche Gesetze [4]) lassen den Wahrheitsbeweis nur beim Vorwurf strafbarer Handlungen zu oder heben wenigstens diesen Fall ausdrücklich als einen Hauptfall hervor. Dieser Standpunkt ist ungerechtfertigt; die wenigsten Beleidigungen bestehen gerade in dem Vorwurfe strafbarer Handlungen. Andrerseits ist auch nicht in jedem solchen Vorwurf, z. B. in dem einer Übertretung oder einer früheren Verfehlung, eine Beleidigung zu sehen.

---

[1]) Eine Vorschrift, die den Wahrheitsbeweis bei reiner Schädigungsabsicht des Täters ausschließt, würde sich nicht empfehlen. Ist der böse Wille gar nicht in die Erscheinung getreten, so würde die Vorschrift eine bedenkliche Annäherung an die Moral enthalten. Ist er aber in die Erscheinung getreten oder besteht die Gefahr, daß dies geschehen wird, so liegt ein objektiver Exzeß vor; dann wäre eine objektive Formulierung geboten. Vgl. auch oben S. 85.

[2]) So Österr. RE. § 329, ähnlich auch z. T. Niederlande § 263. Vielleicht gehört hierher auch der zitierte § 263 Nr. 5 bei Ungarn.

[3]) Liepmann, Österr. Ztschr. f. StR. 226 ff., erhebt gegen diese Forderung den Einwand, daß auch hier auf das Motiv abgestellt wird. Dies geht m. E. fehl. Es soll ein objektives Kriterium gegeben werden. Die Formulierung ist unserem § 193 durchaus ähnlich. Dagegen enthält beide Momente Schweiz. VE. Art. 106 Nr. 3: Ist die Nachrede wahr, hatte der Täter aber keine begründete Veranlassung dazu und war es ihm nur darum zu tun, dem anderen Übles nachzureden, so wird er mit Buße bestraft. Hier wird die Zulässigkeit des Wahrheitsbeweises zunächst von der Rechtmäßigkeit abhängig gemacht — die Veranlassung muß objektiv begründet, d. h. der reale Zweck (im Sinne v. Lilienthals) berechtigt sein —, außerdem aber auch von dem subjektiven Zweck; letzteres ist m. E. verfehlt, vgl. den 2. Abschnitt in unserem V. Teil und Liepmann: Vergl. Darst. 294 bezüglich des geltenden Schweizer Rechts.

[4]) So (allerdings mit verschiedenen Modifikationen) Italien Art. 394 II Nr. 2, Spanien Art. 470, Portugal Art. 408 Nr. 2.

II. Vom Wahrheitsbeweis können die nur auf Antrag verfolgbaren strafbaren Handlungen, wenn der Antrag nicht gestellt oder zurückgenommen ist, ausgeschlossen werden[1]). Derartige Bestimmungen sind wohl nur gerechtfertigt, wenn man die Beschränkung zu I. trifft, nicht aber von unserem allgemein auf Pflichtverletzung abstellenden Standpunkt aus. Auf das Interesse des Antragsberechtigten, der den Antrag vielleicht absichtlich nicht stellen wollte, darf u. E. keine Rücksicht genommen werden.

III. Es fragt sich, ob sich nicht umgekehrt ein Verbot des Wahrheitsbeweises beim Vorwurfe strafbarer Handlungen im gewissen Umfange empfiehlt. Wie wir sahen, kann eine Beleidigung (Ehrzuwiderhandlung) vorliegen, wenn Verfehlungen vorgeworfen werden, die für die Bewertung des betreffenden unerheblich sind, z. B. weit in der Vergangenheit zurückliegende Verfehlungen. In diesem Falle hielten wir den Wahrheitsbeweis für unerheblich und unzulässig. Dieser Gedanke kann vielleicht derartig ausgestaltet werden, daß bei einer bestimmten, näher zu bezeichnenden Gattung von Straftaten der Wahrheitsbeweis ausgeschlossen ist.

Zu dieser Gattung gehören nicht die Straftaten, deren Strafverfolgung verjährt ist. Hier fehlt ein öffentliches Interesse an der Verfolgung, wohl aber kann ein solches noch an der Feststellung der Tat bestehen, wenn hiervon die jetzige Bewertung des Übeltäters in Sachen der Ehre abhängt[2]); man denke nur an unsere schnell verjährenden Übertretungen, die oft ein schlechtes Licht noch jahrelang auf den Täter werfen, wie die rohe Mißhandlung von Tieren. Es besteht kein Grund, die Feststellung solcher Straftaten im Beleidigungsprozeß wegen ihrer Verjährung zu untersagen. Solches öffentliche Interesse besteht nicht. Aus dem Nichtinteresse an der Feststellung (wegen der Verjährung) folgt nicht das Interesse an der Nichtfeststellung.

[1]) So Österr. StG. § 490 Abs. 1, Ungarn § 264 Nr. 2, Niederlande Art. 264, Bulgarien Art. 240 no. 2, Serbien VE. § 227 Abs. 2 Nr. 2.

[2]) Daher wird man m. E. auch nicht dem Vorschlage Kroneckers, DJZ. **13** (1908) 453, zustimmen können, den Wahrheitsbeweis über Tatsachen auszuschließen, die eine bestimmte Reihe von Jahren (Kronecker schlägt 5 Jahre vor) zurückliegen.

Wie steht es aber mit der Vorhaltung von Strafen, deren Vollstreckung verjährt ist oder die bereits verbüßt [1]) sind? Derartige Vorwürfe können auf verschiedene Art beleidigen. Abgesehen von der nicht interessierenden Möglichkeit einer reinen Formbeleidigung können sie entweder dem Täter zeigen, daß er noch jetzt eine niedrige Gesinnung besitzt, oder ihm die Straftat selbst vor Augen halten. Im ersteren Falle handelt es sich um eine Ehrabsprechung durch ein Urteil und ist ein Wahrheitsbeweis weder hinsichtlich der Strafe noch der Straftat zulässig. Im letzteren Falle ist weiter möglich, daß der Vorwurf dem Ehrenträger nur eine Behandlung angedeihen läßt, wie sie Minderwertigen zuteil zu werden pflegt (Ehrzuwiderhandlung), oder daß ihm eine erhebliche Pflichtverletzung nachgesagt wird (Ehrabsprechung). Nur im letzteren Falle ist der Wahrheitsbeweis zulässig, aber natürlich nicht hinsichtlich der verbüßten oder verjährten Strafe, sondern nur hinsichtlich der Straftat. Und die Entscheidung der Frage, ob sie für die gegenwärtige Beurteilung des Beleidigten erheblich ist oder nicht, richtet sich selbstverständlich nicht darnach, ob die Strafe verbüßt, ob sie verjährt ist oder nicht. Die Verbüßung der Strafe wirkt ja leider in überaus vielen Fällen nicht bessernd.

Der entscheidende Gesichtspunkt liegt aber nahe. Wenn nach den Vorschriften der Gesetze, wie sie zum Teil in den Entwürfen [2]) vorgesehen sind, Rehabilitation eingetreten ist, dann

---

[1]) Portugal Art. 408 Nr. 2 will offenbar bei verbüßten Strafen den Wahrheitsbeweis nicht zulassen. Vgl. die Spezialbestimmungen im Österr. StG. § 497 und RE. § 332 (Vorwurf einer verbüßten oder erlassenen Strafe in der Absicht, ihn zu schmähen).

[2]) VE. § 50; GE. § 110; Österr. RE. § 75; Schweiz. VE. Art. 62; von neueren Gesetzen insbesondere Italien Art. 100; Norwegen §§ 75, 76; Bulgarien Art. 88. Vgl. des näheren Delaquis: Die Rehabilitation im Strafrecht 1907, 218, und Oetker in JKV. **13** 566. Beachtlich auch die Anregung von Delaquis, Der Wahrheitsbeweis 171 und Österr. Zeitschr. f. Strafr. **2** (1911) 305; Delaquis ist zur Annahme einer Beleidigung „geneigt", „wenn jemand einem anderen seine durch Rehabilitation getilgte Verurteilung, selbst unter Hervorhebung der Wiedereinsetzung, mit böser Absicht vorwirft". Dies entspricht durchaus dem hier vertretenen Standpunkt; nur kommt u. E. die „böse Absicht" lediglich als Symptom für die Beleidigung in Betracht.

gilt der ehemalige Übeltäter wieder als Ehrenmann. Unser Vorentwurf § 50 verlangt als Voraussetzung der Rehabilitation charakteristisch genug „ehrenhafte" Führung. Wer dem Rehabilitierten seine Straftat vorwirft, behandelt ihn seiner Ehre zuwider, er wirft ihm eine für seine gegenwärtige Bewertung unerhebliche Pflichtverletzung vor, ohne ihm etwas von seiner Ehre abzusprechen, und beleidigt daher, selbst wenn die Behauptung wahr ist; der Wahrheitsbeweis ist daher überflüssig und unzulässig. Vielleicht mag es Fälle geben, wo trotz Rehabilitation die Straftat den betreffenden noch minderwertig erscheinen läßt; es empfiehlt sich aber, den Anschauungen des Gesetzes über Rehabilitation Rechnung zu tragen und auch für das Recht der Beleidigung die Wiederherstellung seiner Ehre zu präsumieren. Da eine solche Wiederherstellung aus dem Wesen der Beleidigung nicht notwendig folgt, so dürfte ein ausdrückliches Verbot der Wahrheitserforschung beim Vorwurfe von Straftaten, wegen deren Rehabilitation eingetreten ist, in das Gesetz aufzunehmen sein. Fehlt eine solche Bestimmung in dem Abschnitte über Beleidigung, so ist der heilsame Zweck der Vorschriften des Allgemeinen Teils über Rehabilitation zum guten Teile illusorisch gemacht. Was nützt es dem ehemaligen Übeltäter, daß er als Ehrenmann gilt, daß die Strafe im Strafregister gelöscht ist, daß er sie als Zeuge nicht mehr anzugeben braucht, wenn sein Gegner nach Jahren durch einen beleidigenden Vorwurf eine Beweisaufnahme über die Verfehlung heraufbeschwören kann? Selbst wenn der Nachweis der strafbaren Handlung gemäß § 190 StGB. durch Vorlegung des Urteils erfolgt, dürfte die Verhandlung über die frühere Verfehlung (etwa die Verlesung des Urteils) unerfreulich genug sein [1]). Nur die auf besondere Würdigkeit vom Gericht verliehene Rehabilitation, nicht die durch bloßen Zeitablauf eintretende kommt aber in Betracht; denn bei der letzteren fehlt jede Garantie für die wirkliche Wiederherstellung der Ehre. Auch die landesherrlichen Gnadenakte

---

[1]) Kohler, 139, 154, will hier einen Anspruch auf Unterlassung gewähren, den er aus § 826 BGB. herleitet. Sicherlich dürfte solch Unterlassungsanspruch nicht ausreichen, da die Fälle sehr wohl strafwürdig sind.

dürften, wenn sie nicht ebenfalls auf besonderer Würdigkeit des ehemaligen Übeltäters beruhen, nicht hierher gehören.

Wohl aber verdient Berücksichtigung der Erlaß der Strafe, in welcher Form auch immer die Rechtsordnungen einen solchen zulassen [1]), vorausgesetzt, daß auch er auf guter Führung und dergleichen beruht. Es sei nur an die in den deutschen Einzelstaaten zur Zeit bestehende Einrichtung der sogenannten bedingten Strafaussetzung mit künftiger Begnadigung erinnert [2]). Wer sich hier durch Wohlverhalten gewissermaßen selbst von dem Makel befreit und den Erlaß der Strafe verdient hat, soll sich nicht in einem Beleidigungsprozeß einem Verhör über seine Jugendsünden zu unterziehen brauchen; sonst würde trotz jener Wohltat die fernliegende Verurteilung sein ganzes Leben belasten.

Vielleicht läßt sich erwägen, ob nicht nur die von Jugendlichen begangenen Straftaten für die spätere Bewertung außer Betracht bleiben. M. E. ist diese Beschränkung nicht geboten. Man wird einem Siebzigjährigen unter Umständen die Straftat, die er als Dreißigjähriger verübt hat, nicht übel anrechnen können.

Wie die Bestimmung im einzelnen auszugestalten ist, muß sich natürlich nach den jeweiligen Vorschriften des Allgemeinen Teils, wie sie Gesetzeskraft erlangt haben, richten. Hier sei nur folgende Bestimmung vorgeschlagen; sie hätte sich der oben (1. Kap. I.) zur Erörterung gestellten unmittelbar anzuschließen:

> Die Nachforschung nach der Wahrheit der beleidigenden Tatsache ist ausgeschlossen, wenn die Tatsache ... eine Verfehlung (Pflichtverletzung) enthält, ... wegen der dem Beleidigten nach den Vorschriften dieses Gesetzes Rehabilitation oder (auf bedingte Verurteilung, bedingte Strafaussetzung) Straferlaß gewährt ist.

Diese Bestimmung würde die frühere nicht etwa unnötig machen. Denn es bleiben auch Verfehlungen übrig, die für die gegen-

---

[1]) VE. §§ 38 ff.; GE. §§ 92 ff.; Österr. RV. §§ 54 ff.; Schweiz. VE. Art. 61. Vgl. des näheren die ausführliche Abhandlung v. Liszts, Vergl. Darst. A III 1 ff.

[2]) Vgl. v. Liszt a. a. O. 45 ff.

wärtige soziale Bewertung unerheblich sind, wegen deren aber weder Rehabilitation noch Straferlaß gewährt ist; umgekehrt würde diese Bestimmung durch die frühere nicht etwa überflüssig werden, da es, wie oben gezeigt, auch Fälle der Rehabilitation und des Straferlasses geben kann, in denen die Verfehlung für die soziale Bewertung im Einzelfalle erheblich ist.

4. Mitteilungen aus dem Privatleben.

Besonders eingehende Beachtung verdienen die Vorschläge, die sich auf den Ausschluß des Wahrheitsbeweises bei Mitteilungen aus dem Privatleben oder spezieller dem Familienleben, dem häuslichen, Eheleben oder Geschlechtsleben des Weibes beziehen. Derartige Mitteilungen sollen entweder allein als solche dem Wahrheitsbeweis entzogen sein oder nur unter gewissen Umständen, etwa wenn sie das öffentliche Interesse nicht berühren oder wenn sie öffentlich gemacht sind oder soweit sie nicht strafbare Handlungen betreffen; oder der Wahrheitsbeweis soll dann wieder zugelassen werden, wenn der Verletzte, zu dessen Gunsten die einschränkende Bestimmung erlassen ist, hierauf anträgt oder seine Zustimmung dazu erteilt.

Bei den Reichstagsverhandlungen über den Entwurf der Novelle in der Sitzung vom 23. April 1909 und den folgenden haben sich aber Bedenken, die zur Nichtaufnahme führten, erhoben, und zwar insbesondere gegen die Beschränkung auf öffentliche Beleidigungen (durch Druckschriften usw.), gegen die Dehnbarkeit des Begriffes des öffentlichen Interesses, gegen die Unbestimmtheit des Ausdruckes „Privatleben" und gegen den Zusatz über die Zustimmung des Verletzten; diese Bedenken werden wir im folgenden würdigen [1]). Der VE. § 260 Abs. 2 und der GE. § 283 Abs. 1 Satz 2 haben die Bestimmung gleichwohl wieder aufgenommen, indem sie den Wahrheitsbeweis für unzulässig erklärten bezüglich Tatsachen des Privatlebens, die das öffentliche Interesse nicht berühren, und zwar bei öffentlichen Beleidigungen (GE.) oder auch (VE.) bei solchen, die durch Verbreitung von Schriften, Abbildungen oder Darstellungen begangen sind. Die Kommissionsbeschlüsse haben die Bestimmung nach dem Bericht von Lucas [2]) wieder gestrichen und dafür entsprechend einigen ausländischen Gesetzen und den u. a. von Beling gemachten Vorschlägen eine besondere Strafbestimmung eingeführt gegen vorsätzliche Störungen des Friedens des Privatlebens durch böswillige, öffentliche, ehrenrührige, das öffentliche Interesse nicht berührende Mitteilungen über das häusliche oder Familienleben [3]). Wir wollen die Merkmale einzeln prüfen, wobei

[1]) Vgl. im einzelnen die Stenogr. Berichte 1909 insbesondere 8130 ff., 8137 und Kronecker: Reform 313 ff. [2]) a. a. O.

[3]) Vgl. z. B. Dänemark § 220. — Österr. RE. § 329 und Schweiz. VE. Art. 106 Nr. 1 Abs. 2 enthalten ebenfalls Beschränkungen des Wahrheitsbeweises, die den Vorschlägen in unseren Entwürfen ähnlich, aber eher noch enger sind; sie werden im folgenden an entsprechender Stelle berücksichtigt.

es uns auch auf die Feststellung ankommt, inwieweit durch eine konkrete Formulierung unser Grundgedanke ausgedrückt ist, daß der Wahrheitsbeweis dann ausgeschlossen ist, wenn die zu beweisende Tatsache im Falle ihrer Wahrheit das Urteil über den betreffenden nicht ungünstiger gestalten würde.

I. In dieser Hinsicht scheint uns das Verbot von Mitteilungen aus dem Privatleben, die das öffentliche Interesse nicht berühren, beachtlich. Durch die Beschränkung auf solche Mitteilungen, die das öffentliche Interesse nicht berühren, ist zugleich zum Ausdruck gelangt, daß die Mitteilungen ausscheiden, die für die Bewertung jemandes unerheblich sind. Die Beschränkung bringt zwar unseren Gedanken nicht scharf zum Ausdruck. Die Wendung „was das öffentliche Interesse nicht berührt" ist weiter als die andere „was für die Bewertung jemandes unerheblich ist". Aber letztere wird von der ersteren voll umfaßt; denn die richtige Feststellung der Verkehrsehre jemandes berührt stets das öffentliche (staatliche) Interesse. Wünschenswerter erscheint uns allerdings unsere Formulierung, weil sie spezieller ist und die Beziehung zur Ehre zum Ausdruck bringt, wodurch sich auch die von Liepmann [1]) erhobene Frage erledigen würde, nach welchem Maßstab man die Bedeutung für das öffentliche Interesse abmessen will. Aber auch gegen die andere Fassung scheinen uns gewichtige Bedenken nicht zu bestehen. Man kann als nicht mehr zum Privatleben gehörig die Handlungen bezeichnen, die jemand zwar als Privatmann vornimmt, die aber auf seine öffentliche Stellung (soziale Stellung) zurückwirken [2]). Über die Grenzen mögen im Einzelfalle Zweifel bestehen, und zwar namentlich darüber, was die Wendung „das öffentliche Interesse nicht berühren" bedeutet. Besser wäre insofern u. E. die Fassung „Mitteilungen, deren Bekanntwerden nicht im öffentlichen Interesse liegt". Was in diesem Zusammenhange „öffentliches Interesse" bedeutet, mag zwar noch zweifelhaft sein; doch ist dies auch anderswo der Fall, wo man nach diesem Merkmal eine Entscheidung zu fällen sich längst gewöhnt hat [3]). Daß man ohne ein solches auf das öffentliche Interesse abstellendes Prinzip nicht auskommt, zeigt übrigens der Umstand, daß Beling, der die genannte Abgrenzung einen Kautschukbegriff nennt, trotzdem bei der Beweisregelung auf sie wieder abstellt. Andererseits würde die Bestimmung nicht etwa überflüssig sein. Man meint, ein öffentliches Interesse an der Aufdeckung des Privatlebens werde man annehmen müssen „mit Rücksicht auf die Sicherheit von Handel und Verkehr, im Interesse von Treu

[1]) Österr. Zeitschr. f. Strafr. 225.

[2]) Vgl. die Bestimmung ähnlichen Inhalts bei Serbien VE. § 227 II Nr. 4, auch v. Ruber 278 und Finger Österr. StR. II 200. In den von v. Ruber 279 ff. als streitig behandelten Fällen ist ein öffentliches Interesse zu bejahen, wenn der betreffende (Priester, Offizier, Gastwirt usw.) eine für seine soziale Bewertung erhebliche Pflichtverletzung verübt hat. Dies wird in den genannten Fällen wohl regelmäßig anzunehmen sein. In dem von Kronecker 316 erwähnten Fall hat die Öffentlichkeit gewiß ein berechtigtes Interesse daran, zu wissen, ob ein Arbeitgeber seine Arbeiter anständig behandelt.

[3]) § 416 StPO. u. a.

und Glauben, im Interesse der öffentlichen Wohlanständigkeit" [1]). Hieraus folgt aber gerade, daß die Aufdeckung nur insoweit, als sie diesem Interesse, also dem öffentlichen Interesse dient, wünschenswert ist. Und daß sie nicht stets im öffentlichen Interesse liegt, kann keinem Zweifel unterliegen. Es gibt eben Mitteilungen aus dem Privatleben, die für die Beurteilung des betreffenden völlig unerheblich sind; es sei nur an den oben als Ehrzuwiderhandlung charakterisierten Fall erinnert, wo ein Dienstbote Mitteilungen darüber macht, wie Eheleute einander behandelten. Vor allem sind aber alle Tatsachen, die überhaupt keine Pflichtverletzungen enthalten, vom Wahrheitsbeweis auszuschließen, wie Angaben über Vermögensverhältnisse, Krankheiten, Besonderheiten in der Haushaltung, eigentümliche Gewohnheiten, wie auch Mitteilungen über Vorfahren und Verwandte. In diesen Fällen wird eine Beleidigung oft schon gar nicht vorhanden sein.

Auch gegen den Ausdruck „Privatleben" mögen Bedenken bestehen. Kronecker [2]) hält ihn für zu weit. Obwohl wir die besprochene Formulierung nicht empfehlen können, so sei der Gedanke doch weiter verfolgt; möglich, daß er noch auf andere Weise ausgestaltet werden kann, so daß sich eine geeignete gesetzliche Bestimmung ergibt. Der Ausdruck „Privatleben" erfährt durch den Zusatz „soweit die Mitteilungen das öffentliche Interesse nicht berühren oder soweit sie nicht im öffentlichen Interesse liegen" eine genügende Einschränkung, und gerade auf den Zusatz dürfte der Hauptwert zu legen sein. Nicht weil die Mitteilungen aus dem Privatleben gemacht sind, sollen sie vom Wahrheitsbeweis ausgeschlossen werden, sondern deswegen, weil sie nicht im öffentlichen Interesse liegen, weil sie für die Bewertung des einzelnen unerheblich sind. Und dies sind in der Regel Mitteilungen aus dem Privatleben. Überflüssig wäre allerdings der Zusatz, wenn man sich auf den Standpunkt stellt, Privatangelegenheiten hörten dann auf, solche zu sein, wenn sie das öffentliche Interesse berühren [3]). Immerhin wäre der Zusatz, den schlimmstenfalls der Vorwurf der Selbstverständlichkeit treffen würde, erwünscht, um den Begriff des Privatlebens vor einer zu weiten Auslegung zu bewahren.

Vor den übrigen, anfangs genannten Formulierungen dürfte aber die auf das Privatleben abstellende noch immer den Vorzug haben. Zu unbestimmt ist jedenfalls der Ausdruck „persönliche Verhältnisse" [4]), während die übrigen vorgeschlagenen Ausdrücke zu eng sind. Letzteres gilt nicht nur von den Wendungen „Geschlechtsleben" oder gar „Geschlechtsleben des Weibes" oder auch „Familienleben" [5]) — weshalb sollte nicht dasselbe Verbot für Beziehungen zu häuslichen

---

1) Delaquis 174. 2) 316.

3) Vgl. Liepmann a. a. O. 224 Anm. 42.

4) So Dänemark § 220; zu Unrecht hält v. Ruber, 279 Anm. 13, die Fassung „persönliche und häusliche Verhältnisse" für besser.

5) Ungarn § 264 Nr. 4: Familienleben oder Geschlechtsehre des Weibes, Serbien VE. § 227 Abs. 2 Nr. 4: Familienleben und Privatleben (mit Beschränkungen). In der beliebten Fassung „Privatleben oder Familienleben" (Österr. RE. § 329) ist jedenfalls die besondere Hervorhebung des Familienlebens, weil in dem Privatleben enthalten, überflüssig.

12*

Angestellten gelten? —, sondern auch von der Wendung „häusliches Leben". Oder sollten etwa Vorgänge, die sich im Gasthause in einem abgeschlossenen Zimmer im kleinsten Kreise, im Eisenbahnabteil abspielen, anders zu behandeln sein wie solche, die in der Privatwohnung in Anwesenheit von Gästen geschehen? Nicht auf den Ort des Vorganges kommt es an, nicht darauf, ob er im Hause geschieht oder sonst wo, auch nicht darauf, ob er eine die Familie oder gar das Geschlechtsleben betreffende Angelegenheit enthält, sondern doch nur darauf, ob der Vorgang für die Verkehrsehre des Beleidigten erheblich ist oder nicht.

Man könnte die soeben zurückgewiesenen Beschränkungen, wenn sie auch nicht erschöpfen, so doch allenfalls als Beispiele für den Ausdruck „Privatleben" empfehlen und nach ihnen besondere Rechtssätze bilden, die den Vorzug der Einfachheit haben, weil sie den auf die Berührung des öffentlichen Interesses abstellenden Zusatz unnötig machen, wie etwa: der Wahrheitsbeweis ist hinsichtlich solcher Äußerungen, die lediglich das Familienleben eines anderen betreffen, ausgeschlossen. Kronecker [1]) meint, hier könne der Zusatz fortfallen, denn es sei selbstverständlich, daß die ausschließlich das Familienleben betreffenden Angelegenheiten das öffentliche Interesse nicht berühren. Dies ist jedoch unzutreffend; denn ob ein Vater seine Kinder mißhandelt, berührt sehr stark das öffentliche Interesse. Auch das Geschlechtsleben ist nicht so regelmäßig dem öffentlichen Interesse entzogen, daß der erwähnte Zusatz als selbstverständlich fortfallen könnte. Man denke nur an Perversitäten, die auch dann das öffentliche Interesse berühren können, wenn sie nicht strafbar sind, etwa Handlungen solcher Personen, die eine bevorzugte Stellung im öffentlichen Leben einnehmen [2]). — Mit allen derartigen Bestimmungen wäre also im Grunde gar nichts gewonnen.

II. Vielleicht kann man zu einem praktikablen Rechtssatz gelangen, wenn man gegenüber den das öffentliche Interesse nicht berührenden Mitteilungen aus dem Privatleben den Wahrheitsbeweis nur dann ausschließt, wenn diese öffentlich, insbesondere durch Druckschriften usw. gemacht sind. Man kann dabei von der Anschauung ausgehen, daß die Mitteilungen, gerade weil sie in die Öffentlichkeit gebracht sind, besonders strafwürdig erscheinen, so daß dem Täter die Rechtswohltat des Wahrheitsbeweises niemals zugute kommen darf. Durch ein solches Verbot würde verhütet, daß insbesondere die Presse in die geheimsten Winkel des Privatlebens leuchtet und aus Skandalsucht die intimsten Dinge an die Öffentlichkeit zerrt. Diese Formulierung [3]) erscheint uns aber nicht empfehlenswert. Entweder bringt der Zusatz etwas Überflüssiges, wenn nämlich aus den vorstehend erörterten Gründen der Wahrheitsbeweis gegenüber den aus dem Privatleben gemachten, das öffentliche Leben nicht berührenden Mitteilungen überhaupt ausgeschlossen ist, oder aber, wo dies nicht der Fall ist, bestehen andere sofort zu erörternde Bedenken gegen die Beschränkung auf öffentliche Mitteilungen, oder

[1]) 316. Beachte dagegen Schweiz. VE. Art. 106 no. 1 Abs. 2.

[2]) Über den Vorwurf der Homosexualität vgl. oben S. 140.

[3]) So VE. § 260; GE. § 283; auch Rußland § 538 Nr. 2, z. T. auch Österr. RE. § 329.

endlich drittens, die Öffentlichkeit ist gerade der „Umstand", der die an sich harmlose Äußerung zu einer beleidigenden macht, in welchem Falle wiederum die Beschränkung auf Mitteilungen aus dem Privatleben nicht gerechtfertigt wäre. So sind in der genannten Formulierung des VE. und GE. ganz heterogene Elemente verquickt. Und solchen Sonderfall hervorzuheben, dürfte überflüssig, wenn nicht gefährlich sein. Hier soll nur die zweite Möglichkeit näher erörtert werden, die anderen sind bereits erledigt.

Dem Interesse des Beleidigten ist durch die Beschränkung des Verbots des Wahrheitsbeweises auf öffentliche Beleidigungen gar nicht gedient. Und sein Interesse hat diese Bestimmung vorzugsweise im Auge [1]). Denn ist einmal die Beleidigung öffentlich verübt, so erfordert es auch sein Interesse, sie öffentlich, d. h. in öffentlicher Sitzung zurückzuweisen, und verfehlt wäre es, im Interesse des Beleidigten etwa einen Ausschluß der Öffentlichkeit der Verhandlung herbeizuführen, worüber später zu sprechen. Natürlich dürfen in der Sitzung nur die Tatsachen berührt werden, in denen sich gerade die Beleidigung lokalisiert, nicht auch Neben- und Illustrationstatsachen. Die Verhandlung bringt also nicht mehr an das Tageslicht, als nicht schon durch die Beleidigung geschehen, und kann daher entweder nur im Interesse des Beleidigten, also berichtigend, oder schlimmstenfalls bestätigend wirken. Im letzteren Falle hat sich nämlich das bewahrheitet, was das Publikum vermutet hatte — denn über seinen Nächsten ahnt es ja immer das Böse —; dann bringt die sogenannte Aufdeckung der Wahrheit im Grunde nichts „Neues". Würde der Wahrheitsbeweis also ausgeschlossen sein, so würde das Publikum nur das Schlechte oder noch Schlechteres weiter vermuten. Und deshalb liegt auch der Ausschluß des Wahrheitsbeweises, um von dem Interesse des Beleidigten nunmehr abzusehen, nicht im öffentlichen Interesse. Denn dieses ist auf gerechte Beurteilung des einzelnen durch die anderen gerichtet. Andererseits liegt weder im Interesse des Angegriffenen noch im öffentlichen Interesse, daß Dinge aufgedeckt werden, die für eine gerechte Beurteilung des Angegriffenen völlig unerheblich sind, und so bestätigt sich auch hier wieder unser Prinzip, nach dem über das Unerhebliche der Schleier ausgebreitet bleiben soll. Zwar möchte ihn auch hier die sensationslüsterne Menge oft allzu gern heben; diese muß aber erzogen werden und lernen, daß sie nur solches Nachteiliges über den Nächsten erfahren darf, was für seine richtige soziale Bewertung erheblich ist; sie muß sich gewöhnen, nur hieran Interesse zu gewinnen.

Den Wahrheitsbeweis nur bei öffentlichen Beleidigungen auszuschließen, ist in der Tat kein Grund ersichtlich. Wenn man trotz der vorangegangenen Ausführungen sich auf den Standpunkt stellen sollte, daß das Publikum, nachdem es die Beschuldigung erfahren hat, über ihre Stichhaltigkeit niemals aufgeklärt zu werden braucht, so ist doch kaum ein Unterschied zwischen öffentlichen und privaten Mitteilungen zu machen. Denn da die letzteren in öffentlicher Sitzung verhandelt werden, so erfährt sie meist ein größerer Kreis völlig unbeteiligter Personen.

Ferner könnte man darauf hinweisen, daß der Täter bei öffentlichen Be-

---

[1]) Vgl. VE. Begr. II 711.

leidigungen, insbesondere bei solchen durch Schriften, Abbildungen und Darstellungen nicht zum Wahrheitsbeweis zugelassen werden dürfe, sondern bei der Strafwürdigkeit des Mittels ohne Zulassung zum Wahrheitsbeweis verurteilt werden müsse. Daß das Mittel strafwürdiger ist als bei nicht öffentlichen Beleidigungen, ist natürlich zuzugeben; aber dies ist ein Grund, ihn strenger zu bestrafen, nicht aber, den Wahrheitsbeweis auszuschließen. Die Aufdeckung der Wahrheit kann ja gerade im öffentlichen Interesse wie im Interesse des Verletzten geboten sein. Übrigens könnte man eine strengere Behandlung des Täters auch insofern nicht befürworten, als man sich hier mit der Unwahrheit als objektiver Bedingung der Strafbarkeit begnügt, also von einem Verschulden entgegen unseren früheren Ausführungen gänzlich absieht. Auf das Erfordernis des Verschuldens, zum mindesten der Fahrlässigkeit, wird man auch hier nicht verzichten dürfen, wenn man auch im Falle von öffentlichen Mitteilungen einen strengeren Maßstab bei Beurteilung der Frage wird anlegen müssen, ob der Täter die erforderliche Vorsicht angewendet hat.

Endlich läßt sich zur Bekämpfung des hier erörterten Vorschlages noch der Gesichtspunkt geltend machen, daß er als ein Ausnahmegesetz gegen die Presse zwar nicht gemeint ist, aber zu leicht als solches aufgefaßt werden kann. Und dies wäre im Interesse unserer anständigen Presse, die glücklicherweise bei uns noch immer die Oberhand behalten hat, zu bedauern. Die Skandalpresse zu bekämpfen, ist aber eine Einschränkung des Wahrheitsbeweises nicht das gebotene Mittel [1]).

5. Die Zustimmung des Verletzten.

Die Befürworter der Unzulässigkeit des Wahrheitsbeweises für gewisse Fälle wollen ihn z. T. wieder zulassen, wenn der Verletzte darauf anträgt oder der Beweisaufnahme zustimmt [2]). Unter denselben Voraussetzungen kann der Wahrheitsbeweis auch dort zugelassen werden, wo er prinzipiell unzulässig ist [3]), oder er kann unter diesen Voraussetzungen auch zugelassen werden, wo man prinzipiell, worüber im folgenden Kapitel zu sprechen, ein Beweisverbot aufgestellt hat [4]).

Eine solche Bestimmung ist nicht zu empfehlen und von unserem Standpunkte zum mindesten überflüssig. Denn soweit auch wir den Wahrheitsbeweis einschränken, ist dies nicht allein im Interesse des Verletzten, sondern wesentlich im öffentlichen Interesse geschehen, weil die soziale Gemeinschaft in diesem Falle keinen Wert auf das Bekanntwerden der Tatsache für die Beurteilung des betreffenden legt. Daher wird auch der Verletzte regelmäßig auf sie kein Gewicht legen und würde voraussichtlich seine Zustimmung versagen. Denn er würde diese in den genannten Fällen doch nur erteilen, wenn eine wahrheitswidrige Tatsache

---

[1]) Vgl. v. Lilienthal 457. Anders Finger 337.

[2]) So der Entw. der Nov., anders VE. und GE. Vgl. auch Serb. VE. § 227 Abs. 3.

[3]) So Italien Art. 394 Nr. 3; Ungarn § 263 Nr. 4.

[4]) Vgl. den Vorschlag Belings.

behauptet wäre, die seine Verkehrsehre ungünstiger gestalten könnte; dann liegt die Aufdeckung also in seinem Interesse. Die Behauptung unwesentlicher Umstände würde ihn aber nicht interessieren. Sollte er aber ausnahmsweise anderer Ansicht sein als das soziale Urteil, so könnte die Rechtsordnung seine Zustimmung, als etwas rechtlich Überflüssiges, nicht beachten. Dann wäre die Bestimmung also verfehlt. Denn die Öffentlichkeit ist nicht am Aufdecken jeder Wahrheit interessiert. Ein weiterer Nachteil einer Bestimmung, die auf die Zustimmung des Verletzten abstellt, wäre, daß der Angeklagte sich ganz in die Hände des Verletzten ausgeliefert erblicken würde.

Man könnte die Zulassung des Wahrheitsbeweises überhaupt von der Zustimmung des Verletzten abhängig machen in der Befürchtung, daß der Verletzte auf jeden Fall der Leidtragende ist, und folgendes erwägen. Mißlingt der Wahrheitsbeweis, so bleibt immer ein Makel an ihm haften, semper aliquid haeret; im Falle des Gelingens besteht aber die Gefahr, daß Dinge an den Tag gefördert werden, die dem Verletzten nicht zunutze gereichen; mit Rücksicht auf diese beiden Gefahren neigt man vielleicht dazu, ihm ein unbeschränktes Dispositionsrecht einzuräumen. Beide Befürchtungen dürften aber nicht stichhaltig sein. Die erste nicht, weil die Rechtsordnung nicht auf das Gerede des Volkes Rücksicht nehmen kann und u. E. auch gar nicht den Ruf schützen will. Die zweite aber deswegen nicht, weil eine geschickte Gerichtsverhandlung unter Anwendung der von uns empfohlenen objektiven Auslegungsmethode den Beleidigten vor unliebsamen Enthüllungen bewahren wird.

6. Die prozessualen Beschränkungen.

I. Der Leser der vielgenannten Belingschen Schrift ist vielleicht erstaunt, wenn ihr Autor, der dem „Notschrei" nach Beschränkung des Wahrheitsbeweises bisher widerstanden hat, gegen den Schluß der Schrift sich doch einer solchen in gewisser Beziehung geneigt zeigt und im Interesse des Verletzten wie auch dritter Personen eine indirekte Beweisführung ausschließen will, indem das Indiz dahingestellt bleiben (nicht: präsumiert werden) soll [1]).

Ob sich Beweisverbote allgemeiner Natur empfehlen, wie man sie auch für andere Prozesse einführen will, soll hier nicht untersucht werden. Solche speziell für die Zulassung des Wahrheitsbeweises in Beleidigungssachen einzuführen, dürfte aber kaum empfehlenswert sein; denn die Hauptmißstände, die den Ruf nach Einschränkung des Wahrheitsbeweises und im besonderen der Beweismittel laut werden ließen, können umgangen werden, wenn man unseren an die Spitze dieses Teils gestellten Leitsätzen folgt und wenn man die objektive Auslegungsmethode anwendet, wenn man also insbesondere den Beweis auf erhebliche Pflichtverletzungen beschränkt und sodann auf solche konkreten, eng umgrenzten Tatsachen, in denen

[1]) Beling: Üble Nachrede 58 ff. und „Die Beweisverbote als Grenzen der Wahrheitserforschung im Strafprozeß" 1903.

sich die Beleidigung lokalisiert [1]). Die Methode der objektiven Auslegung hatte es sich gerade zur Aufgabe gestellt, die Beleidigungstatsache möglichst scharf von anderen Neben- und Illustrationstatsachen abzugrenzen und so dem Beweisverfahren einen Weg vorzuschreiben. Es ist in der Tat kein Grund ersichtlich, weshalb nicht hier im Prozeß das verwirklicht werden soll, was wir im materiellen Recht als im öffentlichen Interesse liegend erkannt haben. Das ist ja der Nutzen der Anschauung, die schon das materielle Recht nach der Richtschnur des öffentlichen Interesses orientiert. Sie braucht sich im Prozeßrecht nicht vor Überraschungen zu fürchten und wird nicht gezwungen, dort Einschränkungen zu machen, die nicht in der Natur der Dinge begründet sind. Die dem Verletzten drohende Gefahr, daß trotzdem Dinge in den Prozeß gezogen werden, deren Aufdeckung ihm unerwünscht ist, wird zum großen Teil vermieden, wenn das Gericht die Beweisaufnahme nur über solche Tatsachen zuläßt, die zweifellos schlüssig das Beweisthema, wie es sich nach objektiver Auslegung herausgeschält hat, ergeben. Hat der Angeklagte dem X Päderastie mit dem inzwischen verstorbenen Y vorgeworfen, so kann er jetzt regelmäßig nicht das ganze sexuelle Privatleben des X einer Beweisaufnahme zuführen [2]), wie nach Ansicht Belings bei Ablehnung des von ihm empfohlenen Beweisverbotes angenommen werden müßte; denn hieraus würde sich nicht der zwingende Schluß rechtfertigen, daß X mit Y(!) unsittlich verkehrt habe. Wohl aber wären Indizien, wie verdächtige Gespräche der beiden beteiligten Personen, einsame Spaziergänge, Geschenke untereinander oder sonstige Beobachtungen Dritter, die allein das Verhältnis dieser beiden Personen betreffen, sehr wohl einer Beweisaufnahme zugänglich und könnten ihr auch nicht durch Beweisverbote entzogen werden.

Eine weitere Beschränkung als die aus unserer Grundanschauung folgende dürfte aber nicht zu rechtfertigen sein, sie würde mit dem Prinzip der Erforschung der materiellen Wahrheit im Widerspruch stehen. Hiervon eine Ausnahme zu machen, würde zur Folge haben, daß der Verurteilte sich als Opfer eines schlechten Prozesses betrachten und nicht müde werden würde zu verkünden, daß er sicher freigesprochen wäre, wenn ihm nicht weiterer Beweis abgeschnitten wäre [3]). Hier greifen dieselben Erwägungen Platz, die früher bei der Stellungnahme gegen die Präsumtionen den Ausschlag gaben.

Hinzu kommt, daß die Fälle der Tatsachenbeleidigung durchaus nicht so selten sind, in denen der Beweis nur durch Indizien geführt werden kann; die vorgeworfene Handlung ist z. B. nur in Gegenwart des Beleidigers geschehen. Dann würde in diesen Fällen die von Beling [4]) gegen die prinzipielle Einschränkung des Beweises geäußerte Befürchtung eintreten, daß auch ein Verbot des indirekten Beweises derartigen Prozessen von vornherein den Stempel der Aussichtslosigkeit

---

[1]) Beachtlich Finnland Kap. 27 § 5. Dort wird ein Recht eingeräumt, die Wahrheit der von dem Täter ausgesprochenen Beschuldigung zu beweisen, wenn sich dieser vorbehält, eine bestimmte Handlung (!) zu belegen.

[2]) Insbesondere die Feststellung von Intimitäten des Ehelebens dürfte entbehrlich sein. Vgl. DJZ. **12** 1220.

[3]) Vgl. Finger GerS. 329. [4]) 63.

aufdrücken und das Strafgesetz in überaus zahlreichen Fällen zu schattenhaftem Dasein verurteilen würde. Läßt man aber den Indizienbeweis nur mit Zustimmung des Verletzten zu, so treten wieder die oben geschilderten Nachteile ein, die hier genau ebenso bestehen, wie in dem Fall des prinzipiellen Beweisverbotes.

II. Nicht empfehlenswert ist, den Beweis einer vorgeworfenen strafbaren Handlung nur durch Vorlegung eines Urteils zuzulassen oder beim Vorliegen eines Urteils im übrigen auszuschließen [1]), auch nicht mit der vom Österr. RE. § 330 Abs. 2 gegebenen, doch mindestens notwendigen Einschränkung, daß die Handlung von Amts wegen zu verfolgen und daß allgemein die Verfolgung oder Verurteilung nicht unzulässig oder undurchführbar ist. Noch weniger zu billigen ist, wenn man gar darüber hinaus auch bei anderen Vorgängen (etwa wie in Belgien [2]) bei Vorgängen des Privatlebens) als Beweismittel regelmäßig nur ein Urteil oder einen anderen authentischen Akt gestattet. Dies würde für den Täter, der statt Vorlegung der Urkunde den striktesten Zeugenbeweis antritt, eine unbillige Härte sein.

Eine Beschränkung der Beweismittel ist nach einigen Gesetzen bei Vorwürfen strafbarer Handlungen, wegen deren bereits ein Urteil ergangen ist, insofern zugelassen oder vorgeschrieben, als die strafbare Handlung durch rechtskräftige Verurteilung als erwiesen, durch rechtskräftige Freisprechung als widerlegt gilt [3]). Eine solche Bestimmung ist nicht glücklich. Gewiß soll das Motiv, das zu ihrem Erlaß führte, nicht verkannt werden; das unerfreuliche Ergebnis, daß zwei Urteile einander widersprechen, ist nach Möglichkeit zu vermeiden. Aber die Bestimmung läßt sich kaum so fassen, daß sie den Einzelfällen gerecht wird und der Fülle von Streitfragen begegnet, die sich an den geltenden § 190 geknüpft haben [4]). Maßgebend sollte jedenfalls nicht allein der Tenor des früheren Urteils sein; vielmehr müßten auch die Gründe in Betracht gezogen werden [5]). Daher kann den Wahrheitsbeweis zunächst nicht solch früheres Urteil ausschließen, durch das die Freisprechung wegen Mangels an Beweis erfolgt ist, wenn der Angeklagte neue Beweismittel in der Hand hat [6]). Zweifelhafter ist es, ob das frühere Urteil nicht auch dann unbeachtlich sein soll, wenn die Freisprechung wegen Unzurechnungsfähigkeit des Täters oder wegen mangelnder Einsicht des Jugendlichen geschehen ist. Vor allem aber entstehen Schwierigkeiten beim Vorliegen zweifellos unrichtiger Urteile.

---

1) Schweiz. VE. Art. 106 Abs. 2 Satz 1; Ungarn § 264 Nr. 3, § 263 Nr. 3; Norwegen § 249 Nr. 1 Satz 2; Serbien VE. § 227 Abs. 2 Nr. 3.

2) Art. 447.

3) So VE. § 260 Abs. 3; etwas weitergehend als der geltende § 190, der nur eine vor der Beleidigung erfolgte Freisprechung berücksichtigen will; vgl. auch GE. § 283 Abs. 2 und Niederlande Art. 265.

4) Vgl. die Streitfragen bei Olshausen § 190 Nr. 3 Abs. 2 (nebst Literatur) und bei Kohler 137 ff.

5) Vgl. Olshausen a. a. O.

6) Vgl. GE. § 283 Abs. 2, Ebermayer: Der Entwurf eines Deutschen Strafgesetzbuchs 1914 S. 72 no. 3.

Hier wäre es eine große Härte für den Täter, wollte man ihn vom Wahrheitsbeweis ausschließen. Die Möglichkeit einer erneuten Beweisaufnahme über die Tat sollte dem Beleidiger nicht abgeschnitten werden [1]); eine Verletzung des Grundsatzes ne bis in idem würde hierin kaum enthalten sein [2]), da das Beleidigungsverfahren einen ganz anderen Zweck verfolgt wie das Strafverfahren wegen der früheren Tat [3]).

III. Einen Ausschluß der Öffentlichkeit der Gerichtssitzung speziell für Beleidigungssachen möchte ich nicht befürworten. Eine Bestimmung, die Öffentlichkeit dann auszuschließen, wenn eine Partei es beantragt, wie von dem Entwurf der Novelle von 1909 wenigstens fakultativ vorgeschlagen, empfiehlt sich nicht, weil die andere Partei möglicherweise gerade Wert auf die öffentliche Verhandlung legt und an ihr auch ein berechtigtes Interesse hat. So kann dem Beleidigten daran gelegen sein, sich gegen die vor breiter Öffentlichkeit erhobenen Vorwürfe auch öffentlich zu wehren, um sich öffentlich zu rehabilitieren; der Täter kann aber Gewicht darauf legen, sich von dem Vorwurf, öffentlich Unwahrheiten ausgesprochen zu haben, öffentlich zu reinigen. Auch der vom österreichischen Recht in § 456 StPO für Privatklagesachen beschrittene Weg, wonach die Öffentlichkeit bei Einverständnis beider Parteien auszuschließen ist, dürfte sich nicht empfehlen; denn der Angeklagte möchte oft gar zu gern, daß möglichst viel Schlechtes aus dem Leben des Verletzten in die Öffentlichkeit dringt, und wird daher regelmäßig grundlos seine Zustimmung versagen [4]).

Das Richtige dürfte sein, die Entscheidung allein dem Gericht zu überlassen und zwar derart, daß es seine Entschließung auch ohne Antrag einer Partei allein nach dem bereits jetzt bestehenden Grundsatze des § 173 GVG (Gefährdung der öffentlichen Ordnung, insbesondere der Staatssicherheit, oder der Sittlichkeit) zu treffen hat. Von dieser Bestimmung wäre aber ergiebiger Gebrauch zu machen, was leider nicht immer geschieht. Eine Erweiterung der gesetzlichen Bestimmung speziell für Beleidigungsprozesse ist nicht wünschenswert. Die Verhandlung vor verschlossenen Türen würde leicht Schlimmeres vermuten lassen, als tatsächlich der Fall ist. Von dem mühsam erkämpften Prinzip der Öffentlichkeit der Gerichtssitzungen sollte nicht ohne dringenden Grund abgewichen werden. Und die Gerichtsverhandlungen enthüllen ja auch in anderen Prozessen oft genug Dinge, deren Veröffentlichung durchaus nicht erwünscht ist. Wie oft müssen Zeugen und Sachverständige (Ärzte in Körperverletzungssachen!) Dinge bekunden, deren Aufdeckung weder im Interesse des Verletzten noch der Öffentlichkeit liegt! Wenn für Beleidigungssachen, so müßte auch für andere Angelegenheiten die Bestimmung über den Ausschluß der Öffentlichkeit einer Revision unterzogen werden.

---

[1]) Vgl. Binding: Normen **2** 610; Beling 26 Nr. 1.

[2]) a. M. v. Lilienthal 404.

[3]) Daher trifft auch das schon von Mittermaier 21 angeregte Bedenken nicht zu, es könne doch unmöglich ein inkompetentes Gericht, z. B. das Schöffengericht, eine schwerwiegende strafbare Handlung „feststellen".

[4]) Vgl. Liepmann: Zeitschr. 239, auch Delaquis 171.

V. Teil.
Die Beleidigung zur Wahrung berechtigter Interessen.

1. Abschnitt.
Allgemeine Gesichtspunkte.

1. Einführung.

In der Literatur hat es an Bemühungen nicht gefehlt, eine allgemeine Formel für Recht und Unrecht zu finden. Eine solche hätte nicht nur erheblichen Erkenntniswert, sondern wäre auch insofern von hervorragender Bedeutung, als sie den einzelnen Rechtssätzen ergänzend oder berichtigend zur Seite treten könnte. Wenn sich nämlich der Gesetzgeber auch bestrebt hat, allgemeine Sätze aufzustellen, die die Lebensverhältnisse befriedigend regeln, so mußte er notwendigerweise von den Besonderheiten der Erscheinungen abstrahieren und zwar, um wenigstens dem Durchschnitt der Verhältnisse gerecht zu werden, von solchen Besonderheiten, die in manchen Fällen gerade hätten berücksichtigt werden müssen, um für diese eine gerechte Entscheidung zu gewährleisten.

Nun sind aber besonders in neuester Zeit Bedenken erwacht, und die Stimmen mehren sich, die auch für das Strafrecht eine Entscheidung nach der Rechtsidee ermöglichen wollen, nachdem unser Bürgerliches Gesetzbuch in einer Reihe von Bestimmungen die Berücksichtigung von Treu und Glauben, der guten Sitten usw. angeordnet hat. Im Strafrecht kann natürlich nur insofern eine Entscheidung nach der Idee des Rechts zugelassen werden, als der Täter auch in weiteren Fällen, als den gesetzlich normierten, entschuldigt wird; nicht etwa insofern, als er bestraft wird, wo es an einem Deliktstatbestande fehlt. Dagegen besteht auch die Möglichkeit, die Frage, ob ein allgemeiner, vom Gesetz anerkannter Unrechtsausschließungsgrund vorliegt, nach der Rechtsidee zu entscheiden. Die zu suchende abstrakte Formel kann also nicht nur dem Deliktstatbestand, sondern auch dem Deliktsausschließungsgrund ergänzend oder berichtigend an die Seite treten.

Zur Ermöglichung einer gerechten Entscheidung versuchten wir an andrer Stelle [1]) eine solche Formel aufzustellen, indem wir einen allgemeinen Begriff der materiellen Rechtswidrigkeit einführten, wie er von v. Lilienthal [2]), dann insbesondere von Graf zu Dohna [3]) und von v. Liszt [4]) ausgebildet wurde und zum Teil auch von Meyer-Allfeld [5]) verwendet wird. Indem wir die formale Maxime des Grafen Dohna „richtiges Mittel zum richtigen Zweck" durch eine materielle zu ersetzen suchten, wurde die Rechtswidrigkeit bestimmt als eine Interessenverletzung oder Interessengefährdung, die ihrer allgemeinen Tendenz nach mehr schadet als nützt und die auch generalisiert mehr schaden als nützen würde. Hierbei wurde betont, daß das Rechtswidrige zunächst aus dem Gesetze zu entnehmen und aus ihm solange zu entnehmen ist, als sich nicht die Stimme des juristischen Gewissens, des Rechtsgefühls, regt und nach einer gerechten Entscheidung verlangt, daß eine solche aber gleichwohl nicht zu geben ist, wenn das Gesetz seinen entgegengesetzten Willen unzweideutig zu erkennen gibt — letzteres übrigens ein Standpunkt, der auch von Graf zu Dohna eingenommen wird, wie gegenüber abweichenden Stimmen der Literatur [6]) ausdrücklich betont sei.

Somit wird von uns ein Weg eingeschlagen, wie ihn unsere Gesetze wenigstens ähnlich für gewisse Notstandsfälle beschreiten, und es wird der Begriff des Interesses verwendet, der auch in dem unserer jetzigen Betrachtung zugrunde liegenden § 193 RStGB ausdrücklich Verwendung gefunden hat. Vor allem ist die Frage nicht dahin zu stellen, was in dem vorliegenden Einzel-

---

[1]) Z. **33** 801.

[2]) Z. **20** 440. [3]) Die Rechtswidrigkeit (1905).

[4]) § 32. [5]) 202.

[6]) v. Liszt 19. Aufl. § 32 Note 3, in der 20. Aufl. fehlt dieser Passus; ferner Meyer-Allfeld 177 Anm. 7 und früher (5.—7. Aufl.) Frank vor § 1 I (11). Demgegenüber sei auf S. 50/51 verwiesen, wo Graf zu Dohna derartigen Angriffen bereits vorbeugt. Zutreffend Beling L. v. V. 138.

falle gerecht sei, sondern stets dahin, was gerecht sei, wenn sich derartige Einzelfälle wiederholen; hierdurch wird das Erfordernis der Rechtssicherheit und der Einheitlichkeit der Rechtsprechung in der Formulierung selbst zum Ausdruck gebracht.

Ohne selbstverständlich Abschließendes in diesen schwierigen, letzten Fragen unserer Wissenschaft liefern zu wollen, halten wir die genannte Formulierung für eine allgemeine Rechtslehre vorläufig aufrecht, betonen aber, daß der Begriff der materiellen Rechtswidrigkeit in einer Reihe von Deliktstatbeständen praktisch so gut wie bedeutungslos ist. Es lassen sich schwerlich Fälle denken, in denen z. B. Brandstiftung oder Notzucht aus dem obigen Gesichtspunkte ausnahmsweise erlaubt sind [1]). In diesen Fällen ist die typische Prägung der Deliktstatbestände soweit gelungen, daß kein Rest mehr für die materielle Rechtswidrigkeit übrig bleibt. Anders liegt dies aber in Fällen wie solchen, die uns damals interessierten, insbesondere Fällen der Körperverletzung, der Sachbeschädigung, der Geheimnisverletzung und einiger Übertretungen [2]). Anders liegt es vor allem bei unserem Beleidigungsdelikt, das tatbestandlich auszugestalten,

---

[1]) Vgl. des näheren Graf zu Dohna 56, 58 ff.

[2]) Möglich, daß unser StGB., das bekanntlich in einer Reihe von Paragraphen das Merkmal der Rechtswidrigkeit ausdrücklich in den Tatbestand aufgenommen hat, damit wenigstens unbewußt auf die materielle Rechtswidrigkeit hinwies. Nur ist es dabei in der Wahl der Tatbestände nicht glücklich gewesen. Es ist in der Literatur zur Genüge darauf hingewiesen, daß kein Grund dafür ersichtlich sei, weshalb das Merkmal sich z. B. bei der Sachbeschädigung vorfindet, dagegen bei der Körperverletzung fehlt.

Daß das Reichsgericht der Anerkennung eines allgemeinen Begriffs der materiellen Rechtswidrigkeit nicht fernsteht, zeigt das Urteil v. 7. 3. 1904 (**37** 150), ein Urteil, das von Beling, Grundzüge 41, als ein „Ansatz zur Anerkennung der Güterabwägungstheorie" bezeichnet wird; es bemerkt zu § 167 StGB., obwohl dort die Rechtswidrigkeit nicht ausdrücklich hervorgehoben wird: „Die Widerrechtlichkeit gehört zum Begriff des Delikts. Nur eine rechtswidrige Störung ist also eine solche im Sinne des § 167 StGB. Denn (!) in dem modernen, besonders dem großstädtischen Leben mit seinen vielfachen Kollisionen von Rechten und Interessen aller Art kann nicht ein einzelnes Kulturinteresse von den übrigen losgelöst und ganz ausschließlich geschützt werden. Eine Ausgleichung hat stattzufinden; ist sie nicht anders möglich, so muß das weniger wichtige Interesse und Recht der bedeutungsvolleren Kulturaufgabe weichen."

wie wir sahen, äußerst schwierig ist. Wir haben das materiell Rechtswidrige, soweit es gelang, vertypt, ja sogar weiter als die Gegner; denn wir haben für die Ehrabsprechung auch die Unwahrheit zum Deliktsmerkmal erhoben. Eine weitere Vertypung war aber nicht möglich, so daß ein Rest für die materielle Rechtswidrigkeit verbleibt. Und es kann jetzt nur unser Bestreben sein, auch diesen Rest nach Möglichkeit zu einem allgemeinen Unrechtsausschließungsgrund — ähnlich dem Notstandsbegriff — typisch auszugestalten. Dies kann dann wieder auch nur soweit gelingen, daß noch ein Rest übrig bleibt, der sich nicht mehr vertypen läßt.

Unsere Gesetze und Entwürfe enthalten zum Teil eine solche ausdrückliche Regelung. Daß sie diese nur bei der Beleidigung geben und nicht auch bei der Körperverletzung, der Sachbeschädigung und anderen Delikten [1]), ist wohl darauf zurückzuführen, daß sich gerade bei der Beleidigung, diesem so leicht zu verübenden Vergehen, die Notwendigkeit einer ausdrücklichen gesetzlichen Hervorhebung dieses Merkmals mit Gewalt aufdrängt. Während es nämlich zu den Seltenheiten gehört, daß der ruhige Staatsbürger Handlungen begeht, die sich möglicherweise als Körperverletzung oder Sachbeschädigung qualifizieren lassen, während es anormal ist, daß er um sich stößt und zu Schlägen ausholt, ist die Gefahr, daß selbst der Besonnenste eine Beleidigung begeht, weit größer. Denn der notwendige Verkehr mit seinen Mitmenschen, seine Unterhaltung mit ihnen, hat es im Gefolge, daß seine Worte sich auf andere Menschen und auf ihre Ehre, diesen Ausdruck des Verkehrswertes des Menschen, beziehen. Und welche harmlosen Worte können nicht gar zu leicht fremde Ehre verletzen! So sah sich der Gesetzgeber veranlaßt, gerade hier den allgemein jedem Gesetze zugrunde liegenden Gedanken zu formulieren. In seinem Sinne lag es aber nicht oder sollte es wenigstens nicht gelegen haben, dem Beleidiger weitergehende Straffreiheit einzuräumen als dem,

---

[1]) Dagegen haben die Beschlüsse der Kommission in 2. Lesung für die Geheimnisverletzung eine ähnliche Bestimmung vorgeschlagen (DJZ. **18** (1913) 1217/8, Ebermayer 75).

der eine Körperverletzung oder eine Sachbeschädigung verübt. Die Verletzungen fremder Ehre liegen oft weit schwerer als jene Delikte, und es wäre gänzlich ungerechtfertigt, dem Schutze der Ehre weniger Rechnung zu tragen als dem des Körpers und des Vermögens. Denn die Ehre ist und bleibt eines der köstlichsten Güter des Menschen [1]).

2. Die Praxis [2]).

Der Schwerpunkt des § 193 liegt in der Bestimmung, daß beleidigende Äußerungen, die zur Wahrnehmung berechtigter Interessen gemacht sind, nicht rechtswidrig sind. Die übrigen genannten Fälle dürften überflüssig sein [3]), weil sie entweder unter den Begriff der Wahrnehmung berechtigter Interessen fallen oder ohnehin als allgemeine Unrechtsausschließungsgründe anerkannt sind. Wie die Erweiterung auf „ähnliche Fälle" zeigt, wollte das Gesetz auch nur Beispiele eines Grundgedankens anführen.

I. Die Hauptschwierigkeit wird in der Rechtsprechung

[1]) § 193 findet unmittelbare Anwendung auch auf die Majestätsbeleidigung und die Beleidigung des militärischen Vorgesetzten. Nur wiegt hier das Interesse an dem Unterbleiben der Beleidigung bedeutend schwerer als bei jeder anderen Beleidigung, schon wegen der Erhaltung der Unversehrtheit der Majestätsehre und der Aufrechterhaltung der militärischen Disziplin. Also nur in der Art und Weise der Interessenabwägung, nicht in dem Prinzip selbst besteht ein Unterschied von der gewöhnlichen Beleidigung. Wenn man hieran festhält, werden die Bedenken insbesondere der Rechtsprechung gegen die Anwendung des § 193 im wesentlichen beseitigt werden. Vgl. Frank § 95 V 1 und Romen-Rissom § 91 no. 2 mit weiteren Nachweisen.

[2]) Das Ausgehen von der Praxis dürfte gerechtfertigt sein, weil die genannte Gesetzesbestimmung gerade die Praxis überaus häufig beschäftigt; wohl selten wird ein Paragraph so oft und so eingehend in den Gerichtsurteilen erörtert wie der § 193. Für eine wissenschaftliche Behandlung dieses Themas scheint uns daher besonders fruchtbar, wenn die aus der Praxis gewonnenen Anregungen mit den allgemeingültigen Grundsätzen der allgemeinen Rechtslehre in Verbindung gebracht werden; auf diese Weise wird die Praxis vor unwissenschaftlicher Kasuistik und die Rechtsphilosophie vor Lebensfremdheit bewahrt.

[3]) Bemerkenswert ist ihre ausdrückliche Aufführung insofern, als das Gesetz zu erkennen gibt, daß es auch Äußerungen, die nicht nur die „sittliche" Seite des Menschen, sondern auch wissenschaftliche, künstlerische und gewerbliche Leistungen betreffen, als Angriffe auf die Ehre ansieht.

meist darin gesehen, sich über den Begriff des berechtigten Interesses klar zu werden [1]). Daß er mehr bedeutet als ein „vom Gesetz anerkanntes Interesse“ dürfte keinem Zweifel unterliegen; denn sonst wären die Worte „Ausführung und Verteidigung von Rechten“ überflüssig. Man begnügt sich entweder mit der nicht befriedigenden Umschreibung, ein Interesse sei dann berechtigt, wenn es nicht dem Recht und den guten Sitten zuwider läuft, wenn es sich bei billiger und verständiger Beurteilung der Sachlage als ein gerechtfertigtes darstellt [2]). Oder man gibt die nicht ungefährliche, aber zum Glück nicht streng durchgeführte einschränkende Auslegung, daß zu den berechtigten Interessen nur die den Täter „nahe angehenden“ Interessen gehören. Letztere Auffassung ist von unseren Gerichtshöfen im Anschluß an v. Bülow in neuester Zeit ständig vertreten [3]); sie soll leider auch nach den Beschlüssen der Strafgesetzbuch-Kommission wenigstens zum Teil — wir kommen hierauf noch des näheren zurück — in das Gesetz übergehen.

Diese Einschränkung dürfte aber nicht zu billigen sein. Abgesehen davon, daß sie aus dem geltenden § 193 nicht folgt, ist nicht ersichtlich, weshalb nicht auch Interessen dritter Personen mit demselben Grunde wie die eigenen oder nahe angehenden gewahrt werden dürfen, da doch das Recht den Altruismus fördern sollte, und vor allem, weshalb nicht auch im öffentlichen Interesse gehandelt werden darf. Und so hat sich in der

---

[1]) Der Begriff findet sich auch anderswo. Vgl. BGB. § 824 Abs. 2, WettbewG. § 14 Abs. 2, VerlagsG. 1901 §§ 12, 21. Auch dort weiß man sich aber nicht besser mit ihm abzufinden. Vgl. auch die Vorschriften über Einsicht in Urkunden bei Vorliegen eines „berechtigten Interesses“ (HGB. § 9 II, GO. § 11, FG. §§ 34, 78 u. a.).

[2]) RG. **15** 15, **25** 355, **26** 76, **29** 150; RGZ. **51** 378; RMG. **4** 279, **6** 155.

[3]) Gegenüber früheren Entsch. (RGRspr. **5** 493, **9** 395, E. **1** 128, **2** 251, **3** 40, **5** 121) später RG. **23** 285, 422, **24** 304, **25** 67, 363, **26** 76, **29** 147, **30** 41, **34** 216, **36** 422, **37** 104, **39** 399, **40** 101, **41** 277, **44** 143, **47** 171; auch Rspr. **8** 714; GoltdA. **43** 384, **45** 53, **46** 205; RMG. **4** 279, **6** 155, **9** 247, **10** 129, **11** 6, 251; BayOLG. **13** 182. Wie das RG. v. Bülow, GerS. **46** 284, **48** 1. Zustimmend wohl Olshausen § 193 Nr. 6; nahestehend v. Liszt § 95 IV („soweit der Handelnde zur Wahrnehmung berufen war, ... als Freund, Kollege, überhaupt aus sittlich gerechtfertigten Beweggründen“). Ähnlich Binding 153 („mit interessiert sein“). Über die Rspr. des RG. vgl. insbesondere Hofner und Baumeister, über die des BayOLG. insbesondere Kurz.

Literatur meist eine ablehnende Haltung gegenüber dieser Auslegung des Gesetzes gezeigt [1]).

II. Dieser Praxis dürfte in Wahrheit die Anschauung zugrunde liegen, daß die Vorschrift vom Gesetzgeber vorzugsweise im Interesse des Täters gegeben sei. Denn die nahe angehenden Interessen, insbesondere also die der nächsten Angehörigen, sind doch im Grunde noch immer Interessen des Täters selbst. Um nun dem § 193 nicht ein allzu unumschränktes Gebiet zuzuweisen, war die Praxis zu dieser Anschauung allerdings gezwungen, wenn sie nicht, was richtiger gewesen wäre, die natürlichen Grenzen in der Wertung der Interessen hinsichtlich ihres Nutzens für die Gesamtheit sowie in der Gebotenheit des Mittels findet. Denn das könnte allerdings nicht gutgeheißen werden, daß jemand eine fremde Ehre sollte verletzen dürfen, um ein ganz geringfügiges Interesse eines ihm völlig fernstehenden Dritten zu wahren [2]). Hier ist in der Tat eine Einschränkung unumgänglich notwendig. Aber die Sachlage verschiebt sich sofort, wenn das Interesse des Dritten ein äußerst wichtiges ist, und sie verschiebt sich noch mehr, wenn ein solches Interesse normalerweise gar nicht anders gewahrt werden konnte als durch die Ehrverletzung. Und noch deutlicher zeigt sich die Unhaltbarkeit der Praxis, wenn an Stelle des Interesses des Dritten das öffentliche Interesse gesetzt wird. Der Staat hat doch wahrlich allen Grund dazu, für die Förderung seines eigenen Interesses

---

[1]) Vgl. v. Bar 164; Frank § 193 III, 2 b; Kohler 101 ff., auch ArchRWph. I 435; Meyer-Allfeld 424; Kronecker, GerS. **38** 510; Rotering 42; v. Lilienthal 410.

[2]) Auf die Interessenabwägung weist mitunter das Reichsgericht selbst hin. Beachtlich **41** 285 (II. Strafsenat, Urt. v. 23. 5. 1908): Das Recht zur Aufdeckung von Mißständen im öffentlichen Leben müsse seine Schranke finden an anderen gleichwertigen (!) Rechtsgütern. Ähnlich schon **15** 18: Das Recht auf Achtung der Person stehe höher als das Recht auf Besprechung solcher vermeintlicher Übelstände. Besonderer Erwähnung bedarf BayOLG. **13** 182 (Urt. v. 17. 4. 1913): „Soll der gute Ruf eines Menschen berechtigten Interessen preisgegeben werden, so kann das nur unter der Voraussetzung Sinn und Bedeutung haben, daß die Nichtwahrnehmung des berechtigten Interesses für die Rechtsordnung schädlicher erscheint als die mit der Wahrnehmung verbundene unvermeidliche Gefahr für den Ruf des Betroffenen." In dieser Entscheidung neuester Zeit kommt also das u. E. allein maßgebliche Prinzip bereits zum Ausdruck.

einzutreten, sofern es nicht etwa ganz geringfügig, sondern jedenfalls erheblicher ist als das Interesse an der Verfolgung der Beleidigung und wenn es regelmäßig nicht anders als durch die Ehrverletzung gewahrt werden konnte.

Auch auf das letzte Erfordernis, die Normalität oder Angemessenheit des Mittels, ist großes Gewicht zu legen; denn wenn das Interesse ebenso bequem oder gar noch einfacher ohne Verletzung fremder Ehre gewahrt werden kann, so ist nicht ersichtlich, weshalb der Staat gerade das Mittel der Ehrverletzung gutheißen sollte. Also auch das Mittel, nicht allein der Zweck, müssen berechtigt sein, will nicht das Gesetz den berüchtigten Satz gutheißen [1]), daß der Zweck das Mittel heiligt. Und nicht zugestimmt werden kann insofern der auch von Kohler [2]) gebilligten Ansicht Franks [3]), die Wahrnehmung brauche nicht gerechtfertigt zu sein, da das Gesetz nur ein berechtigtes Interesse, nicht auch eine berechtigte Wahrnehmung verlange.

Nun hat aber das Reichsgericht selbst nicht konsequent seine Ansicht durchgeführt. Denn wenn jemand sich in einem Flugblatt gegen unnötige Tierquälerei oder gegen Straftaten Dritter wendet, so soll ihm der Schutz des § 193 zustehen [4]). Und an anderer Stelle gibt das Reichsgericht allgemein zu, daß die Veröffentlichung in einer Zeitung der angemessene Weg dann sei, wenn sich die Angelegenheit in breiter Öffentlichkeit abgespielt habe [5]) [6]). Aber wo ist hier die Grenze? Bedarf dann

[1]) Dies nimmt in der Tat v. Bülow, GerS. **46** 275 an. [2]) 101 ff.

[3]) III 2 b. Daß wir im übrigen der Ansicht Franks beipflichten, ergibt das folgende Kapitel. [4]) Vgl. insbes. RG. GoltdA. **46** 45.

[5]) So RG. JW. **29** 209 (Urt. v. 21. 12. 1899). Anerkannt wird ferner ein individuelles Interesse des Redakteurs in Gemeindeangelegenheiten (RG. **25** 363). Dagegen besonders v. Bar 164, v. Liszt a. a. O. Anm. 10, v. Lilienthal 409: weshalb soll ihm nicht als Staatsbürger für staatliche Angelegenheiten ein gleiches Recht zustehen? Vgl. auch RG. **39** 399.

[6]) Mitunter wird dann ein berechtigtes Interesse angenommen, wenn man es kraft Amtes oder Berufes zu vertreten hat (RMG. **10** 129; RG. **30** 42) oder wenn man zu dem Dritten in einem Vertragsverhältnis steht (RG. **38** 131). Richtiger wäre eine Anwendung der Vorschriften über Geschäftsführung ohne Auftrag (RGRspr **8** 714). Diesem Rechtsinstitut liegen ja dieselben Gedanken zugrunde wie unserem Prinzip. Die Frage ist eben: wann durfte sich ein Dritter für (stillschweigend) beauftragt halten?

nicht der Begriff „nahe angehen" erst der Interpretation? Gerade in diesem Prinzip der Praxis, in dieser Abgrenzung der eigenen von den fremden Interessen, zeigt sich die Unsicherheit. Ein so unbestimmter Begriff dürfte nicht in unser künftiges Gesetz zu übernehmen sein.

Eine Schutzbestimmung zugunsten des Täters soll im § 193 gar nicht gegeben werden und braucht nach unserer Grundanschauung auch nicht gegeben zu werden. Anders allerdings, sofern mit dem Gesetz der Täter auch für schuldig befunden wird, wenn er die Unwahrheit der behaupteten Tatsache weder kannte noch kennen mußte oder wenn der Wahrheitsbeweis aus irgend welchem Zufall mißglückte. Und so zeigt sich hier im Beleidigungsrecht eine ganz eigenartige Vermengung der strafrechtlichen Prinzipien. Tatbestandlich wird, wie wir sahen, dem Verletzten ein außergewöhnlich weiter Schutz zuteil, der sogar so weit geht, daß von einem Verschulden zum guten Teil abgesehen wird; und hier wird dem Täter, um ihm wenigstens in einer Reihe von Fällen zu helfen, vom Gesetz ein derartig weiter Schutz gewährt, daß er durch Wahrung irgend eines beliebigen Interesses entschuldigt wird, mag es auch noch so unbedeutend und nebensächlich für ihn und für andere und für die Öffentlichkeit sein; nur darf es nicht vom Recht verboten oder es muß vom Recht gebilligt sein — auf diese und ähnliche nicht gerade viel besagenden Wendungen kommen wir im folgenden zurück —, und ein gewiß nicht idealistischer Zug ist es, wenn die Beschränkung, die den Rechtfertigungsgrund in engere Grenzen bannen sollte, dahin getroffen wird, daß nur eigene oder nahe angehende Interessen entschuldigen.

III. Aus diesen Ausführungen treten die Gesichtspunkte hervor, auf die es in der Hauptsache ankommen wird, um den § 193 befriedigend zu erklären und um Bausteine für eine künftige gesetzliche Regelung zu gewinnen:

1. Das Interesse des Verletzten [1]) sowie das öffentliche Interesse einerseits, das gewahrte Interesse andererseits sind

---

[1]) Ein solches ist ja nach unserer Grundansicht (II. Teil, 1. Abschn., Kap. 4) für jede rechtswidrige Beleidigung erforderlich.

13*

gegeneinander abzuwägen; ist letzteres wertvoller, so ist es ein berechtigtes Interesse im Sinne des § 193.

2. Die Beleidigung muß das normalerweise gebotene Mittel sein, das Interesse zu wahren.

Diese beiden Gesichtspunkte sollen in den beiden folgenden Abschnitten im einzelnen näher dargelegt werden. Doch zunächst einige Worte über die Stellung des § 193 in der Literatur.

3. Die Theorie.

Wir beschränken uns auf die Besprechung solcher Stimmen, die vor allem die maßgebenden Grundgedanken klargelegt haben. Bei der Fülle von Monographien ist eine erschöpfende Auseinandersetzung mit der Literatur kaum noch möglich, jedenfalls aber nicht förderlich.

Deutlich hat Frank auf die entscheidenden Gesichtspunkte aufmerksam gemacht [1]; er sieht in dem § 193 einen Fall des Notstands und hat darin u. a. [2] die Zustimmung Bindings [3] und Meyer-Allfelds [4] gefunden, während Kohler [5] und v. Lilienthal [6] zwar im Grunde ebenfalls zustimmen, aber nicht mit Unrecht darauf hinweisen, daß das Gesetz den angeblichen Notstandsfall selbst geregelt hat. Dies entspricht zwar einer strikten Auslegung des geltenden Gesetzes, aber wir erkannten die Notwendigkeit einer einschränkenden Auslegung, und zwar hinsichtlich des Mittels wie des Zweckes. Aus dem Notstandsgedanken ergibt sich aber zunächst das Erfordernis der Gebotenheit des Mittels, wie Frank richtig hervorhebt. Und daß Kohler auf einem ähnlichen Boden steht, zeigen seine Ausführungen [7], daß ein Interesse nur „für ein loyales, ehrliches Vorgehen" ein

---

[1]) III 2.

[2]) Vgl. auch RG. **15** 16: „Der Grundgedanke des § 193 ist derselbe, welcher die Straflosigkeit des Handelns in der Notwehr und im Notstande (!) begründet." Ähnlich Sontag ArchRWPh. **2** 556: „psychische Notwehr", auch Rotering bei Groß **28** 95 und Mandel 21. Vgl. aber Kern 63, 65.

[3]) 152 Nr. 5. Binding gewährt übrigens der Darstellung des § 193 auffälligerweise nur relativ geringen Raum.

[4]) 425 Nr. 33. [5]) 46. [6]) 407. [7]) 103 ff.

berechtigtes Interesse sei. Wann ein Vorgehen aber loyal und ehrlich ist, das soll gerade bestimmt werden. Ferner folgt aus dem Notstandsgedanken das Prinzip der Interessen- und der Pflichtenabwägung; das wertvollere Interesse und die wertvollere Pflicht dürften im Zweifel den Ausschlag geben. Auf den bekannten Streit, ob dieses Prinzip das einzige und das letzte für den Notstand ist, braucht hier nicht eingegangen zu werden, denn für uns kommt, da der gesetzliche Begriff des berechtigten Interesses in Frage steht, nur die Interessenabwägung in Betracht. Dann betont Frank mit Recht, daß eine abstrakte Güterabwägung nicht vorgenommen werden dürfe, sondern daß auch die konkreten Verhältnisse — er führt als Beispiel die Verhältnisse des Täters an — in Betracht zu ziehen seien.

Nun darf es aber auch bei dieser konkreten Interessenabwägung nicht verbleiben, sondern es ist bei der Abwägung auch das öffentliche Interesse mit in die Wagschale zu legen. Dieses ist zwar oft geringfügig, so daß in der Tat nur das wichtigere der beiden Privatinteressen den Ausschlag gibt, dagegen nicht selten derartig schwerwiegend, daß von ihm die Entscheidung abhängt. So deutet mit Recht Liepmann [1]), ohne eine ausgeführte Interpretation geben zu wollen, an, die Beleidigung (Rufgefährdung) sei dann nach § 193 nicht strafbar, wenn sie unvermeidlich war zur Wahrnehmung eines gefährdeten „Gemeininteresses". Und nach Meyer-Allfeld [2]) ist ein berechtigtes Interesse ein solches, dessen Verfolgung die menschliche Gesellschaft (!) billigt und dem daher auch das Recht seine Anerkennung nicht versagen kann, das aber auch zugleich so wichtig ist, daß es selbst gegenüber dem Rechte auf Achtung Geltung haben muß, wenn es sich in anderer Weise nicht wirksam verfolgen läßt [3]).

---

1) 259. 2) 425.

3) Rotering 39 bestimmt die berechtigten Interessen als Lebenserscheinungen, die „mindestens dem vom Verwaltungsstaat noch verfolgten Wohlfahrtszweck zu dienen bestimmt sind, daher selbst als Lebenszwecke fungieren". Mit Recht weist Liepmann auf die von Kohler früher (Jherings Jahrb. **18** (1880) 275) gegebene treffende Formulierung hin, das Individualinteresse des einen werde durch das Gegenrecht des anderen oder durch das „rechtsähnliche Gegeninteresse der All-

Stellt man aber letzten Endes auf das öffentliche Interesse ab, so braucht man auf den Notstandsgedanken gar nicht zurückzugreifen. Charakteristisch ist ja, daß diejenigen Schriftsteller, die einen Begriff des materiellen Rechts oder der materiellen Rechtswidrigkeit nicht anerkennen, in gewissen Fällen, wo die Entscheidung nach materiellem Recht sich mit Macht aufdrängt, irgend einen Notstandsparagraphen, etwa § 228 BGB.[1]), herbeiziehen und „analog" anwenden. Am weitesten scheint uns hierin Beling [2]) zu gehen, wenn er einen allgemeinen Begriff des Notrechts als eines Unrechtsausschließungsgrundes aufstellt. So läßt sich denn der vorliegende Paragraph unmittelbar nach dem Grundgedanken des Rechts erklären, wie wir denn auch bereits erkannt haben, daß sowohl der Zweck als auch das Mittel „berechtigt" sein müssen. Hiermit ist ein Maßstab gegeben, der nicht etwa, wie man uns vorhalten könnte, weniger besagt als die Erklärungsversuche der Schriftsteller, die das Wort „berechtigt" im Grunde nur umschreiben; im Gegenteil ist er spezieller, weil er den Richter darauf hinweist, daß es nicht nur auf die Berechtigung des Zweckes, sondern auch auf die des Mittels ankommt, was ja aus dem Wortlaut des § 193 sich nicht entnehmen läßt.

Weisen also die Ansichten der vorgenannten Schriftsteller in Wahrheit auf den Begriff der materiellen Rechtswidrigkeit hin,

---

gemeinheit (!)" überboten. Nach Kronecker Reform 322 handelt es sich um eine Abwägung verschiedener Rechtsgüter gegeneinander, wobei die Wahrnehmung von Interessen der Allgemeinheit (!) unter Umständen dem Interesse des einzelnen an Unterlassung der Beleidigung vorgehen muß. Zu weit ist dagegen u. E. die von Frank zu Anfang gegebene negative Definition, ein berechtigtes Interesse sei ein Zweck (Ziel), dessen Verfolgung nicht im Widerspruch mit Recht und Sitte stehe; denn hierzu würde wahrscheinlich auch Zeitvertreib, vielleicht auch Sensation gehören, die doch nicht dem öffentlichen Interesse entsprechen.

[1]) Auf diese Vorschrift weist v. Lilienthal 407 Nr. 4 hin; doch ist nach seiner Grundanschauung über die materielle Rechtswidrigkeit die Herbeiziehung dieser Bestimmung nicht erforderlich.

[2]) Grundzüge 40; Z. **18** (1898) 276, Grenzlinien zwischen Recht und Unrecht usw. 1913, 38 (Maßstab sei, ob die Handlung unter den obwaltenden Umständen rechtlich veranlaßt sei; das sei der Grundgedanke der §§ 192 [?], 193 [!], die zu Unrecht in die Beleidigungslehre verwiesen und generell fruchtbar seien). Vgl. auch Beling a. a. O. 191 und Z **35** 342 (bei Besprechung des Kormannschen Werkes).

so hat dieses Prinzip bei v. Lilienthal und bei v. Liszt seinen unmittelbaren Ausdruck gefunden [1]). Ersterer bemerkt, bei der Behandlung des § 193 in der Vergleichenden Darstellung [2]) ausdrücklich (unter Hinweis auf den von ihm bereits früher vertretenen allgemeinen Satz [3])), erlaubte Zwecke rechtfertigten dann die Anwendung aller Mittel, wenn Zwecke dieser Art ohne sie nicht erreicht werden können. Vor allem aber wendet, wie bereits an früherer Stelle [4]) erwähnt, v. Liszt [5]) auf den § 193 den Grundsatz an, daß die Rechtswidrigkeit der Beleidigung dann ausgeschlossen sei, wenn sie das angemessene Mittel zur Erreichung eines anerkannten Zweckes ist, einen Grundsatz, den der Gesetzgeber nach Ansicht v. Liszts dem Richter hier nur habe ins Gedächtnis rufen und durch Beispiele habe erläutern wollen [6]). Wer einen Begriff der materiellen Rechtswidrigkeit anerkennt, wird v. Liszt hierin unbedingt zustimmen können.

4. Die Gesetzgebung.

I. Der § 193 und der sich ihm im wesentlichen anschließende Vorentwurf verschweigen, wann ein Zweck berechtigt sei, sprechen sich dagegen u. E. in der Schlußbestimmung, die Wahrnehmung der Interessen entschuldige dann nicht, wenn das Vorhandensein einer Beleidigung aus der Form oder den Umständen folge, über das Erfordernis der Angemessenheit des Mittels aus. Aber dieser Satz ist einmal nicht erschöpfend, denn es gibt Fälle, in denen auch eine reine Tatsachen- oder Urteilsbeleidigung derartig schwer wiegt und statt ihrer ein anderes Mittel zur Interessenwahrung derartig leicht hätte gewählt werden können, daß das angewendete Mittel nicht mehr

[1]) Graf zu Dohna widmet in seiner erwähnten Schrift über die Rechtswidrigkeit dem § 193 keine ausführliche Darstellung; doch läßt auch diese Bestimmung sich nach dem Grundgedanken seines Werkes zwanglos erklären. Aus der vereinzelten Andeutung S. 63 darf allerdings nicht geschlossen werden, daß § 193 nur einen subjektiven Schuldausschließungsgrund darstellt.

[2]) 406. [3]) Z **20** 440.

[4]) 73. [5]) § 95, IV.

[6]) Auf die Selbstverständlichkeit des Paragraphen wiesen ähnlich John 282 und v. Bar 170 hin.

als angemessen bezeichnet werden kann [1]). Andrerseits ist der Satz zu weit; denn auch eine reine Formbeleidigung, ein bloßes Schimpfwort, kann das einzige vernünftige Mittel zur Interessenwahrung sein [2]). Sollte etwa der Passant bestraft werden, der — selbst über den gesetzlichen Rahmen der Notwehr hinaus — mit glücklicher Schlagfertigkeit einen Rüpel durch einen Kraftausdruck davon abhält, eine anständige Frau zu belästigen?

Der Vorentwurf ist auch deswegen nicht glücklich, weil die in der Praxis herrschende Ansicht, die Anwendung des Schlußsatzes setze die Beleidigungsabsicht voraus, zur gesetzlichen Bestimmung erhoben werden soll. In der Theorie hat diese Ansicht überwiegend [3]) Ablehnung erfahren. Hält man daran fest, daß für die Beleidigung allgemein der Vorsatz genügt,

---

[1]) Kronecker, Reform 320, empfiehlt neben der Form auch den „Inhalt" der Äußerung aufzuführen. Vgl. schon Schütze 368 und v. Liszt 347, auch Wilhelm (Diss.) 60.

Demgegenüber steht die Praxis bei strikter Auslegung des geltenden § 193 mit Recht auf dem Standpunkt, daß nur die Form und die Begleitumstände berücksichtigt werden dürften. Damit macht sie einen innerlich nicht gerechtfertigten Unterschied, der zugleich das Unhaltbare ihrer ganzen Auffassung des § 193 zeigt. Wir können uns nicht versagen, eine Stelle aus einem nicht veröffentlichten Urteil des Kammergerichts (II. Strafsen.) v. 13. 10. 1914 in Sachen 2. S. 497. 14. wiederzugeben: „Rein tatsächlich ist auch die Feststellung des Berufungsgerichts, daß der Angeklagte Wahrnehmung berechtigter Interessen ... überhaupt nicht gewollt, sondern ausschließlich die Absicht der Ehrenkränkung verfolgt hat. Diese Feststellung schließt die Anwendung des § 193 aus. Für diese Feststellung durfte das Berufungsgericht als Beweisgrund auch den Inhalt (!) der Äußerung verwerten. Die von der Revision angezogenen Urteile betreffen den ganz anderen Fall, daß der Täter das abfällige Werturteil zur Wahrnehmung berechtigter Interessen geäußert hat. In einem solchen Falle darf die Absicht der Beleidigung nur aus der Form oder den Begleitumständen der Äußerung gefolgert werden." — Zunächst will nicht einleuchten, daß in dem zweiten Fall nach Feststellung der Absicht der Interessenwahrung überhaupt noch Raum für die Feststellung der Beleidigungsabsicht sein soll. Vgl. hierüber den folgenden Text. Zum mindesten liegen doch aber beide Fälle nicht derart verschieden, daß sie eine verschiedene Behandlung verdienen, daß in dem ersten, dagegen nicht in dem zweiten der Inhalt der Äußerung zur Feststellung der Beleidigungsabsicht herangezogen werden darf.

[2]) Vgl. die treffenden Ausführungen Liepmanns 319.

[3]) A. M. besonders Liepmann 320 ff.

so kann man hier keine Ausnahme machen. Denn der Schlußsatz des § 193 stellt nicht etwa eine besondere Art der Beleidigung gegenüber §§ 185, 186 auf. Wer ein berechtigtes Interesse verfolgt, aber ein verwerfliches Mittel anwendet, also eine verletzende Form oder eine unpassende Gelegenheit wählt, ist aus diesen letzteren Gründen strafbar. Diese Gründe reichen für die Strafwürdigkeit der Äußerung völlig aus; sie sind Merkmale einer unmittelbar nach §§ 185 oder 186 (also ohne Hinzutritt des § 193) strafbaren Beleidigung, und sie reichen auch dann aus, wenn der Täter berechtigte Interessen verfolgte. Denn durch den Zweck wird das Mittel nicht geheiligt. Man kann auch nicht sagen, daß durch die Rechtmäßigkeit des Interesses das unerlaubte Mittel an Strafwürdigkeit verliert; man braucht also durchaus nicht nach einem „Mehr" zu suchen, wie es Liepmann [1]) verlangt und wie er es allein im subjektiven Moment zu finden glaubt. Der Täter, der in Notstand handelt, aber die zulässigen Grenzen überschreitet, ist auch ohne eine intensivere Willensrichtung strafbar, nicht anders, als hätte er sich gar nicht in Notstand befunden. Jedenfalls erscheint es ungerechtfertigt, dieses Mehr gerade in einem subjektiven Moment zu erblicken. Lediglich der bösen Absicht ausschlaggebende Bedeutung einzuräumen für die Frage, ob strafbar oder nicht, mag hier schon prinzipiell bedenklich sein [2]). In der Praxis aber bereitet die Feststellung der Absicht erhebliche Schwierigkeiten. Wie oft ist es völlig unmöglich zu ermitteln, ob der Täter sich nicht von einer anderen Absicht als der Beleidigungsabsicht leiten ließ, und wie oft hört man in objektiv zweifellos strafwürdigen Fällen freisprechende Urteile mit der Begründung, die Absicht der Beleidigung habe sich dem Täter nicht nachweisen lassen! Übrigens scheint man sich andrerseits in einen Widerspruch zu verwickeln, wenn man den Schlußsatz des § 193 nicht als einen bloßen Hinweis auf § 185, sondern als einen besonderen Fall des Hauptsatzes des § 193 behandelt. Es wird nämlich

---

[1]) 318.

[2]) M. E. bedeutet dies auch eine unzulässige Annäherung der rechtlichen Betrachtungsart an die moralische. Vgl. für ähnliche Situationen oben S. 172 Anm. 1, auch S. 85.

die Anwendbarkeit des Schlußsatzes erst dann zugelassen, wenn zuvor festgestellt ist, daß der Täter „zur (!) Wahrnehmung berechtigter Interessen", d. h. in der Absicht[1]) einer solchen Interessenwahrung, gehandelt hat. Dann ist aber entweder für die Feststellung der Beleidigungsabsicht kein Raum, da der Täter nicht zweierlei einander ausschließende Absichten gleichzeitig verfolgen kann[2]), oder man muß den § 193 anders auslegen.

Der Gegenentwurf, mit dem im wesentlichen die Reformvorschläge Kroneckers[3]) übereinstimmen, verlangt den guten Glauben als Strafausschließungsgrund. Dabei bleibt zweifelhaft, worauf sich der gute Glaube beziehen soll. Offenbar soll er die Wahrheit der behaupteten Tatsache betreffen[4]); es soll also die Anwendbarkeit der Bestimmung auf die Verleumdung ausgeschlossen werden[5]). Aber die Fassung läßt sich

---

[1]) Hierüber unten S. 208. Nicht genügend beachtet wird, daß der Beleidiger sich auch von einer Absicht dritter Art (weder Absicht der Beleidigung noch Absicht berechtigter Interessenwahrung) leiten lassen kann; er will durch die Äußerung z. B. die Aufmerksamkeit der Öffentlichkeit auf seine Person lenken. In einem solchen Fall ist aber immer noch möglich, daß die Tat als solche (objektiv) berechtigte Interessen verfolgt; dann wäre der Täter nach unserer de lege ferenda vertretenen Meinung trotz des nicht berechtigten subjektiven Zweckes straffrei. Umgekehrt wäre er in diesem Fall, wenn er im Mittel, etwa in der Form fehlgreift, strafbar, mag auch seine Absicht auf etwas Drittes, also weder auf berechtigte Interessenwahrung noch auf Beleidigung gerichtet sein. Dieses Ergebnis befriedigt mit Rücksicht auf die Strafwürdigkeit des Mittels u. E. durchaus; die Gegner müßten hier mangels Beleidigungsabsicht freisprechen, mögen sie im übrigen auch unsere Ansicht billigen.

[2]) Anders RG. **29** 57.

[3]) 322 ff. Nach Kronecker kann bei dieser Regelung des jetzigen § 193 die Einrichtung des Wahrheitsbeweises in ihrer heutigen Gestalt ganz fortfallen; dies entspricht durchaus unserm Prinzip des öffentlichen Interesses. Doch würden wir eine praktikable Spezialbestimmung über den Wahrheitsbeweis, wenn sich eine solche finden läßt, nicht gern missen. Vgl. auch Kronecker, DJZ. **13** (1908) 452.

[4]) Vgl. v. Lilienthal 456 und Kronecker Reform 323 (der Täter müsse sich in entschuldbar gutem Glauben an die Richtigkeit und Erweislichkeit [!] befunden haben).

[5]) Bei der Verleumdung dürfte § 193 meist schon deswegen nicht anwendbar sein, weil das Mittel verwerflich ist. Doch ist dies durchaus nicht immer der Fall, vgl. unten S. 212.

auch anders deuten; es kann auch der gute Glaube des Täters an sein vermeintliches Recht, es kann seine redliche Absicht gemeint sein. Außerdem dürfte dem Gegenentwurf auch darin nicht zuzustimmen sein, daß er den hier erörterten Rechtfertigungsgrund nur bei Tatsachenbeleidigungen zuläßt. Er geht in dieser Hinsicht sogar über den § 193 und den Vorentwurf hinaus, die auch die in sachlicher Form geschehene Urteilsbeleidigung bei der Interessenwahrung entschuldigen. Billigung verdient jedoch, wie bereits angedeutet, die Berücksichtigung des öffentlichen und des berechtigten Interesses Dritter [1]).

Ganz bunt würde die Vorschrift nach den Kommissionsbeschlüssen aussehen. Danach würde entschuldigen:

1. wenn der Täter zur Wahrung nahe angehender, berechtigter [2]) Interessen gehandelt hat,
2. wenn er zur Wahrung nicht nahe angehender, berechtigter Interessen gehandelt hat, sich aber nachweislich in entschuldbarem, gutem Glauben an die Wahrheit der Behauptung [3]) befunden hat, sofern [4]) nicht die beleidigende Kundgebung zur Erreichung des verfolgten berechtigten Zweckes offenbar ungeeignet oder unnötig war,
3. in diesen beiden Fällen jedoch nur, wenn nicht aus der Form oder den Umständen die Absicht der Beleidigung hervorgeht.

Zu Punkt 1 und 3 haben wir uns bereits ablehnend verhalten. Punkt 2 bringt richtig zum Ausdruck das Erfordernis der Angemessenheit des Mittels — nur das Wort „ungeeignet" ist zu weit, das Wort „unnötig" zu eng; hierüber später —, allerdings

---

[1]) Das öffentliche Interesse braucht übrigens nicht immer berechtigt zu sein. Daher muß das Wort „berechtigt" auch vor „öffentlich" stehen. So Beschl. d. Kommission in 2. Lesung.

[2]) In der 2. Lesung ist das Wort „berechtigt" bei den privaten Interessen zu Unrecht weggelassen (vgl. Ebermayer 72).

[3]) Ob der Rechtfertigungsgrund nur gegenüber Tatsachenbehauptungen Geltung haben soll, ist nicht ersichtlich.

[4]) Diese Beschränkung ist in der 2. Lesung, statt sie auch zum Punkte 1 zu setzen (vgl. den folgenden Text), ganz fortgelassen. Vgl. Ebermayer 73. Übersehen ist, daß der Täter, wenn er zur Interessenwahruug handelt, auch im Mittel fehlgreifen kann.

unter seltsamer Beschränkung auf nicht nahe angehende Angelegenheiten. Also zur Wahrung nahe angehender Interessen darf der Täter die unsinnigsten Mittel, die ganz fernliegende, tief kränkende, wenn auch in sachlicher Form geäußerte Beleidigung gebrauchen, und nicht notwendig ist [1]), daß er sich in entschuldbarem, gutem Glauben an die Wahrheit der Behauptung befunden hat. Das hier deutlich zum Ausdruck gelangte Erfordernis des Verschuldens dürfte allgemein in den Tatbestand der Beleidigung und zwar nach unserem Vorschlag das Moment der Fahrlässigkeit in den Tatbestand der Tatsachenbeleidigung gehören. Das Wort „nachweislich" verschiebt anscheinend wieder die Stellung des Täters bei zweifelhaftem Beweisergebnis zu seinen Ungunsten, was nicht zu billigen sein dürfte [2]).

II. Ausländische Bestimmungen über unsere Frage sind meist entweder überhaupt nicht vorhanden oder den unsrigen ähnlich [3]). Einige Gesetze des Auslandes bringen den Gedanken der Rechtswidrigkeit wenigstens dort zum Ausdruck, wo es sich um die Frage nach der Zulassung des Wahrheitsbeweises handelt — vgl. hierüber oben IV. Teil 3. Abschnitt Kap. 1 —, andere insofern, als sie Straflosigkeit (fakultativ) zulassen, wenn die Beleidigung durch ungebührliches Benehmen hervorgerufen ist [4]), meist in Verbindung mit der gar nicht in diesen Zusammenhang ge-

[1]) Vgl. Meyer, DJZ. **19** (1914) 46.

[2]) Besser gelungen ist den Kommissionsbeschlüssen die Fassung des Rechtfertigungsgrundes bei der Geheimnisverletzung: Die Handlung bleibt straflos, wenn die Offenbarung zur Wahrung berechtigter privater oder öffentlicher Interessen erforderlich war, sofern die sich gegenüberstehenden Interessen pflichtgemäß berücksichtigt sind (2. Lesung, vgl. Ebermayer 75).

[3]) So entspricht Serbien VE. § 220 unserem VE. Unser GE. erinnert dagegen mehr an Norwegen § 249 Nr. 2; worin das subjektive Moment („Mangel an der gebührenden Achtsamkeit") bestehen soll, ist auch hier nicht unzweifelhaft. Über England-Amerika vgl. die von Kohler 98 ff., 113 ff. z. T. wörtlich aufgeführten Gesetzesstellen. Außerdem beachtlich Niederlande Art. 261 Abs. 3 („es liegt weder Schmähung noch Schmähschrift vor, wenn der Täter augenscheinlich im allgemeinen Nutzen (!) oder in notwendiger Verteidigung gehandelt hat"); eine solche allgemeine Vorschrift dürfte aber kaum empfehlenswert sein.

[4]) So außer unserem GE. § 282 Abs. 2 (§ 265 Abs. 2) besonders Norwegen § 250, Serbien VE. § 217 und Türkei Art. 214 Abs. 10.

hörenden und auch nicht zu billigenden Vorschrift über die sogenannte Aufrechnungsfähigkeit [1]).

Nach Liepmann [2]) behilft man sich dort, wo Bestimmungen fehlen, die unserem § 193 ähnlich sind, wie im französischen und italienischen Recht [3]), mit der Begründung, der erforderliche Vorsatz sei nicht vorhanden. Zu diesem Aushilfsmittel braucht man nicht zu greifen, wenn man einen allgemeinen Begriff der materiellen Rechtswidrigkeit anerkennt. Die Untersuchung, wieweit dies in dem ausländischen Rechte der Fall ist, würde ein umfangreiches Spezialstudium erfordern. Es sei aber darauf hingewiesen, daß in der gesamten nordischen Strafrechtswissenschaft ein solcher allgemeiner Begriff anerkannt ist, der dem von uns oben vorgeschlagenen durchaus ähnlich sieht [4]).

III. Unter diesen schwierigen Verhältnissen ist es undankbar, einen Gesetzesvorschlag zu machen. Wenn man nicht vorzieht, im Vertrauen auf unsere Rechtsprechung, die ein der Billigkeit entsprechendes Ergebnis schon im Einzelfalle finden wird, auf eine gesetzliche Bestimmung ganz zu verzichten, statt eine solche zu geben, die nicht praktikabel oder nicht unzweideutig ist, so ließen sich folgende Vorschläge erwägen:

> Die Beleidigung ist nicht strafbar [5]), wenn sie zur Wahrung eines berechtigten Interesses, sei es eines solchen des Täters oder eines Dritten, sei es eines öffentlichen Interesses, geboten war,

oder mit der Erklärung, wann das Interesse ein berechtigtes ist:

> die Beleidigung ist nicht strafbar, wenn sie zur Wahrung solcher Interessen des Täters oder dritter Personen oder der Öffentlichkeit geboten war, die nicht offenbar geringer sind, als es das Interesse des Verletzten und der Öffentlichkeit an dem Unterbleiben der Beleidigung gewesen wäre.

---

[1]) So unser § 199, der von den Entwürfen mit Recht aufgegeben ist.

[2]) 331 ff.

[3]) Österr. RE. enthält übrigens in dieser Hinsicht nur den § 328.

[4]) Vgl. Torp, Z. **23** (1903) 84 ff. Ob diesen Gedanken nicht auch Norwegen § 249 Nr. 4 zum Ausdruck bringt?

[5]) Oder: die Rechtswidrigkeit ist ausgeschlossen. Vgl. die zahlreichen an §§ 63 ff. VE. anknüpfenden Erörterungen.

Ich wage die letztere Formulierung vorzuschlagen [1]). Ihre Erklärung findet sie in den beiden folgenden speziellen Abschnitten, wo auch die Anwendbarkeit auf praktische Fälle darzulegen versucht wird und zugleich vielleicht einige Fingerzeige für eine weitere Ausgestaltung des allgemeinen Begriffs der materiellen Rechtswidrigkeit gegeben werden können.

---

2. Abschnitt.
Das berechtigte Interesse.

1. Das Interesse [2]).

I. Wenn der juristische Praktiker untersuchen will, ob im Einzelfalle die Rechtswidrigkeit der Beleidigung ausgeschlossen ist, wird er zunächst — dem Gesetze entsprechend — das Interesse auf seine Berechtigung zu prüfen haben. Da entsteht wiederum zunächst die Frage, was hier unter Interesse zu verstehen ist, also die Frage nach dem Gegenstande der Bewertung. Diese wird uns im folgenden mit den sich an sie anschließenden Zweifelsfragen beschäftigen, während ein weiteres Kapitel die Bewertung dieses Gegenstandes betrifft.

I. Gegenstand der Bewertung kann nun nicht das Interesse (= subjektiver Wert) im eigentlichen Sinne des Wortes sein; denn das Werturteil ist als rein psychischer Vorgang der rechtlich-sozialen Beurteilung entzogen. Vielmehr ist nur der erstrebte Zustand, der bezweckte Erfolg zu bewerten. Nun kommt es aber nicht auf den vom Täter erstrebten Zustand an. Denn für das Subjektive hat die Rechtsordnung regelmäßig kein

[1]) Es ließe sich auch unter Benutzung der in § 228 BGB. gebrauchten, nicht unmittelbar auf das Prinzip des überwiegenden Interesses abstellenden Wendung die folgende Fassung in Betracht ziehen: ... solcher Interessen ..., die nicht außer Verhältnis stehen zu den Interessen ..., oder auch die Wendung: ... solcher Interessen, die nicht hinsichtlich ihrer Höhe in auffallendem Mißverhältnis stehen zu den Interessen ..., oder es ließe sich endlich der Ausdruck „offenbar" durch den strengeren Ausdruck „ungewöhnlich" ersetzen.

[2]) Über die erkenntniskritische und juristische Herleitung des Begriffs „Interesse" handeln wir Z. **36** 450, 460.

Interesse; gehört doch auch der erstrebte Zustand insofern dem Innenleben an, als er oft nur im Kopfe des Handelnden vorhanden ist. Wofür die Rechtsordnung aber stets Interesse und sogar ein sehr großes Interesse hat, das ist der der Handlung zugrunde liegende Zweck, der reale Zweck, die allgemeine Tendenz der Handlung, der regelmäßige Erfolg, der unter normalen Verhältnissen zu erwartende Erfolg. Die entscheidende Frage ist hier also: Wird durch die Handlung regelmäßig ein Zustand herbeigeführt, der dem Rechte erwünscht ist? Uns beschäftigt in diesem Abschnitte in Wahrheit daher die Frage nach der Berechtigung des regelmäßig zu erwartenden Erfolges, während wir im folgenden Abschnitt zu prüfen haben, ob die Handlung zur Verwirklichung des Erfolges geboten war. In diesem Sinne können wir die üblichen Ausdrücke beibehalten: Berechtigung des Zweckes (des Interesses) und Berechtigung des Mittels (der Interessenwahrung).

Unrichtig wäre es aber, wollte man die Rechtmäßigkeit der Handlung auch nach dem tatsächlichen Erfolg beurteilen; denn dieser kann auf einen Zufall zurückzuführen sein, oder er ist vielleicht noch gar nicht eingetreten, oder er wird auch gar nicht eintreten. Das mit der Beleidigung gewahrte Interesse liegt oft derart fern in der Zukunft, daß die Rechtsordnung mit seiner Verwirklichung überhaupt nicht rechnen darf.

So viel von unserer Meinung über den Gegenstand der rechtlichen Wertung. Weitere Ausführungen müssen wir uns an dieser Stelle versagen, wollen wir uns nicht in ein Grundproblem der allgemeinen Rechtslehre verlieren. Nur diese Andeutung sei gestattet. Das Objekt für das juristische Werturteil ist das menschliche Zweckstreben. Gewertet wird aber nicht, wie von der Moral, jede einzelne Zweckbestrebung in ihrer Besonderheit, sondern nur die Zweckbestrebungen in typischer, generalisierender, schematisierender Betrachtung. Und so treffen wir jenen Grundzug des Rechts an dieser Stelle unserer Abhandlung zum vierten Male an; wir begegneten ihm bei der Ausprägung einer besonderen Verkehrsehre gegenüber der wirklichen Ehre, ferner bei dem Ausschluß des Richtigkeitsbeweises für Urteilsbeleidigungen und zuletzt bei der Bildung einer Tatbestandsmäßigkeit neben der materiellen Rechtswidrigkeit. Hier bei dem Objekt nimmt die typische Betrachtung beinahe wunder; ist dieses doch gerade das, was vom Recht gewertet werden soll, und kann das Recht doch nicht — so könnte es scheinen — das von ihm vorgefundene Objekt nach seinem Belieben zurechtstutzen. Aber das liegt nun einmal in dem Kantischen Gegensatz von Form und Stoff begründet, daß der Stoff nur in einer besonderen Art erfaßt werden kann. So wird der Gegenstand der rechtlichen Wertung gemäß der Eigenart des Rechts nur als allgemeine Tendenz eines menschlichen Verhaltens betrachtet [1]); das Recht würde sich selbst aufgeben, wenn es in jedem Einzelfalle die Willensrichtung des Handelnden untersuchen oder auf den tatsächlichen Erfolg der Handlung warten wollte.

II. Wenn wir nun den § 193 betrachten, so ist zu allererst der nach objektiver Prognose zu erwartende Erfolg der Beleidigung festzustellen. Damit ist aber der Gegenstand der Beurteilung erschöpfend bestimmt. Denn da die genannte Gesetzesbestimmung, wie fast durchweg angenommen [2]), einen Rechtfertigungsgrund aufstellt, so bedarf die Willensrichtung des Beleidigers nicht noch einer besonderen Beurteilung. Der nicht mißzuverstehende Wortlaut des Paragraphen zwingt aber zu einer weitergehenden Auslegung [3]). Der Täter muß nämlich „zur" Wahrung berechtigter Interessen gehandelt haben. Fördert die Äußerung z. B. das Wohl naher Angehöriger des Täters und ist er sich dieser Tendenz zwar bewußt, verfolgt er aber ausschließlich selbstsüchtige (nicht berechtigte) Interessen, so

---

[1]) Läßt man auch diese Form der Rechtsbetrachtung weg, so bliebe nur das natürliche Verhalten übrig, wie es für die Naturwissenschaft unter der Form von Ursache und Wirkung erscheint. An ein solches natürliches Objekt läßt sich nach unserer erkenntniskritischen Auffassung aber der Maßstab der (rechtlichen oder moralischen) Wertung noch nicht unmittelbar anlegen.

[2]) Kern 66 nimmt für den Fall der Interessenwahrung nur einen Schuldausschließungsgrund an, während er anderen Fällen des § 193 die Bedeutung eines Rechtfertigungsgrundes beimißt. Das Unbefriedigende einer solchen nicht einheitlichen Erklärung scheint Kern in seiner „Zusammenfassung" am Schluß der Abhandlung selbst einzusehen.

[3]) Olshausen Nr. 9 mit Rspr., Frank III 2 c. A. M. Kohler 118 (für das geltende Recht kaum haltbar).

steht ihm der Schutz des Gesetzes nicht zu, das die Wendungen „zur" oder „um zu" in demselben Sinne wie die Ausdrücke „in der Absicht" oder „zu dem Zweck" gebraucht. Dieser Standpunkt des Gesetzes ist aber nicht zu billigen. Ist dem Gesetz wirklich daran gelegen, daß der regelmäßig eintretende nützliche Erfolg die Tat rechtfertigt, so liegt kein Grund vor, als weitere Voraussetzung des objektiven Ausschlusses der Rechtswidrigkeit auch die gute Absicht zu verlangen. Will das Gesetz aber einen Schuldausschließungsgrund aufstellen, so ist wiederum nicht ersichtlich, weshalb man verlangt, daß die Tat objektiv geeignet sein müsse, dem Interesse zu dienen. An dem letzteren (objektiven) Erfordernis ist aber auch vom Standpunkte des geltenden Rechts — entsprechend dem Grundgedanken der materiellen Rechtswidrigkeit — unbedingt festzuhalten. Die Tat muß mindestens zur Interessenwahrung „geeignet" sein und darf nicht außer jedem Zusammenhang mit ihr stehen [1]) [2]); sie muß, wie später zu zeigen, geboten sein [3]).

Erkennt man aber den objektiven Unrechtsausschließungsgrund an, so ist die Rechtslage die gleiche wie bei Notwehr [4]). Dies gibt denn auch die herrschende Meinung zu. Glaubt der Täter irrtümlich, die Voraussetzungen des § 193 seien vorhanden [5]),

[1]) RG **23** 425 verlangt „ursächlichen Zusammenhang". Vgl. auch v. Buri Zu § 193 S. 572 („dienlich"). Bedenklich BayOLG **4** 45 und OLG Hamburg in GoltdA **48** 375.

[2]) Hiermit erledigt sich zugleich die von der herrschenden Meinung in diesem Zusammenhange aufgeworfene und verneinte Frage, ob es genüge, daß die Äußerung bei Gelegenheit der Interessenwahrung geschehen ist. Wenn man damit meint, daß die Äußerung nach adäquatem Verlauf der Dinge nicht Interessenwahrung erwarten läßt, so ist die Frage zu verneinen.

[3]) Manche Autoren scheinen außerdem noch eine „Interessenerheblichkeit" zu verlangen, wie sich aus ihrer Darstellung der Momente, auf die sich der nach § 59 beachtliche Irrtum beziehen kann, ergibt; so Kohler 117 und Rotering 61 (zu 3). Die Interessenerheblichkeit ist aber keine selbständige Voraussetzung. Sie ist entweder schon mit dem Erfordernis des Interesses gegeben, das natürlich für den Wahrnehmenden erheblich, d. h. von subjektivem Wert sein muß, oder sie geht in dem Erfordernis des Geeignetseins auf.

[4]) So ausdrücklich RG **15** 16, v. Bar 153, Kohler 116.

[5]) Anders, wenn er sich darüber irrt, unter welchen Voraussetzungen der Unrechtsausschließungsgrund gegeben ist. Dies wäre ein strafrechtlicher Irrtum. Vgl. Olshausen, Frank a. a. O., Kohler 117, RG **6** 408, **28** 175.

so ist er nach § 59 entschuldigt, und es macht keinen Unterschied, über welche Voraussetzung er sich irrt. Wir erkannten deren drei: a) das Vorhandensein des Interesses, b) die Berechtigung des Interesses (hierüber das folgende Kapitel), c) das Geeignetsein und Gebotensein des Mittels (hierüber der folgende Abschnitt).

Daß der Irrtum über die zuletzt genannte Voraussetzung entschuldigt, wird meist anerkannt [1]) — abgesehen davon, daß man die Voraussetzung selbst nicht immer einwandfrei bestimmt. Dagegen wird meist bestritten [2]), daß auch der Irrtum über die zweite Voraussetzung beachtlich ist; der Fall läßt sich aber nicht anders beurteilen, als wenn sich der Täter über die Rechtswidrigkeit eines Angriffs bei Putativnotwehr irrt. — Der Irrtum über die erste Voraussetzung wird seltsamerweise oft deswegen gar nicht als solcher anerkannt, weil man ein Interesse, das in der Einbildung des Täters vorhanden ist, entweder als wirklich vorhanden ansieht oder jedenfalls genügen läßt, um einen objektiven Rechtfertigungsgrund anzunehmen. Aber es ist doch etwas anderes, ob in dem Falle, wo A dem Nachbar B einen Diebstahl vorhält, um ihn von weiteren Diebstählen abzuhalten, B einen Diebstahl wirklich verübt hat oder ob ein solcher Diebstahl nur in der Vorstellung des A existiert. In letzterem Falle wäre nach geltendem Recht, was meist nicht genügend beachtet wird [3]), die Tat rechtswidrig, der Täter aber nach § 193 in Verbindung mit § 59 möglicherweise entschuldigt. Nach unserer Anschauung de lege ferenda wäre übrigens möglicherweise wegen mangelnden Bewußtseins der Unwahrheit eine Beleidigung gar nicht vorhanden.

III. Letztere Betrachtung führt uns zu der schwierigen Frage, wieweit die Behauptungen unwahrer Tatsachen den Schutz des § 193 genießen können. Wir erörtern die Frage zweckmäßig in diesem Kapitel; denn von grundlegender Be-

[1]) So wohl RG **13** 41, **40** 318. Vgl. Rotering 61.

[2]) RG **34** 223, **40** 104, auch wohl Frank III 2 c. Wie der Text wohl aber RG **6** 409 (Irrtum über Normen des Zivil- und Verwaltungsrechts entschuldigt).

[3]) Vgl. RG **24** 223, auch **5** 124, **13** 41, besser **6** 408, **25** 357. Ungenau auch Olshausen no. 9 sowie neuerdings RG in JurWoch. 1915 S. 45.

deutung ist u. E. diese Unterscheidung: Ergibt sich das Interesse, zu dessen Wahrung die unwahre Tatsache behauptet ist, aus der Behauptung der Tatsache oder aus der Tatsache selbst? Diese beiden Möglichkeiten sind wesentlich voneinander verschieden. Die zweite Möglichkeit hatten wir soeben erörtert; die Behauptung der irrtümlich für wahr gehaltenen Tatsache, B habe einen Diebstahl begangen, geschah zu dem Zwecke, ihn vor weiteren Diebstählen zu warnen; das irrtümlich angenommene Interesse, weitere Diebstähle zu verhüten, bestand nur, wenn die Tatsache selbst, der vorgehaltene Diebstahl, wahr gewesen wäre. In diesem Falle ist also der Rechtfertigungsgrund des § 193 nur bei Wahrheit der Tatsache möglich. Anders in den Fällen, wo das gewahrte Interesse mit der Tatsache selbst nicht zusammenhängt, sondern nur aus der Behauptung an sich herzuleiten ist ohne Rücksicht darauf, ob die Tatsache wahr ist oder nicht [1]). Hier ist § 193 nicht deswegen unanwendbar, weil die behauptete Tatsache unwahr ist, und es entsteht das ganz andere Problem, ob die Behauptung gerade einer unwahren Tatsache das gebotene Mittel war, das Interesse zu wahren. Im Einzelfall kann diese letztere Frage aber selbst dann bejaht werden, wenn der Täter die unwahre Tatsache wider besseres Wissen behauptet hatte. Das gewahrte Interesse mag äußerst bedeutsam und unter den vorliegenden Umständen sehr schwer zu verfolgen, das angewendete Mittel aber durchaus angebracht sein. Z. B.: A verhütet einen Beischlaf zwischen dem geschlechts-

[1]) Aus der Praxis ist mir folgender Fall bekannt: Ein Dienstmädchen hatte gegen den Willen ihrer Dienstherrschaft den Dienst verlassen und sollte durch Vermittlung der Polizeibehörde zwangsweise zurückgeführt werden. Sie gab dem Beamten wahrheitswidrig an, ihr Dienstherr habe mit ihr konkumbiert. Mit dieser Beleidigung wahrte sie das Interesse, nicht zu ihrer Herrschaft zurückgeführt zu werden. Dieses Interesse ist unabhängig von der Wahrheit oder Unwahrheit der Tatsache, die sie vorschützte. Auch die Berechtigung des Interesses ist davon unabhängig; wie ein späterer Zivilprozeß ergab, war die Dienstzeit infolge rechtzeitiger Kündigung (entgegen der Ansicht der Dienstherrschaft) bereits abgelaufen. Der Strafrichter sprach das Mädchen auf Grund des § 193 frei; m. E. war die gemeine Bezichtigung ihres Dienstherrn jedoch nicht das gebotene Mittel zur Wahrung ihres allerdings berechtigten Interesses und mußte sie verurteilt werden. Eine Beleidigung ist m. E. auch nicht deswegen ausgeschlossen, weil sie die Äußerung vor einer Behörde tat.

kranken B und der unbescholtenen C dadurch, daß er der C wahrheitswidrig eine (geringfügige) Verfehlung nachredet, was den B veranlaßt, von der C sich zu trennen. Hier wäre § 193 auch auf den Fall der Verleumdung anwendbar, und es ist daher insofern der Ansicht beizutreten, daß § 193 auch für den Fall des § 187 gegeben ist [1]). Dagegen kann in dem zuerst besprochenen Falle, wo das Interesse sich aus der Tatsache ergibt, eine Anwendung des § 193 auf die Verleumdung nicht in Frage kommen, weil es eben an dem nach § 59 beachtlichen Irrtum fehlt.

Gibt es nach diesen Ausführungen also Fälle von Tatsachenbeleidigungen, in denen die Anwendbarkeit des § 193 durch die Wahrheit der Tatsache bedingt ist, so folgt hieraus die Notwendigkeit, die Grenzen für die Zuassung des Wahrheitsbeweises weiter abzustecken, als es der Tatbestand der Beleidigung gebietet. Auf diese weitere Herrschaftssphäre hatten wir bereits früher hingewiesen (Leitsätze II 1 am Anfang des 4. Teils). Den Leitsatz können wir in diesem Zusammenhange also formulieren: *Bei Ehrzuwiderhandlungen durch Behauptung von Tatsachen ist der Wahrheitsbeweis zulässig, wenn die Behauptung zur Wahrung berechtigter Interessen geschah und die Interessen nur bei Wahrheit der Tatsachen vorliegen würden.* Wer also jemandem einen Diebstahl vorwirft, der für seine jetzige soziale Bewertung nicht mehr erheblich ist oder wegen dessen ihm Rehabilitation oder Straferlaß gewährt ist, und dies zu dem Zwecke tut, um etwa noch mögliche Entschädigungsansprüche geltend zu machen oder um — in dem ersteren Falle — für einen wegen derselben Straftat irrtümlich Verurteilten das Wiederaufnahmeverfahren zu erwirken, darf in dem Beleidigungsprozeß den Wahrheitsbeweis antreten. Dagegen ist auch in den Fällen der Ehrzuwiderhandlung, die zur Wahrung berechtigter Interessen geschahen, für den Wahrheitsbeweis dann kein Raum, wenn die behaupteten Tatsachen für das Vorliegen des Interesses

[1]) Die Anwendbarkeit des § 193 auf § 187 billigen RG **5** 56, **16** 141, **26** 76, **34** 222, **42** 441, „Recht" 1915 Heft 1 Entsch. no. 133, 134, Olsh. no. 2, Frank no. II, v. Liszt § 95 IV, Meyer-Allfeld 426. Dagegen Haelschner 186, Kohler 103, Binding 155, v. Lilienthal 412 no. 6 (auch Z **20** 445), VE. § 263, GE. § 284.

unerheblich waren. Wird jemandem ein Diebstahl, den er vor 50 Jahren begangen haben soll, vorgeworfen, damit ein mit dem Diebstahl gar nicht in Zusammenhang stehendes Unglück verhütet werde, so ist die Entscheidung vielleicht die gleiche, ob jener Diebstahl erwiesen wird oder nicht; eine Beweisaufnahme über die Wahrheit wäre also zum mindesten überflüssig.

2. Die Berechtigung des Interesses.

I. Will der Richter untersuchen, ob das gewahrte Interesse berechtigt ist, so wird er der Reihe nach folgende Maßstäbe anzulegen haben:

1. das Gesetzesrecht,
2. das Prinzip des sogenannten überwiegenden Privatinteresses,
3. das Prinzip des sogenannten öffentlichen Interesses.

Zunächst ist also zu fragen, ob das Interesse vom positiven Recht [1]) ausdrücklich anerkannt ist. Wenn dies zutrifft, so ist der Fall erledigt. Andernfalls ist nach dem Sinne des Rechts überhaupt zu entscheiden.

Hier dürften zweckmäßig zuerst die beiden Privatinteressen gegeneinander abzuwägen und die Frage aufzuwerfen sein: Ist das gewahrte Interesse für den Täter nicht offenbar geringer als das Interesse an der Nichtbeleidigung für den Verletzten? Durch das Hinzufügen des Wortes „offenbar" in unserem Gesetzesvorschlag wollen wir ausdrücken, daß der Richter in Zweifelsfällen zugunsten des Täters entscheiden soll. In diesem Sinne dürfte die Entscheidung auch bei Gleichwertigkeit der Interessen zu treffen sein.

Dann entsteht aber immer die weitere Frage, ob nicht höher als das Interesse des Beleidigten am Schutz seiner Ehre das Interesse der Allgemeinheit ist, sei es das Interesse der Allgemeinheit an dem Unterbleiben der Beleidigung — etwa einer solchen, die in schamloser Weise gegen Kinder oder Geisteskranke verübt ist, mag auch das verletzte Privatinteresse gering sein —, sei es das Allgemeininteresse an Wahrnehmung des

[1]) Privatrecht oder öffentl. Recht, vgl. RG **23** 146, **26** 20.

Privatinteresses; es besteht etwa ein hervorragendes Interesse der ganzen Gemeinde, während ihm der Täter für sich nur einen Wert beilegt, der geringer ist als das Interesse des Verletzten an dem Unterbleiben der Beleidigung. Von diesem Gesichtspunkte läßt sich eine Reihe von Fällen entscheiden, die vorzugsweise das Reichsgericht beschäftigt haben:

II. Man kann berechtigte Zwecke beinahe typisch von nicht berechtigten unterscheiden.

So werden vom Reichsgericht mit Recht Sensation, ja bloßer Zeitvertreib nicht zu den berechtigten Interessen gezählt [1]). Der Grund hierfür besteht aber nicht darin, daß die genannten Dinge für den Beleidiger nicht wertvoller wären, als die Nichtbeleidigung für den Verletzten — das Gegenteil ließe sich im einzelnen Falle gar zu leicht feststellen; vielmehr sind die genannten Dinge von keinem öffentlichen Interesse. Dagegen hat der Staat sehr wohl ein großes Interesse daran, daß die im Familien- und Bekanntenkreise notwendige Redefreiheit erhalten bleibt. Vertrauliche Mitteilungen über Pflichtwidrigkeiten anderer Personen an die nächsten Angehörigen und Freunde genießen, wenn sie überhaupt Ehrabsprechungen oder Ehrzuwiderhandlungen enthalten, auch den Schutz des § 193, wie schon an früheren Stellen angedeutet wurde [2]). Derartige Äußerungen sind berechtigt, weil man sie tut, um sich über andere Personen gegenseitig auszusprechen und aufzuklären, mögen auch weitere berechtigte Zwecke, z. B. die der Belehrung oder der Warnung, nicht verfolgt sein.

Anders verhält es sich dagegen, sobald an ferner stehende Personen derartige Mitteilungen gemacht werden. Ein solches „Recht der freien Meinungsäußerung" besteht auch nicht nach Art. 27 der Preuß. Verf.-Urk. Hier werden andere, höhere Zwecke

---

[1]) Vgl. **19** 241, **36** 422.

[2]) Oben S. 77. Beachtlich RG GoltdA **60** 440 (Urt. v. 13. 2. 1913), wonach vertrauliche Mitteilungen unter Eheleuten, durch welche Dritte beleidigt werden, „bei den zwischen Ehegatten bestehenden engen Beziehungen vielfach unter dem Schutze des § 193 stehen". Widersprechend nicht BayOLG **7** 195. „Vertrauliche Mitteilungen" werden von Olshausen no. 8 e als „ähnliche Fälle" im Sinne des § 193 behandelt.

zur Anwendbarkeit des § 193 erfordert werden müssen. Mit Recht wird Wahrung berechtigter Interessen z. B. bei Veröffentlichung von Gerichtsverhandlungen und Gerichtsurteilen (u. E. aber auch von Urteilen der unteren Gerichte!) [1] angenommen, wenn sie zum Zwecke der Belehrung oder Aufklärung rechtlicher oder tatsächlicher [2]) Art geschehen. Die Art der Mitteilungen darf aber nicht die Tendenz, Sensation hervorzurufen oder andere Personen bloßzustellen, erkennen lassen, sondern muß in der Tat geeignet sein, der Belehrung und Aufklärung zu dienen Der subjektive Zweck allein ist nicht ausschlaggebend. Im Zweifel wird sich der Redakteur natürlich gern auf die Verfolgung eines höheren Zweckes berufen, aber bei der Anwendung des § 59 wird hier große Vorsicht geboten sein.

In diesen Zusammenhang gehören auch die in Rechtsprechung und Literatur oft erörterten Fälle, wo Auskunft- und Einziehungsbureaus an ihre Auftraggeber über die Kreditwürdigkeit fremder Personen Mitteilungen machen. Ein berechtigter Zweck wird z. B. dann verfolgt, wenn die Auftraggeber über die Zahlungsfähigkeit ihrer Schuldner aufgeklärt oder vor Geschäftsabschlüssen mit kreditunwürdigen Personen gewarnt oder wenn säumige Schuldner zur Zahlung veranlaßt werden sollen. Anders natürlich, wenn nur Bloßstellung unbeteiligter dritter Personen oder Ausübung eines ungerechtfertigten Druckes bezweckt wird. Erwähnt sei bei dieser Gelegenheit, daß hier die Rechtmäßigkeit des Mittels besonders sorgfältig nachzuprüfen ist. Die Androhung der „Aufnahme in die an alle Kunden zu sendende Liste böswilliger Schuldner" ist nicht immer das erlaubte Mittel. Für die Annahme der „Böswilligkeit" liegt oft kein Anlaß vor, und die Bekanntmachung der Säumigkeit an sämtliche Kunden der Auskunftei ist sicher nicht notwendig, damit das Interesse des die Zahlung begehrenden Gläubigers von dem (die Beleidigung aussprechenden) Auskunftei-Inhaber gewahrt werde. Dagegen wird Verfolgung eines

[1]) Vgl. RG **19** 238 (bezüglich der Urteile der Untergerichte zu einschränkend).

[2]) Treffend v. Bar 147 no. 89.

berechtigten Zweckes wiederum anzunehmen sein, wenn der Auskunftei-Inhaber auf Grund besonderen Vertrages zur Mitteilung der Säumigkeit an sämtliche Abonnenten verpflichtet war; jedoch würde bei Ungültigkeit des Vertrages (etwa wegen Verstoßes gegen die guten Sitten) der berechtigte Zweck wieder entfallen, da unbeteiligte Dritte — und mithin auch der angeblich ihre Interessen wahrende Auskunfteibesitzer — gewiß kein berechtigtes Interesse daran haben, die Zahlungsunfähigkeit des Schuldners eines beliebigen Gläubigers zu erfahren; eine solche Äußerung würde dann eben lediglich Bloßstellung eines Schuldners bedeuten [1]).

Weitere berechtigte Zwecke sind Warnung vor der Begehung verwerflicher Handlungen und deren Verhütung. So wenn ein Schimpfwort bei der Begehung einer rechtlich oder sittlich unerlaubten Tat gebraucht wird, um die Wiederholung oder Fortsetzung zu verhindern; z. B. ein sich flegelhaft benehmender Mensch wird von einem Vorübergehenden durch einige kräftige Worte zur Ordnung gerufen [2]). Anders dagegen, wenn die Tat nur die Tendenz erkennen läßt, dem Übeltäter einen Denkzettel mit auf den Weg zu geben [3]) — dies wäre eine Einmischung in die Strafjustiz des Staates oder in die Erziehungsrechte der Eltern — oder gar wenn der Täter seinem eigenen Rachegefühl genügen will. Daher möchte ich § 282 Abs. 2 GE. nicht gutheißen, der Straflosigkeit zuläßt, wenn der Täter durch gerechtfertigte [4]) Entrüstung über eine besonders

[1]) Vgl. dazu RG **37** 104, **38** 131 mit z. T. übereinstimmenden, z. T. abweichenden Ausführungen.

[2]) Unter diesen Voraussetzungen ist m. E. das interessante, aber nicht unbedenkliche Urteil des OLG Jena v. 21. 12. 1912 („Recht" **17** 61) über die Züchtigung fremder Kinder anzuerkennen. Beachtlich Urt. d. preuß. OVG v. 6. 7. 14 (DStrZ **1** 621): Ehrverletzungen seien ein unentbehrliches Mittel jeder Schulzucht (die Entscheidung selbst ist aber nicht unbedenklich).

[3]) Noch weniger entschuldbar ist eine erst geraume Zeit nach der Tat gemachte Äußerung, etwa in der Zeitung; bedenklich daher RG in GoltdA 1900, 460 (Matrosen hatten Frauen auf der Straße beschimpft, eine Tageszeitung berichtet dies und nennt sie Rüpel; Freisprechung wegen Fehlens der Beleidigungsabsicht; OLG Hamburg hatte m. E. mit Recht verurteilt).

[4]) Das Wort „gerechtfertigt" läßt sich hier nur im Sinne des materiellen Rechts verstehen.

rohe oder gemeine Handlung auf der Stelle zur Tat hingerissen wird [1]). Derartige Aufwallungen im Affekt dürften nicht zu entschuldigen sein.

Schwierigkeiten hat der Fall verursacht, wo der Herausforderer zu einem Zweikampf dem Kartellträger beleidigende Mitteilungen über den Gegner macht. Sofern der Kartellträger sich um die Verhinderung des Duells bemühen soll, liegt m. E. ein berechtigter Zweck vor; der Fall entspricht durchaus dem soeben erwähnten, wo eine Straftat verhütet oder nicht fortgesetzt werden soll. Die letzteren Voraussetzungen sind aber m. E. wesentlich. Denn der Zweck, ein Duell herbeizuführen, ist nicht berechtigt, da das geltende Recht das Gegenteil bestimmt. Wenn das Reichsgericht [2]) demgegenüber den Charakter der Information des Kartellträgers als einer bloßen Vorbereitungshandlung hervorgebt, für die aus der Strafbarkeit des Duells nicht die eigene Rechtswidrigkeit hergeleitet werden könne, so dürfte gerade zu unterscheiden sein, ob der mit der Information des Kartellträgers verfolgte Zweck berechtigt ist oder nicht.

III. In einer Reihe von Fällen hält das Reichsgericht ein berechtigtes Interesse nicht für vorliegend, während m. E. ein Zweifel an dem Berechtigtsein des Zweckes gar nicht bestehen kann und sich nur darüber streiten läßt, ob das angewendete Mittel berechtigt ist. Es bedarf kaum einer Ausführung, daß ein berechtigter Zweck in den Fällen anerkannt werden muß, wo ein politisch tätiger Schriftsteller durch die Beleidigung einen politisch schädlichen Einfluß beseitigen will, sofern die Schädlichkeit für das öffentliche Interesse wirklich außer allem Zweifel steht. Hier wird sich aber darüber streiten lassen, ob der Schriftsteller dazu berufen war, diesen gewiß berechtigten Zweck auf seine Art zu verfolgen, etwa sich an die Öffentlichkeit zu wenden und das ganze Privatleben des Gegners bloßzustellen [3]). Das gleiche gilt von der Förderung von Partei- und Wahlzwecken; so zweifellos diese Interessen berechtigt sind, so fragwürdig ist oft das — etwa bei einem erbitterten Wahlkampf —

---

[1]) Auf ähnlichem Standpunkte Sontag 556.

[2]) **29** 17. [3]) Vgl. dazu RG **41** 277.

angewendete Mittel; hier werden nicht selten völlig grundlos die Familienverhältnisse des Wahlkandidaten in beleidigender Weise ans Licht gezerrt [1]). Dagegen entstehen Zweifel über die Rechtmäßigkeit des Zweckes in einem viel besprochenen Falle. Kann in dem Bestreben, den Religionsunterricht auf deutschen Schulen in polnischen Landesteilen zu fördern, dann noch ein berechtigter Zweck erblickt werden, wenn der Unterricht in deutscher Sprache erteilt, von den der deutschen Sprache nicht völlig mächtigen Schülern aber nicht völlig verstanden wird und wenn ein Redakteur in einer polnischen Zeitung deswegen die Lehrer und die Regierung beleidigend angreift? [2]) Hier mag dem an sich selbstverständlich berechtigten Zweck der Förderung des Religionsunterrichts die Tendenz der Zurückdrängung der deutschen Sprache und damit des Deutschtums gegenübertreten. Bei der Entscheidung dieses außerordentlich schwierigen Falles wird der Richter ganz besonders streng den jeweiligen Standpunkt der geltenden Rechtsordnung zu diesen Fragen berücksichtigen müssen, da als einer der höchsten Zwecke immer die Aufrechterhaltung der Gesetze, der Rechtssicherheit und des Vertrauens der Bevölkerung auf die Rechtspflege gelten muß.

Hierher gehören auch die in dem geltenden § 193 ausdrücklich genannten Fälle der tadelnden Urteile über wissenschaftliche, künstlerische und gewerbliche Leistungen, denen als „ähnliche Fälle" im Sinne dieses Paragraphen hinzuzurechnen sein dürften politische, militärische, technische, kaufmännische, überhaupt speziell berufliche, aber auch freiwillig übernommene Leistungen [3]). So zweifellos ein berechtigter Zweck in der Förderung aller dieser Kulturgebiete, in der Aufklärung und Belehrung des Publikums über derartige Fragen und in der Beseitigung schädlicher Einflüsse zu erkennen ist, so sind doch Äußerungen, die jene Zwecke verfolgen, keineswegs immer rechtmäßig, wie man nach unserem § 193 bei strikter Auslegung

---

[1]) Vgl. RG **40** 101, v. Bar 152.

[2]) RG GoltdA **43** 384. Über die Rechtmäßigkeit des Mittels in diesem Falle siehe unten S. 223.

[3]) Vgl. im einzelnen Olshausen no. 4.

allerdings annehmen muß. Denn die Kritik geht oft über das erlaubte Maß hinaus und kann nicht mehr als das erlaubte Mittel angesehen werden. Und gerade die raffiniertesten Kritiker überschreiten nicht selten nur inhaltlich die zulässigen Grenzen, so daß sie auf Grund des Schlußsatzes des § 193 (Beleidigung der Form oder den Umständen nach) nicht zu fassen sind. Schon deswegen dürfte die ausdrückliche Hervorhebung jener Fälle, wie in § 193 geschehen, nicht zu billigen sein. Dazu kommt aber noch ein weiteres: die nähere Untersuchung des der Handlung innewohnenden Zweckes ergibt oftmals ein Hinausschießen über die soeben genannten berechtigten Zwecke. Mit der Wahrheit in Wissenschaft und Kunst ist es schon überhaupt ein eigen Ding. Wieviel mehr mit der Aufdeckung der Wahrheit durch solche Personen, die sich dazu als Wohltäter der Menschheit berufen fühlen! Was jenem Zwecke dienen soll, zielt oft genug, wie jeder erfahrene Strafrichter weiß, auf Wahrung rein egoistischer Interessen ab.

Nicht anders steht es mit den weiter in § 193 ausdrücklich erwähnten Fällen der Vorhaltungen und Rügen der Vorgesetzten, Fällen, denen als „ähnliche" die entsprechenden Äußerungen des Lehrers, des Lehrherrn, Dienstherrn, Arbeitgebers, Prinzipals u. dgl. hinzuzufügen sein dürften, und ferner den ebenfalls im Gesetz besonders hervorgehobenen Fällen der dienstlichen Anzeigen und Urteile eines Beamten, denen meist als ähnliche Fälle gleichgestellt werden Berufshandlungen, z. B. des Richters (bei Ausübung der Gerichtsdisziplin), des Vollstreckungsbeamten (bei Erteilung von Befehlen), des Arztes (bei Ausstellung von Attesten), des Seelsorgers (bei vertraulichen Besprechungen), oder Handlungen in Ausübung staatsbürgerlicher Pflichten (z. B. der Zeugenpflicht) [1]. Abgesehen davon, daß diese Fälle auch schon von der herrschenden Meinung als allgemeine Rechtfertigungsgründe anerkannt sind und daher einer besonderen Hervorhebung im Abschnitt über die Beleidigung nicht bedürfen, ist auch hier unerläßlich, die Berechtigung sowohl des Mittels wie des Zweckes festzustellen.

[1]) Vgl. Olshausen no. 7, 8 a—f, i. Über dienstliche Anzeigen eines Beamten, insbesondere die Rechtmäßigkeit des Mittels vgl. unten S. 228.

Hier sei namentlich auf das zweite Erfordernis hingewiesen. Das bloße Vorgesetzten-, Beamten-, Berufsverhältnis kann nimmermehr dazu berechtigen, Beleidigungen auszusprechen, die sich auf fernliegende Dinge rein privater Natur beziehen. Ein berechtigter Zweck ist nicht ohne weiteres ersichtlich, wenn ein Prinzipal seinem Handlungsgehilfen bewußte Unwahrheit (etwa im Verkehr mit seinen Freunden) vorwirft [1]).

In den letzten Betrachtungen wurde bereits mehrmals die Rechtmäßigkeit des Mittels berührt. Hierüber der folgende Abschnitt.

---

3. Abschnitt.

Die berechtigte Interessenwahrung [2]).

1. Die Angemessenheit der Interessenwahrung.

Die Menschen können sich oft mehrerer Mittel bedienen, um einen vom Recht gebilligten Zustand herbeizuführen. Dann erscheinen als angemessen solche Mittel, die bei normalem Verlauf der Dinge gerade diesen erwünschten Erfolg herbeiführen und zwar am sichersten und einfachsten, ohne sonstige Veränderungen im sozialen Leben mit sich zu bringen. Haben sie aber regelmäßig solche Veränderungen im Gefolge, so erscheinen sie wiederum nur dann als berechtigt, wenn auch diese Veränderungen regelmäßig nützen oder wenigstens mehr nützen als schaden. Berechtigt sind also die Mittel, die einerseits am sichersten und einfachsten das verfolgte berechtigte Interesse verwirklichen, andererseits mit möglichst wenigen und geringen Interessenverletzun-

---

[1]) Jedoch neuerdings RG v. 30. 4. 1914 in DStrZ **1** 618.

[2]) In diesem ganzen Abschnitt besprechen wir nur die rechtliche Wertung des Mittels, nicht mehr das Objekt der Wertung (d. i. das Mittel). Darüber wurde bereits S. 206 ff. gehandelt. Wir präzisieren hier noch einmal den Gegensatz dahin: Objekt ist hier das Geeignetsein eines Verhaltens für einen gewissen Zweck. Nach günstiger Bewertung wird das Objekt aus dem Geeignetsein zum Gebotensein. Das Geeignetsein ist frei von rechtlicher Wertung (aber nicht frei von der Methode der Rechtsbetrachtung; wäre es auch von dieser „Form" frei, so würde es nur als natürliches Verhalten erscheinen).

gen oder Interessengefährdungen und mit möglichst vielen und erheblichen Interessenförderungen verbunden sind.

Unter diesen Voraussetzungen ist das Mittel angemessen oder geboten. Während v. Liszt wie Frank „Angemessenheit" oder „Gebotenheit" des Mittels fordern, gehen Liepmann und Rotering wie für den allgemeinen materiellen Rechtswidrigkeitsbegriff v. Lilienthal m. E. zu weit, wenn sie „Unvermeidlichkeit" oder „Notwendigkeit" des Mittels verlangen [1]). Zur Erreichung eines Zweckes führen oft mehrere Wege, die zwar mehr oder weniger vernünftig, aber doch immer noch vernünftig erscheinen. Wenn ein Forstbeamter einem vermeintlichen Wilderer zuruft: „Sie sind ein Wilderer, Gewehr weg oder ich schieße", so ist die in der Bezeichnung als Wilderer enthaltene Urteilsbeleidigung zwar nicht notwendig, um den Verdächtigen zu sistieren, aber immerhin geboten, da ein Delikt erfahrungsgemäß oft eingestanden wird, wenn es dem Täter auf den Kopf zugesagt oder ihm ein entsprechendes Urteil über den Mangel an Charaktereigenschaften zugerufen wird. Dem Forstbeamten wird daher von dem Bayrischen Obersten Landesgericht [2]) in jenem Falle

[1]) Vgl. außerdem Wilhelm, GerS. **45** 207: Das Mittel dürfe „nicht maßlos sein (Exzeß) oder ungeeignet". Dies steht der richtigen Ansicht nahe. RG **24** 224 erfordert für Anwendung des § 193 nicht, daß der Redakteur in der Veröffentlichung das einzige Mittel zur Wahrnehmung berechtigter Interessen erkannt habe. Vgl. auch RG JW **29** 209. BayOLG **13** 62 billigt ausdrücklich die Ansicht Franks und v. Lilienthals, daß das Mittel „geboten (!) oder (?) unvermeidlich (?)" sein müsse. Deutlicher RG **42** 350 (für die Körperverletzung): Das Mittel müsse „maßvoll, vernünftig und durch die Umstände geboten" sein, und (für § 193) RG **23** 146 („maßvoll"), RMG **4** 283 („ein durch die Umstände gebotenes Mittel") und **15** 30 (§ 193 setze nicht voraus, daß sich die Interessen nicht anders als durch das angewendete Mittel der Beleidigung wahrnehmen ließen). Mit gutem Grunde begnügt sich RG **21** 2 zur Verurteilung wegen Formbeleidigung nicht mit dem Satze, es hätte „der Ausdrücke nicht bedurft, wenn der Angeklagte berechtigte Interessen wahrnehmen wollte", sondern verlangt regelmäßig die Angabe, „mit welchen anderen Worten der an sich nicht strafbare Inhalt hätte ausgedrückt werden können". Beachte endlich RG im „Recht" 1915 Heft 1 Entsch. no. 134: „nicht (soll m. E. heißen: nicht allein) darauf komme es an, ob der vom Täter verfolgte Endzweck berechtigt sei, sondern (zu ergänzen: auch) darauf, ob beim Vorhandensein eines solchen Endzweckes der Täter im Einzelfall berechtigt sei, das Mittel der Verleumdung anzuwenden".

[2]) **1** 318. Vgl. Kurz 6.

mit Recht der Schutz des § 193 zugebilligt, obwohl der Beleidigte tatsächlich nicht gewildert hatte. Und wenn der Polizeibeamte den Arrestanten, der auf dem Transporte zum Polizeigefängnis Schwierigkeiten macht, mit den nicht gerade höflichen, aber in solchen Fällen üblichen Worten zum Weitergehen auffordert: „Ich werde Ihnen Beine machen“ [1]), so mag hierin regelmäßig keine rechtswidrige Formbeleidigung zu erblicken sein, wenn auch eine sachlichere Redeweise genügt hätte. Die „Notwendigkeit“ des Mittels darf trotz der Parallele zu § 230 BGB. nicht gefordert werden, wonach Selbsthilfe nicht weiter zu gehen hat, als zur Abwendung der Gefahr „erforderlich“ ist.

Eine nähere Bestimmung der Grenzen für die Angemessenheit des Mittels durch eine allgemeingültige Formel kann wegen der Verschiedenheit und Mannigfaltigkeit der konkreten Umstände nicht gegeben werden. Gleichwohl glauben wir im wesentlichen folgende leitenden Gesichtspunkte für die Beurteilung der Angemessenheit des Mittels geben zu können:

I. Auf seiten der Interessenwahrung kommt es an:
   1. auf die Wichtigkeit des Interesses
      a) für den Wahrnehmenden,
      b) für die Gesamtheit,
   2. auf die Schwierigkeit der Wahrung des Interesses, und zwar
      a) auf die Schwierigkeit der Überwindung der Widerstände, bei drohenden Gefahren auf den Grad der Gefahr,
      b) auf den Mangel an anderen Mitteln und auf die Schwierigkeit der Vermeidung einer Beleidigung bei der Interessenwahrung.

II. Auf seiten der Interessenverletzung oder Interessengefährdung kommt es an:
   1. auf die Schwere der Beleidigung,
   2. auf die Schwere weiterer, etwa mit ihr verbundener Interessenverletzungen oder -gefährdungen.

Das nächste Kapitel wird sich mit I, ein folgendes und letztes mit II beschäftigen.

[1]) Vgl. RG **30** 39.

2. Die Interessenförderungen.

Ist das Interesse zwar noch immer ein berechtigtes, aber für den Wahrnehmenden oder die Gesamtheit nur gering, so wird man nicht so leicht die Beleidigung rechtfertigen dürfen, wenn andere Mittel nahe lagen und bequem zu ergreifen waren. Hier wird es daher mehr auf die „Notwendigkeit" des Mittels ankommen. Drohte dagegen dem Wahrnehmenden oder dritten Personen, etwa gar einer größeren Menge, ein außerordentlicher Schaden, der noch dazu sehr schwer zu beseitigen war, so wird der einzelne bei der Wahl des besten Mittels weniger vorsichtig zu sein brauchen, und man wird eine Beleidigung um so eher rechtfertigen, je schwerer andere Mittel zu ergreifen oder je schwerer dabei beleidigende Äußerungen zu vermeiden waren.

Oben wurde der Fall erwähnt, wo ein Redakteur die Lehrer und die Regierung beleidigt, um zu erreichen, daß der Religionsunterricht den nur der polnischen Sprache mächtigen Schülern in dieser Sprache erteilt werde. Hat man die (oben offene gelassene) Entscheidung getroffen, daß in diesem konkreten Falle der Zweck berechtigt ist, so wird es zur Beurteilung der Angemessenheit des Mittels auf vielerlei ankommen. Es dürfte zu untersuchen sein, ob die Schüler tatsächlich, auch außerhalb der Schule, in Religion nicht unterrichtet werden, ob also der drohende Schaden (die Nichtausbildung der Schüler in Religion) besonders nahe lag; ferner ob nur einige vereinzelte Schüler aus diesem Grunde in Religion nicht unterrichtet werden oder etwa gar die überwältigende Mehrheit; ob die Beseitigung des bestehenden mangelhaften Zustandes durch eigene Initiative der Lehrer so gut wie ausgeschlossen erscheint oder doch in Aussicht, wenn auch in ferner Aussicht steht; ob andere Mittel wie die Veröffentlichung in der Zeitung nicht mehr zu Gebote stehen, etwa weil Petitionen bereits fruchtlos ausfielen [1]); ob der Artikel ohne Beleidigung, falls er Erfolg haben sollte, schwer abzufassen war. Diese vielen Umstände und noch mehr wird

[1]) Vgl. Kohler 111: die Kundgebung durch die Presse sei insbesondere dann bedeutsam, wenn etwa eine Anzeige an die Behörde erfolgt, aber fruchtlos gewesen sei.

man ermitteln müssen, soll die Entscheidung im Einzelfalle — und noch dazu in einem so schwierigen und politisch bedeutsamen — gerecht ausfallen. Mancher Theoretiker mag über die Abgelegenheit und Mannigfaltigkeit der für maßgeblich erachteten Gesichtspunkte verwundert sein; wer aber in Beleidigungssachen praktisch tätig ist, hat sich gewiß längst gewöhnt an die von unseren Obergerichten mit gutem Grunde geforderte, möglichst umfassende Feststellung der tatsächlichen Verhältnisse und an die Würdigung der auf den ersten Blick entferntesten Einzelheiten.

Nicht anders sind die übrigen bereits erwähnten Fälle zu behandeln, wo meist zu Unrecht die Berechtigung des Zweckes bezweifelt [1]), insbesondere kein „den Täter nahe angehendes Interesse" [2]) angenommen wird, in Wahrheit aber die Angemessenheit des Mittels in Frage steht. Wann nun das Mittel in unserem Sinne geboten ist, soll hier im einzelnen an jenen Fällen nicht dargelegt werden. Die Hervorhebung der nur immer möglichen konkreten Umstände und deren Würdigung wären gar zu weitläufig. Nur einige Worte über die Interessenwahrung durch den Redakteur. In der Hochflut der Literatur [3]) treten die leitenden Gesichtspunkte nicht immer deutlich hervor.

In den wenigsten Fällen sollte die Entscheidung über die Berechtigung des Zweckes Schwierigkeiten begegnen. In dieser Hinsicht stehen dem Redakteur nicht etwa mehr Befugnisse zu als jedem anderen; er kann sich nicht auf ein weitergehendes Recht der freien Meinungsäußerung berufen. Da die Zeitungen und Druckschriften bis in die weitesten Kreise gelangen können, so ist natürlich von einem solchen Recht der freien Mitteilung, wie es im Familien- und Bekanntenkreise besteht, nicht die Rede. Nicht berechtigt ist also die Weiterverbreitung durch die Presse ohne erkennbar weiteren berechtigten Zweck, etwa um ihrer selbst willen oder lediglich deswegen, weil die mitgeteilte Begebenheit in der Öffentlichkeit, in öffentlicher Gerichtssitzung oder sonstiger öffentlicher Verhandlung,

---

[1]) Oben S. 217 ff. [2]) Oben S. 192 ff.

[3]) Vgl. insbes. einerseits die Entsch. d. RG. bei Hofner 49 ff. und Olshausen, andrerseits v. Bar 141, 164, Kohler 112, v. Lilienthal 411.

im Gasthaus, auf der Straße geschah. Berechtigte Zwecke sind nicht schon Zeitvertreib der Leser und ihre Unterhaltung schlechthin, wenn damit eine Verletzung fremder Ehre verbunden ist; wohl aber Warnung, Belehrung, Aufklärung über Kulturinteressen oder über Dinge, die zwar selbst nicht Kulturinteressen sind, deren Klarstellung, Berichtigung oder Beseitigung aber ein Kulturinteresse ist.

Die Feststellung dieser schon früher besprochenen Berechtigung des Zweckes wird hier, wie gesagt, meist nicht besonders geartete Schwierigkeiten verursachen. Wohl aber kann seine Erheblichkeit, die doch für die Angemessenheit des Mittels wesentlich ist, Anlaß zu Zweifeln geben. In dieser Hinsicht wird die Aufklärung des Leserkreises, mag dieser auch noch so umfassend sein, mitunter weniger bedeutungsvoll sein als das Interesse eines einzelnen, so daß in einem solchen Fall — es steht z. B. die Existenz jemandes auf dem Spiele — ein Fehlgreifen im Mittel eher zu rechtfertigen ist als in dem umgekehrten. Aufklärung in wissenschaftlichen Dingen, Warnung vor Gefahr, Beseitigung schädlicher politischer Einflüsse können je nach Lage der Sache hervorragende Interessen sein; sie können — besonders bei Gefahr im Verzuge — einen äußerst verletzenden Zeitungsartikel noch als berechtigt erscheinen lassen, der bei geringerer Bedeutung des Interesses, bei leichterer Möglichkeit einer reiflichen Überlegung und ruhigen Abwägung des Wortlauts eine schwere Beleidigung enthalten würde. Die Wahl gerade der Presse wird um so gerechtfertigter erscheinen, je breiter die Öffentlichkeit ist, die an dem Zeitungsartikel unmittelbar interessiert ist. Handelt es sich aber vorzugsweise nur um die Wahrung von Privatinteressen, so bedarf die Flucht in die Öffentlichkeit besonderer Rechtfertigung. Solche Gründe mögen vorliegen, wenn andere Mittel versagt haben oder wenn ihre Aussichtslosigkeit gewiß ist.

Auch hier macht es keinen Unterschied, ob es sich um eigene Interessen des Redakteurs, um nahe angehende oder um Interessen völlig fernstehender Personen handelt. Auch das ist gleichgültig, ob ihm letztere einen Auftrag zur Wahrnehmung erteilt haben oder ob er ungerufen für sie eintritt. Im letzteren Falle ist in erster Linie allerdings der Wille des Interessierten selbst zu berücksichtigen; denn dieser bestimmt nicht nur, was selbstverständlich ist, den Inhalt seines Interesses, sondern auch die Art und Weise der Wahrung. Ergibt daher sein „wirklicher oder mutmaßlicher Wille" (BGB. § 677), daß seine Angelegenheit nicht in der Tagespresse — etwa gar unter Nennung des Namens — besprochen werde, so ist dem Rechnung zu tragen. Aber selbst gegen den Willen des ursprünglich Interessierten wird der Redakteur wie jeder andere handeln dürfen, wenn dieser Weg zur Wahrung eines überwiegenden öffentlichen Interesses geboten ist (Erweiterung des Grundsatzes des § 679 BGB.); doch dann wird im Grunde nicht jenes private Interesse (gegen den Willen des Dritten!), sondern unmittelbar das öffentliche Interesse gewahrt. Und dem öffentlichen Interesse steht hier wie auch anderswo gleich das überwiegende Interesse weiterer Privatpersonen. —

An dieser Stelle sei die so oft erörterte und so verschieden beantwortete Frage besprochen, ob die bei einer Behörde [1]) angebrachte unrichtige Anzeige einer strafbaren Handlung eines Dritten den Schutz des § 193 genießt. Das Reichsgericht [2]) geht gerade hier in seiner Annahme von nahe angehenden Beziehungen sehr weit oder gibt hier, wohl richtiger gesagt, dieses Erfordernis gänzlich auf. Aber gerade hier dürfte dies nicht angebracht sein. Nach Ansicht des Reichsgerichts wie der herrschenden Meinung soll der Schutz des § 193 nur zu versagen sein, wenn den Täter persönliche Feindschaft bestimmt hat, wenn er die Anzeige nur als Deckmantel zur Befriedigung der Rachsucht benutzt hat [3]). Dieser Grund ist aber ein nicht interessierender subjektiver; die Handlung selbst läßt vielleicht den berechtigten Zweck der Aufdeckung einer fremden Straftat

---

[1]) Ein anderes Problem bietet die „Anzeige" bei dem Beleidigten selbst, um diesem die Möglichkeit zu gewähren, durch Stellung des Strafantrags ein Verfahren einzuleiten (vgl. RG **5** 124). Eine solche private Mitteilung (nicht: Anzeige) kann das berechtigte Interesse verfolgen, den Beleidigten aufzuklären, d. i. ihn von der Tat in Kenntnis zu setzen; die Weitererzählung der Beleidigung kann aber auch eine neue Beleidigung enthalten. Vgl. oben S. 87.

[2]) Vgl. **29** 54, **34** 216. [3]) Vgl. RG **34** 217.

erkennen, die allgemeine Tendenz wäre dann also berechtigt. Ferner wird der Schutz des § 193 meist dann zu versagen sein, wenn der Täter die Unbegründetheit seiner Vorwürfe kannte oder kennen mußte [1]), worüber im nächsten Kapitel zu sprechen ist, und endlich auch dann — und dies glauben wir hier besonders betonen zu müssen —, wenn das Mittel objektiv nicht angemessen war. Wer bemerkt, daß ein Bierwagenkutscher sich öfters Bierflaschen von dem Wagen mit in die eigene Wohnung nimmt, und Verdacht schöpft, daß dies auf unredliche Weise geschieht, würde im Mittel fehlgreifen, wenn er sofort eine Strafanzeige an die Staatsanwaltschaft erstattete, wo eine einfache Anfrage an die Brauerei genügen würde, um zu erfahren, daß ihr Kutscher zur Entnahme der Flaschen befugt ist. Und wer gegen einen Postbeamten den Verdacht einer Veruntreuung hat, kann das Interesse der Öffentlichkeit genau ebenso gut wahren, wenn er dessen vorgesetzte Dienstbehörde in Kenntnis setzt; er braucht sich nicht sofort an die Kriminalbehörde zu wenden. Man kann die gegenteilige (herrschende) Ansicht nicht damit rechtfertigen, es sei das Recht eines jeden Staatsbürgers, Strafanzeigen zu erstatten [2]). Die „Befugnis" hierzu hat er zwar; aber damit ist nicht gesagt, daß er diese Befugnis willkürlich und ohne gerechtfertigten Grund ausüben darf, und wenn eingewendet wird, es könne dem einzelnen nicht zugemutet werden, vorher selbst eine gewisse Art von Voruntersuchung anzustellen [3]), so ist zu erwidern, daß er die Pflicht hat, gewissenhaft zu prüfen, ob seine Vorwürfe nicht völlig haltlos sind, und daß er weiter verpflichtet ist, die naheliegenden Mittel zu ergreifen, um sich Aufklärung zu verschaffen. Der gewissenlose Denunziant belästigt nicht nur die Behörde, sondern ruft auch für das Opfer seines unbegründeten Mißtrauens nicht selten grenzenlosen Schaden hervor; denn wenn auch die Strafverfolgungs- und die Polizeibehörde an das Dienstgeheimnis gebunden sind, so bleibt der Vorfall

---

[1]) In der Rechtsprechung wird meist nur betont, daß der Schutz des § 193 bei „Leichtfertigkeit" oder „grober Fahrlässigkeit" des Anzeigenden ausgeschlossen sei (RMG **13** 121, **17** 33, BayOLG **10** 259). Dagegen m. E. zu Unrecht RG **6** 409.

[2]) So RG **5** 124, **34** 216.

[3]) Vgl. hierüber RGRspr **9** 148.

nicht verborgen. Man denke nur daran, welches Aufsehen es erregt, zumal in kleinen Ortschaften, wenn im Hause des Betroffenen der Gendarm erscheint! Und die Gerüchte erhalten sich trotz aller Einstellungsbescheide der Staatsanwaltschaft allzu gern mit großer Hartnäckigkeit. Gegen die Ansicht unseres höchsten Gerichtshofes, daß die unbegründete Anzeige als Beleidigung nur dann strafbar sei, wenn sie der Deckmantel für ungerechtfertigte Zwecke sei, spricht noch ein weiterer, gerade praktisch sehr wichtiger Umstand. Ist schon das Motiv überhaupt schwer feststellbar, so wird sich ganz besonders hier die wahre Willensrichtung des Täters kaum ermitteln lassen. Denn wie will man dem Täter nachweisen, daß er sich hier von dem tiefer liegenden Zwecke der Befriedigung der Rachsucht und nicht von dem vorgeschützten Endziel, die vermeintliche Straftat zur Sühne zu bringen, hat leiten lassen?

Ein ganz anderes, hier nicht zu verfolgendes Problem wird durch die scheinbar hierher gehörige Frage aufgerollt, unter welchen Voraussetzungen ein Beamter eine Anzeige zu erstatten berechtigt (und verpflichtet) ist [1]). Hiermit wird berührt die wenig geklärte Frage nach den Voraussetzungen für die Einleitung des Strafverfahrens, für die Erhebung der Anklage und die Eröffnung des Hauptverfahrens (was bedeutet „hinreichender Verdacht"?), auch wohl für die Verurteilung. M. E. kommt es in allen diesen Fällen auf die pflichtmäßige Überzeugung des Beamten an, mag sich diese auf die Möglichkeit der Schuld, auf den „hinreichenden Verdacht" der Schuld oder auf den Beweis der Schuld beziehen. Im ersten Fall ist ein materielles Anzeigerecht, im zweiten ein materielles Klagerecht, im dritten ein materielles Recht zur Verurteilung gegeben. Um sich aber diese Überzeugung pflichtgemäß zu verschaffen, muß der Beamte die gebotenen Mittel ergreifen. Während es nun genügt, daß ein Privatmann vor Erstattung der Anzeige die „nahe liegenden"

[1]) Beachtlich Beling, Grenzlinien 10 Anm. 2, der ein Anzeigerecht dann annimmt, wenn das an die Außenwelt gedrungene Tatsachenmaterial nach objektivem Möglichkeitsurteil auf das Vorliegen einer strafbaren Handlung hinweist. Zu eng Kern 51: Anzeigerecht nur dann, wenn die strafbare Handlung wirklich begangen ist — dann wäre es noch enger als das Klagerecht.

Mittel anwendet, wie wir oben sahen, sind naturgemäß strengere Anforderungen an den Beamten zu stellen. Mangels konkreter Anweisungen wird man hier wohl für erforderlich halten müssen die Anwendung der Mittel, die ein objektiver Beurteiler der normalerweise bekannten Tatsachen ergreifen müßte, um sich die Überzeugung (von der Möglichkeit, dem Verdacht, dem Vorhandensein der Schuld) zu verschaffen. Auch hier wird es auf die Wichtigkeit des Interesses wie auf die Schwierigkeit seiner Wahrung ankommen.

3. Die Interessenverletzungen.

I. Für die Beurteilung der Angemessenheit des Mittels kommt es ferner auf die Schwere der Beleidigung an, also auf den Grad der Verletzung des Interesses des Betroffenen sowie des öffentlichen Interesses, negativ ausgedrückt: auf die Größe des Interesses des Betroffenen sowie des öffentlichen Interesses am Unterbleiben der Tat. Diese Erwägungen haben selbständige Bedeutung gegenüber den oben über die Schwierigkeit der Vermeidung einer Beleidigung anzustellenden Untersuchungen; dort fragt es sich, ob überhaupt eine Beleidigung notwendig war, während hier die Schwere der Beleidigung zur Erörterung steht. Auf folgende Punkte wird man besonders achten müssen, wobei an unser für die konkreten Umstände gegebenes Schema [1]) erinnert sei.

1. Die Person des Beleidigten kann von ausschlaggebender Bedeutung sein. So mag der Schutz des § 193 zugebilligt werden, wenn die Beleidigung sich gegen eine Privatperson, dagegen nicht, wenn sie sich gegen einen Beamten als solchen richtet. Zutreffend bemerkt das Reichsgericht [2]): „daß die freie Kritik der Dienstführung von Behörden und Beamten sich zu Beleidigungen versteigt, welche deren Ansehen zu untergraben geeignet sein können, dient nicht zum allgemeinen Besten". Hier gibt also das öffentliche Interesse den Ausschlag, der Betroffene selbst mag sich vielleicht gar nicht so schwer verletzt fühlen; ein Fall, den besonders diejenigen kaum befriedigend

[1]) S. 83. [2]) **39** 311.

entscheiden dürften, die lediglich die Interessen der beiden Privatpersonen gegeneinander abwägen wollen. Andrerseits wird der obige Satz des Reichsgerichts nicht zum Dogma erhoben werden dürfen; denn auch bei einem schweren Vorwurf gegen einen Beamten kann die Rechtswidrigkeit mit Rücksicht auf die Wichtigkeit des verfolgten Interesses und die Schwierigkeit seiner Verwirklichung (vgl. unsere Übersicht S. 222 I, 1 und 2) gleichwohl ausgeschlossen sein. — Umgekehrt ist auch die Person des Täters zu berücksichtigen. Ein Schimpfwort aus dem Munde eines Gebildeten wirkt verletzender, als wenn es von einem Tagelöhner gebraucht wird. Endlich dürfte auch die Person des Kundgebungsempfängers (etwa eines Untergebenen des Beleidigten!) Einfluß auf die Schwere der Beleidigung haben.

Wenn hiernach die Beleidigung besonders schwer wiegt, so wird es auf seiten der Interessenwahrung wiederum besonderer Umstände (Höhe des Interesses, Schwierigkeit der Verwirklichung usw.) bedürfen, um das Mittel als gerechtfertigt erscheinen zu lassen.

2. Auch das Willensmoment des Täters kann den Ausschlag geben [1]). Einer Beleidigung im erregten Zustande mag der Schutz des § 193 eher zuteil werden als einer Beleidigung, die eine frivole Gesinnung erkennen läßt, wie dies bei Verleumdungen regelmäßig der Fall ist. Nicht dagegen wird man de lege ferenda schon bei der Absicht, zu beleidigen, den Rechtfertigungsgrund ausschließen dürfen; die objektive Interessenförderung auf der anderen Seite mag eine sehr große sein. Anders allerdings nach dem geltenden § 193, der eine „Absicht" der Interessenwahrung verlangt [2]).

3. Neben der subjektiven Seite beansprucht — und zwar natürlich in ganz besonderem Maße — die objektive eine Berücksichtigung und diese nicht nur hinsichtlich der Form, sondern auch hinsichtlich des Inhalts der Beleidigung. Wer seine Worte in passende Form zu kleiden versteht, trotzdem aber die größten Grobheiten sagt und weiß, daß alle Anwesenden zwischen den

[1]) Vgl. RG **40** 318 („Persönlichkeit des Täters, Fähigkeit im sprachlichen Ausdruck, Gemütsart, Erregung ..., Übereifer ...").

[2]) Vgl. des näheren oben S. 202, 209, auch S. 85.

Zeilen lesen können, erscheint viel strafwürdiger als der andere, der offen und ehrlich seine Meinung ausspricht und dem Inhalte auch die entsprechende Form gibt [1]). Allein das ist die Frage, ob mit Rücksicht auf die Schwere der beleidigenden Äußerung diese noch als erlaubt zur Verfolgung des Interesses angesehen werden kann.

4. Endlich können die „Umstände", und zwar die begleitenden, vorhergehenden oder nachfolgenden, die Beleidigung mehr oder weniger schwer erscheinen lassen.

Zu allem diesem bedarf es mit Rücksicht auf unsere früheren Ausführungen keiner Erläuterung mehr.

II. Nicht nur auf die Schwere der Beleidigung, sondern auch auf die Schwere einer sonstigen etwa mit ihr verbundenen Interessenverletzung oder -gefährdung kommt es an, sei es, daß ein fremdes Privatinteresse, sei es, daß ein öffentliches Interesse verletzt wird. So, wenn das beleidigende Schriftstück zugleich eine Urkundenfälschung enthält. Bei einer derartigen schweren, weiteren Interessenverletzung wird man nur unter ganz gewichtigen Interessenförderungen dem Täter noch den Schutz des § 193 zubilligen können. Unrichtig ist es aber m. E., wenn man in einem solchen Falle die Anwendbarkeit des Paragraphen ohne weiteres leugnet [2]); denn das wahrgenommene Interesse kann von höchster Bedeutung und unter den gegebenen Verhältnissen nicht gut anders zu erreichen sein, z. B. jemand erstattet eine Anzeige mit der Unterschrift einer gar nicht vorhandenen Person [3]), weil er die alsbaldige Rache des Angezeigten, eines notorischen Totschlägers, fürchtet. Andrerseits geht es nicht an, jene weiteren Interessenverletzungen (die Urkundenfälschung) bei der Entscheidung des Beleidigungsfalles gänzlich unberücksichtigt zu lassen [4]); denn ob eine Hand-

[1]) Vgl. oben S. 200, 221.

[2]) So RG **39** 182.

[3]) Bezüglich anonymer Anzeigen hält RG **22** 330 den Schutz des § 193 für nicht allgemein ausgeschlossen.

[4]) A. M. Galli, DJZ **12** (1907) 514 (durch die Einheit der Handlung der Beleidigung und der Urkundenfälschung werde die begriffliche Trennung der Delikte nicht derartig aufgehoben, daß die eine nicht rechtmäßig sein könne), vgl. auch Kern 46.

lung (materiell) rechtswidrig ist, wird nicht auf Grund der nur zu einem strafrechtlichen Tatbestande gehörigen, sondern auf Grund aller für das öffentliche Interesse erheblichen Merkmale beurteilt.

III. Diese Interessenverletzungen oder -gefährdungen können wiederum durch Interessenförderungen aufgewogen werden, die mit dem von dem Beleidiger gewahrten Interesse nicht zusammen zu hängen brauchen; die Tat ist aus irgend einem Grunde für das Gemeinwohl besonders heilsam, oder es liegt ein allgemeiner gesetzlicher Rechtfertigungsgrund vor. Dann ist die Beleidigung aus diesen Gründen rechtmäßig.

Hiermit ist aber das Prinzip erschöpft. Denn nunmehr sind alle Sonderzwecke, die der Handlung innewohnen, auf ihre Rechtmäßigkeit geprüft. Und nur auf diese Art ließ sich entscheiden, ob im Sinne des Gesetzes in angemessener Weise „berechtigte Interessen" gewahrt sind.

Gesetzesvorschläge.

An die Stelle der §§ 185—187, 190, 192, 193 RStGB (§§ 259 bis 261, 263 VE., §§ 282—285 GE.) treten die folgenden Bestimmungen:

§ I.

Die Beleidigung [1]) wird mit ... bestraft.

Wer eine unwahre beleidigende Tatsache behauptet, ist auch dann strafbar, wenn er die Unwahrheit zwar nicht kannte, aber kennen mußte. Behauptet er die Tatsache wider besseres Wissen, so ist auf ... zu erkennen.

Der Versuch ist strafbar.

§ II.

Die Beleidigung ist nicht strafbar, wenn sie zur Wahrung solcher Interessen des Täters oder dritter Personen oder der

[1]) Wer eine Legaldefinition für wünschenswert hält, sei auf unseren Vorschlag S. 169 Anm. 3 verwiesen.

Öffentlichkeit geboten war, die nicht offenbar geringer sind als das Interesse des Verletzten und der Öffentlichkeit an dem Unterbleiben der Beleidigung [1]).

§ III.

Die Nachforschung nach der Wahrheit einer solchen Tatsache ist ausgeschlossen, die entweder gar keine Verfehlung des Angegriffenen betrifft oder nur eine solche, die ihn in der öffentlichen Beurteilung nicht geringer erscheinen lassen würde oder wegen der ihm nach den Vorschriften dieses Gesetzes Rehabilitation oder (auf bedingte Verurteilung, bedingte Strafaussetzung ...) endgültig Straferlaß gewährt ist.

Die Nachforschung nach der Wahrheit ist gleichwohl gestattet, wenn die Rechtswidrigkeit der beleidigenden Äußerung nur bei Feststellung der Wahrheit ausgeschlossen sein würde (§ II) oder wenn die Feststellung der Wahrheit auf die Höhe der Strafe von Einfluß wäre.

---

[1]) Oder es wird eine der S. 206 [1] im Anschluß an BGB § 228 vorgeschlagenen Fassungen gewählt.

FSC
www.fsc.org
MIX
Papier | Fördert gute Waldnutzung
FSC® C083411

Kolibri 360 GmbH
Ferdinand-Jühlke-Straße 7
99095 Erfurt, Deutschland
produktsicherheit@kolibri360.de